Faire face

Docteur Alain Perroud

Faire face à la boulimie

Comment traiter son trouble par soi-même

RETZ

www.editions-retz.com

1, rue du Départ
75014 PARIS

Collection Faire face
dirigée par le Dr Charly Cungi

J'aimerais adresser tous mes remerciements et mon affection
à Sandrine, qui a eu la patience de relire
et de corriger cet ouvrage,
et qui a beaucoup participé à son élaboration.

Sommaire

Introduction **7**

- La thérapie cognitivo-comportementale et ses principes 8
- L'autothérapie et ses principes 10
- Mode d'emploi de ce guide 13

Chapitre 1 Reconnaître et définir la nature de son trouble **16**

- Qu'est-ce qu'une crise de boulimie ? 16
- Quand peut-on parler de boulimie ? 19
- Quand peut-on parler d'hyperphagie boulimique ? 23
- Quand doit-on retenir ou écarter ces diagnostics ? 25

Chapitre 2 Évaluer son trouble **28**

- Un questionnaire pour se situer 28
- L'auto-observation quotidienne 29
- Le bilan hebdomadaire 31

Chapitre 3 Établir sa motivation **36**

- Reconnaître les écueils d'un tel traitement et les raisons d'hésiter 37
- Faire le bilan et savoir se motiver 40

Chapitre 4 Construire son analyse fonctionnelle personnelle **43**

- L'analyse fonctionnelle de la boulimie 43
- Établir ses données personnelles 54
- Établir son plan d'action 80

Chapitre 5 Les étapes de la guérison **86**

• Combattre les vomissements 86
• Retrouver ses repères 96
• Dominer les crises 109
• Reconquérir sa liberté de manger 114
• Savoir résoudre ses problèmes 125
• Savoir s'affirmer 135
• Réduire sa peur des kilos 154
• Adapter ses objectifs de vie 164
• Maintenir ses acquis 175

Annexes **184**
• Questionnaire d'évaluation de la boulimie 184
• Travail sur l'image du corps 190
• Éléments de relaxation 200
• La retructuration cognitive 207

Bibliographie **219**

Les sites Internet **221**

Voilà ! J'ai encore craqué. Je n'ai pas réussi à résister à mes vieux démons et je me suis jetée sur le contenu du placard et du réfrigérateur. J'ai englouti la totalité de ce que j'avais acheté pour les trois prochains jours. Maintenant, comme à chaque fois, je suis complètement cassée. Ces crises de boulimie me gâchent la vie. La faim me bouffe l'esprit, j'y pense en permanence : quand j'essaie de me retenir pour ne pas craquer et que j'en rêve la nuit, que j'en arrive à ne plus pouvoir travailler tellement elle m'obsède ; ou comme maintenant, après avoir perdu la bataille, en imaginant déjà tout ce que je vais devoir faire pour ne pas en subir les conséquences. Et surtout, je pense aux kilos de mauvaise graisse que je vais emmagasiner dans mes cuisses, sur mon ventre, et ailleurs encore. Je me sens énorme et horriblement moche. Je suis terrifiée à l'idée qu'on pourrait me voir comme ça. Si ceux qui m'aiment me surprenaient dans cette situation, les yeux exorbités, la figure congestionnée, entourée des paquets de biscuits que j'ai engloutis, je suis certaine qu'ils ne pourraient plus jamais me regarder comme avant. Ils verraient ce que je suis vraiment, et de quoi je suis capable. La honte.

Le pire, c'est que je l'ai vu venir de loin. Dès ce matin, je me suis sentie contrariée en voyant que j'avais pris un kilo depuis lundi. Je n'y comprends rien. J'ai l'impression que je fais attention à tout ce que je mange. Je ne me suis accordé aucun écart, j'ai évité tous les pièges habituels : les sorties entre copines qui se terminent au restaurant avec l'obligation de manger comme tout le monde pour ne pas risquer les remarques et les allusions ; les repas en famille et la cuisine de maman, toute au beurre. J'ai même réussi à m'esquiver quand ils ont fêté le départ du stagiaire au bureau, avec des petits fours et des sodas. Tout ça pour rien. Le verdict de la balance est tombé, sans recours. J'étais si convaincue que j'allais passer une sale journée, à me sentir « boudinée » dans ma jupe, que j'ai remis en route les grandes résolutions. J'ai carrément sauté le petit déjeuner et j'ai pris seulement une salade à midi. J'étais vraiment mal dans l'après-midi. Quand j'ai appris l'échec d'un des projets de contrat que j'avais soumis la semaine précédente à un client, j'ai eu le sentiment de m'effondrer. La série de tuiles continuait. Je me suis sentie comme vidée et totalement déprimée. En sortant du bureau, je savais déjà que je ne pourrais pas résister bien longtemps, mais je ne voulais pas le reconnaître. Je suis rentrée chez moi et j'ai commencé à tourner en rond. Pas moyen de faire quelque chose de suivi ou de constructif. J'ai fini par me mettre devant la télé, sans vraiment en avoir envie. J'étais de plus en plus mal... Je me suis dit qu'il fallait que ça cesse au plus vite. J'étais sûre de devenir folle, si je ne faisais rien. Je me suis précipitée à la cuisine, et j'ai avalé tout ce qui pouvait me tomber sous la main, sans rien pouvoir contrôler. Et maintenant je me retrouve dans cet état que je connais si bien pour l'avoir vécu souvent : je suis atterrée par ce qui vient de se passer, horrifiée par ce que je suis devenue. Je suis convaincue que je ne m'en sortirai jamais, que je ne serai jamais capable de tenir plus de quelques jours et que le temps passant je deviendrai énorme et repoussante. Ma vie est gâchée.

Introduction

En lisant ce témoignage, peut-être vous êtes-vous reconnu(e). Ou bien cette histoire ressemble à celle d'une personne proche. Elle résume assez bien les événements qui peuvent survenir lors d'une crise de boulimie. Elle décrit, avec les mots d'Audrey, la souffrance de toutes les personnes qui ont eu la malchance d'y être confrontées.

Cette maladie paraît si fréquente et invalidante que les soignants sont de plus en plus nombreux à suivre une formation pour aider ces personnes. Mais cela ne suffit pas. Le nombre de nouveaux cas chaque année est très supérieur à l'offre de soins disponible. Chacun sait, désormais, que la boulimie touche de plus en plus de jeunes femmes et qu'elle semble devoir accompagner encore quelque temps notre société occidentale et son développement. Voilà pourquoi il semble judicieux de proposer une aide à toutes celles qui pourraient s'en sortir par elles-mêmes dans la mesure où elles se sentent guidées dans leur démarche par une méthode éprouvée et accessible.

C'est toute l'ambition de cet ouvrage qui tente de présenter les principes de la thérapie cognitivo-comportementale de la boulimie et les étapes de son application, afin de se soigner soi-même.

Pourquoi avoir choisi la thérapie cognitivo-comportementale (TCC)?

La réponse tient essentiellement au fait que cette approche est actuellement celle qui a le mieux fait la preuve de son intérêt et de son efficacité dans ce trouble des conduites alimentaires[1]. Il y a, bien entendu, plusieurs autres théories et pratiques possibles mais il n'existe pas, à ce jour, de travaux scientifiques permettant d'établir leur validité. En médecine et en psychothérapie, tout autant qu'ailleurs, il est nécessaire de faire la preuve de la pertinence d'un traitement avant d'y recourir. Aucun

1. Craighead et Agras (1991); Garner *et al.* (1993); Fairburn *et al.* (1995).

médecin ne songerait à faire appel à la chirurgie pour soigner une angine banale, c'est évident. Les choix de traitements lui sont inspirés par la recherche médicale, et il prescrira tel ou tel antibiotique en fonction du type de germe en cause. Il en va de même ici, et c'est la raison pour laquelle nous avons choisi cette méthode qui seule peut garantir une action thérapeutique et un effet durable sur les troubles. Les autres techniques disponibles sont peu ou mal évaluées, pour la plupart. Quant à celles qui ont pu être comparées à la TCC, elles se sont toutes avérées moins efficaces, voire inutiles[2].

À cela s'ajoute une autre remarque et une recommandation au lecteur. Engager une psychothérapie, même sur le mode proposé ici, demande de s'adapter à un modèle théorique cohérent et à des techniques spécifiques. Il peut être, parfois, difficile de passer d'un mode de pensée à un autre et cette gymnastique intellectuelle peut compromettre les chances de succès. Il serait, par exemple, périlleux de suivre le protocole de ce guide, tout en continuant une psychothérapie d'orientation différente. Pour éviter de se retrouver dans une totale confusion, il est bien préférable de choisir un seul modèle et de s'y tenir. Je recommande donc très clairement aux personnes qui envisagent de s'engager dans la démarche de thérapie cognitivo-comportementale de la boulimie, de mettre entre parenthèses leur éventuelle psychothérapie en cours ou, au moins, d'attendre d'en avoir terminé avec cette étape de leurs soins. Elles veilleront à prévenir le plus tôt possible leur thérapeute de ce projet.

La thérapie cognitivo-comportementale et ses principes

À la fin du siècle dernier sont nées les bases modernes de la psychothérapie. Sous l'impulsion d'auteurs aussi importants que Freud, Janet, Charcot et de nombreux autres, l'abord de la souffrance psychologique a radicalement changé. On s'est aperçu que le fonctionnement psychologique de l'homme est complexe. Depuis lors, la recherche dans ce domaine n'a cessé de produire des résultats et d'entraîner des révolutions dans le traitement de ses troubles.

La thérapie comportementale est née de cette mouvance et en représente une des branches les plus productives. Depuis plusieurs décennies

2. La thérapie interpersonnelle est le seul contre-exemple, mais elle reste très peu pratiquée en France et son efficacité est moins claire et plus lente.

elle est associée à la thérapie cognitive, plus récente qu'elle, et parfaitement complémentaire. Voilà pourquoi ces deux théories sont désormais presque toujours alliées, dans la forme actuelle de cette psychothérapie.

Contrairement à d'autres courants de pensée, elle centre son action sur l'ici et maintenant *(hic et nunc).* Si la connaissance précise des événements passés est nécessaire pour bien comprendre la nature d'un problème psychologique, elle ne paraît pas suffisante pour le traiter. Partant de ce constat, la TCC propose de répondre à la question « Comment améliorer ou guérir cette maladie ? » et d'envisager ses causes possibles. Elle s'appuie sur des changements de comportement ou de mode de pensée susceptibles de réduire une souffrance, et non sur une abréaction des traumatismes passés. Cette attitude se fonde sur l'idée générale que seul le présent peut être modifié, alors que les événements que nous avons vécus sont à jamais immuables. C'est, tout compte fait, une façon pragmatique et plutôt optimiste de faire face à la maladie.

Pour illustrer ces principes, on pourrait comparer la TCC au travail de réparation que fait un chirurgien traitant une fracture. Il ne lui viendrait pas à l'idée de perdre trop de temps à se faire relater les circonstances de l'accident et encore moins de s'en contenter. L'enjeu de cette situation, c'est la restitution du fonctionnement de ce membre lésé. Tout doit être mis en œuvre pour y parvenir le mieux, et le plus vite possible.

Il se peut bien que pour obtenir une aide vous ayez suivi une psychothérapie « classique ». Ces conceptions pourraient vous paraître contraires à ce que vous avez appris jusqu'ici, et vous pourriez avoir du mal à en suivre d'emblée le modèle. Il vous faudra, en quelque sorte, « désapprendre » ce que vous avez appris avant de commencer. Vous pourriez, dans ce cas, tirer un réel profit de la lecture d'ouvrages bien faits sur ce sujet[3].

Pour bien faire comprendre ces principes, voici l'histoire du traitement d'une phobie simple selon ce modèle.

Gérard a 42 ans lorsqu'il vient consulter pour la première fois un spécialiste, sur les conseils de son médecin, afin de se débarrasser d'un problème qui devient de plus en plus pénible. Il est incapable de se rendre chez un dentiste depuis des années, alors que des soins s'imposent désormais. Ses tentatives pour prendre rendez-vous et passer la porte de la salle d'attente se sont soldées par des échecs et une anxiété

3. FONTAINE O., *Introduction aux thérapies comportementales,* Bruxelles, Mardaga, 1978. COTTRAUX J., *Les Thérapies comportementales et cognitives,* Paris, Masson, 1990.

intense. Il est bien conscient du caractère excessif de ses peurs, mais il constate que ça ne change rien à son problème. Il garde un souvenir pénible de soins très antérieurs, et se doute que cette première expérience a créé chez lui une appréhension devenue extrême maintenant. Il repousse toujours l'échéance, mais cette attitude renforce sa peur et touche désormais sa limite.
Dès les premières séances de TCC il établit, avec son thérapeute, la liste des situations qui l'inquiètent et les classe par ordre croissant de difficulté : prendre rendez-vous, entrer dans la salle d'attente du dentiste, s'asseoir sur le fauteuil, voir les instruments, ressentir l'air de l'aspirateur, le contact d'un instrument métallique sur une dent et, enfin, le contact de la roulette. Ces différentes situations sont alors abordées en imagination lors de séances de relaxation, afin de se familiariser avec ces images et d'apprendre à maîtriser l'anxiété qu'elles provoquent, en s'y habituant et en y associant un sentiment de détente agréable. Après cette phase des soins, il est alors possible pour Gérard de se rendre sur place, avec l'accord de son dentiste, et de reprendre chaque étape dans la réalité. Il ne passe à l'étape suivante que lorsqu'il se sent capable de supporter aisément la précédente. Progressivement, il arrive au terme de sa démarche et parvient à se faire soigner sans paniquer.

Cet exemple résumé illustre à la fois l'efficacité et la simplicité de la TCC dans la phobie simple, un domaine où elle a acquis ses lettres de noblesse. Il permet de comprendre comment le changement s'opère, par des actions concrètes, sur la situation présente. Ce sont, en partie, des processus de ce type qui seront employés dans cet ouvrage.

L'autothérapie et ses principes

L'autothérapie dans les différentes maladies

Un certain nombre de maladies peuvent être améliorées ou guéries par le recours à une autothérapie. Les objectifs sont alors de permettre un dépistage précoce (comme pour l'autopalpation dans la prévention du cancer du sein, par exemple), de promouvoir l'autonomie des sujets (comme dans la gestion du traitement du diabète) ou encore de se traiter soi-même (comme dans la migraine ou les douleurs chroniques). Le recours aux soins médicalisés est réduit au minimum et se voit remplacé par l'apprentissage d'une méthode adaptée et des contrôles plus ou moins espacés.

Apprendre à reconnaître un problème, savoir y répondre par une procédure standardisée et faire une prévention efficace des complications possibles, sont les grands principes de ces techniques. Donner aux personnes souffrant d'une maladie les moyens de la maîtriser en partie et de faire elles-mêmes les actes de soin nécessaires, c'est non seulement favoriser un effet sur leur santé physique, mais c'est aussi leur permettre d'être rassurées en connaissant mieux leur pathologie, et d'être moins dépendantes de leur entourage.

L'autothérapie dans les problèmes psychologiques

L'autothérapie présente un intérêt certain dans ce domaine. Elle s'applique à toutes sortes de situations où les personnes ont de la peine à engager une véritable psychothérapie, mais se sentent démunies, seules face à leur problème. La dépression, les phobies de toutes sortes, la « timidité » (phobie sociale) ou le trouble obsessionnel compulsif en sont des exemples notoires.

L'autothérapie dans les troubles des conduites alimentaires

> J'ai commencé vers 17 ans à présenter des crises boulimiques. Je me souviens que j'étais dans l'année du bac de français et que j'étais à la fois perturbée et excitée par cette perspective. J'étais peu inquiète, au début, et je me disais que tout rentrerait dans l'ordre en juin, après les examens. Quand l'été est arrivé, je n'étais toujours pas débarrassée de mon problème de bouffe et le moral en avait pris un sacré coup. Je me sentais complètement nulle et incapable de me maîtriser et, en même temps, je cherchais à tout régler toute seule… j'avais bien trop honte pour aller en parler à mon généraliste, et encore plus à un psy ! C'est finalement trois ans après que j'ai fini par m'y résoudre. Le médecin que j'ai vu alors, à la fac, m'a aussitôt orientée vers un spécialiste… Et je m'en suis sortie en quelques mois. Pendant ces trois années de galère, j'aurais pu saisir mille occasions d'engager des soins tant j'en avais régulièrement marre de tout ça, mais rien ne s'est présenté. Il y avait pour moi un pas infranchissable entre cette attente inutile et une demande d'aide officielle.

Cette histoire ressemble à celle de nombreuses jeunes femmes et elle vient illustrer la nécessité de créer un moyen intermédiaire, l'autothérapie, pour leur venir en aide. Depuis le début des années 80, les auteurs anglo-saxons ont développé divers ouvrages de ce type. Ils ont cherché à en évaluer l'intérêt par des études scientifiques de bonne qualité et dont les résultats convergent assez nettement. C'est dans le traitement de la boulimie et dans celui de l'hyperphagie boulimique[4] que ces études ont montré l'intérêt particulier des techniques comportementales et/ou cognitives. Ainsi en est-il de la première d'entre elles, menée par Huon en 1985, portant sur 90 personnes souffrant de crises boulimiques. Parmi les plus récentes, on doit citer celle de Carter et Fairburn, en 1996, qui compare les résultats de trois groupes de sujets volontaires répartis comme suit :

1. Un groupe qui reçoit simplement le livre de Fairburn, intitulé *Overcoming Binge Eating*, avec une lettre invitant les sujets à suivre les étapes proposées.
2. Un groupe qui bénéficie, en plus, d'une série de rendez-vous auprès d'un soignant ayant eu une formation sommaire sur le traitement présenté dans cet ouvrage.
3. Un groupe qui accepte de rester en liste d'attente, sans traitement particulier.

Après 12 semaines, on trouve une nette supériorité des résultats dans les deux premiers groupes (avec un petit avantage pour le deuxième). Quant au troisième, on ne note aucune évolution favorable spontanée. La réduction sensible de la fréquence des crises chez les sujets ayant pu suivre le programme du livre s'accompagne d'autres changements très importants : une moindre préoccupation envers l'image du corps et une alimentation moins restrictive. Ces résultats sont restés stables lors d'une réévaluation, six mois après.

Cette méthode représente une alternative intéressante pour ceux qui ont vu s'installer cette maladie sans parvenir à la maîtriser par eux-mêmes et n'ont plus confiance en une guérison possible. Ils ont aussi couru le risque non négligeable de complications pénibles, voire dangereuses, au plan physiologique comme au plan psychologique. Ils ont surtout perdu beaucoup de temps et d'énergie, et bien souvent leur estime personnelle comme dans le cas relaté plus haut.

4. Voir la définition de l'hyperphagie boulimique au chapitre « Reconnaître et définir la nature de son trouble ».

Mise en garde

La méthode qui vous est proposée dans cet ouvrage est une véritable démarche thérapeutique. Elle pourrait être comparée à un traitement en vente libre en pharmacie. Elle n'en est pas moins susceptible d'avoir un impact sur votre santé et sur votre équilibre physiologique et psychologique. Il en découle que vous aurez toujours intérêt à en parler à votre médecin traitant dès que possible. Si vous êtes suivi(e) pour un autre problème de santé, c'est l'occasion de lui faire part de votre projet afin qu'il évalue avec vous son opportunité. Il est le mieux placé pour vous aider à faire le point sur la compatibilité de cette démarche avec votre statut médical.

Mode d'emploi de ce guide

Il existe plusieurs usages possibles de ce guide. Il est construit, en premier lieu, sur l'idée d'une véritable démarche autonome. Il permet à une personne présentant des signes de boulimie de suivre un programme adapté et efficace sans avoir recours à un soignant. Il peut aussi servir de support à une thérapie cognitivo-comportementale individuelle, conduite par un spécialiste, voire par un soignant formé à la méthode (médecin généraliste, psychologue, infirmier, etc.). Il est alors le support commun des deux partenaires de la démarche qui en suivent la logique et en parcourent les étapes ensemble. Cette pratique permet aux personnes qui se sentent assez motivées pour s'engager mais qui redoutent de fléchir devant certains écueils, de se donner une meilleure chance de succès. Il peut encore convenir à une thérapie de groupe. Dans ce dernier cas, les personnes qui suivent le traitement sont conviées à enchaîner les étapes dans l'ordre du livre sans passer par l'arbre de décision des paragraphes suivants. Il peut enfin permettre d'enrichir les informations transmises dans un groupe d'entraide constitué de personnes malades ou guéries, sans intervention d'un tiers extérieur. Tout est possible, comme on le voit, et chacun peut imaginer d'autres façons d'en tirer parti pour soi-même ou pour ceux qu'il souhaite aider.

En résumé

1. **Autothérapie** : je me soigne moi-même en suivant les principes du livre, étape par étape.
2. **Thérapie individuelle** avec l'aide d'un soignant : chacun se sert du livre comme d'un manuel commun.
3. **Thérapie de groupe** : les étapes des soins sont abordées dans l'ordre et par l'ensemble des participants.
4. **Groupe d'entraide** : les membres du groupe peuvent puiser dans ce livre des thèmes de travail et des références pour chaque séance.

Si vous avez décidé de vous lancer dans une autothérapie (cas n° 1), vous procéderez ainsi : après avoir lu les chapitres de généralités permettant de reconnaître et d'évaluer votre trouble de l'alimentation, après avoir fait le point sur votre motivation personnelle à vous engager dans un tel traitement, après avoir appris les principes biologiques, sociaux et psychologiques mis en jeu dans ces pathologies, il sera temps de faire une analyse fonctionnelle. Cette analyse se fait à partir d'exemples de sujets ayant vécu les mêmes difficultés et permet de reconnaître les facteurs de déclenchement et d'entretien de vos propres troubles. Lorsque ce travail aura abouti, il vous sera possible d'organiser votre démarche de façon personnalisée. Chacun pourra parcourir les étapes de ce traitement dans un ordre logique pour lui-même et conforme à ses besoins et limites personnelles. Certaines étapes sont recommandées au début mais toutes les combinaisons sont possibles. Les acquis d'une étape sont un gain de temps et d'efficacité pour les autres. L'idée générale est qu'on progresse toujours plus rapidement en commençant par ce qu'on maîtrise le mieux pour aller vers le plus difficile, pas à pas.

Dans le cas n° 2, un soignant qui connaît la méthode sera votre guide et vous aidera à franchir les écueils éventuels. Il s'agit alors d'une collaboration entre vous qui connaissez les faits intimes de votre vie et ce soignant qui sait comment se servir des modalités de soin décrites plus loin. Le guide sert alors de support en dehors des séances pour y retrouver les sujets abordés et en expliciter les notions les plus complexes. Il sert aussi de base pour les exercices entre chaque séance.

Dans les thérapies de groupe, il tient le rôle de la partition que chacun parcourt, guidé par les thérapeutes. Il permet de retrouver les modèles théoriques et les étapes pratiques de la démarche. Il contient les informations complémentaires qui n'ont pas pu être abordées pendant les séances. Il facilite la communication au sein du groupe en lui proposant un langage commun : en améliorant la cohérence des discours il permet une meilleure cohésion entre tous.

Pour ce qui est des groupes d'entraide, les personnes qui y participent sont souvent à la recherche d'informations sur leur problème et ne souhaitent pas faire intervenir un professionnel. Cet ouvrage leur permet de trouver matière à leurs débats en donnant toutes les informations utiles. Il s'inscrit facilement dans les ouvrages de référence à consulter même par ceux qui ne souhaitent pas encore s'engager dans les soins. Ils seront surtout intéressés par les informations générales sur la maladie, ses facteurs et ses conséquences.

CHAPITRE 1

Reconnaître et définir la nature de son trouble

Qu'est-ce qu'une crise de boulimie[5] ?

Après avoir réussi à me retenir une bonne partie de la journée, je suis souvent saisie d'une irrépressible envie de dévorer tout ce qui se présente. Je ressens un réel plaisir au tout début, au cours des toutes premières bouchées, d'autant qu'il s'agit alors d'aliments que je m'interdis d'habitude parce que je sais que je les aime trop. Ensuite je perds complètement le contrôle des événements et j'engloutis des quantités effarantes de nourriture jusqu'à ressentir une véritable douleur abdominale. Je suis bien forcée de m'arrêter alors mais je me sens systématiquement honteuse et affreusement sale.

Elle constitue l'élément de base de ces maladies que sont la boulimie et l'hyperphagie boulimique. Elle est bien différente de ce que l'image populaire de la boulimie peut parfois faire croire. Il ne s'agit pas simplement de trop manger, comme au cours d'un repas de fête où nous pouvons absorber des quantités considérables de nourriture au point d'en être mal. Ce n'est pas non plus le fait de manger tout le temps, comme dans le grignotage. Dans ce cas, les repas sont remplacés presque entièrement par une alimentation sans horaires ni rythme et qui gomme la faim et la satiété[6]. Ces crises sont bien plutôt comparables à des moments aigus de

5. À lire : « Les crises de boulimie », p. 35 in *Tout savoir sur l'anorexie et la boulimie,* du même auteur, éditions Favre, Lausanne, juin 2000.

6. La satiété est l'état dans lequel nous nous trouvons lorsque nous sommes rassasiés, repus, et que notre faim a disparu.

perte de contrôle de l'alimentation, au cours desquels la personne qui les subit perçoit une sorte d'urgence à manger qu'elle ne peut pas commander. Elle se voit alors contrainte d'absorber des quantités énormes d'aliments, en peu de temps (le plus souvent moins de deux heures).

> Le DSM-IV (Manuel diagnostique et statistique des troubles mentaux, 4e édition) indique deux caractéristiques principales d'une crise de boulimie :
> 1. Absorption en une période de temps limitée d'une quantité de nourriture largement supérieure à ce que la plupart des gens absorberaient en une période de temps similaire et dans les mêmes circonstances.
> 2. Sentiment d'une perte de contrôle sur le comportement alimentaire pendant la crise.

Ces données sont nécessaires et suffisantes pour parler de crise de boulimie, mais elles ne décrivent que partiellement les faits. Il existe de nombreuses autres caractéristiques entourant ce phénomène et qui méritent d'être connues.

L'état émotionnel

Les émotions qui accompagnent une crise sont complexes, mobiles et intenses. Il n'est pas rare que le tout début (les premières bouchées) procure une sensation agréable de soulagement. On le comprend bien lorsque la crise fait suite à une phase importante de restriction et de privation. Les aliments ont alors une saveur et un parfum intenses, et calmer sa faim est toujours source de satisfaction. Ce plaisir attendu suffit à expliquer la répétition des crises, mais il est de brève durée. Il cède bien vite la place à des réactions extrêmement désagréables comme le dégoût ou l'horreur. La personne se sentant perdre le contrôle et constatant l'absurdité de son comportement peut en être paniquée. Il s'y ajoute presque toujours la honte et la culpabilité. Ces crises sont perçues comme des attitudes bestiales ou immorales et toujours méprisables. Il n'est pas surprenant de constater qu'elles sont si souvent secrètes et solitaires.

Les signes physiques

Une sorte d'agitation prédomine, pouvant se traduire par une déambulation : la personne va et vient, marche en tous sens, tout en mangeant précipitamment. Elle a tendance à faire plusieurs choses en même temps.

Cette frénésie s'accompagne d'une série de manifestations physiologiques telles que la sudation, l'excès de salivation ou une rougeur de la face. Des douleurs sont fréquentes : au niveau de l'abdomen, le plus souvent, du fait de la distension des tissus, mais aussi des céphalées ou des crampes. Ces douleurs sont souvent le signe de la fin de l'épisode. On peut voir s'installer alors un état de prostration et de sidération allant jusqu'à l'obnubilation[7].

Les aliments de la crise

On a longtemps cru qu'une crise de boulimie était prioritairement liée à un manque de sucre dans le sang (hypoglycémie) et que la compensation de cet état nécessitait l'absorption massive de glucides. Dans les faits, il n'existe pas vraiment de préférence pour le sucre et les études conduites sur ce sujet montrent une répartition équivalente entre les glucides, les lipides et les protides. Le plus frappant est qu'une même personne aura tendance à faire des crises toujours avec les mêmes types d'aliments. Ces aliments sont également, le plus souvent, ceux qu'elle tente d'éviter le reste du temps, ceux qu'elle exclut quand elle cherche à restreindre ses apports caloriques. Il s'agit donc d'un équilibre dynamique propre à chaque personne et qui oscille entre un déficit, voire une carence, à un certain moment et une surcompensation brutale lors de la crise.

La valeur calorique globale d'une crise peut varier considérablement : on trouve une moyenne proche de 3500 calories, mais avec des variations allant de 1000 à 10000 calories[8].

Les circonstances

En général, c'est quand on est chez soi que les crises peuvent survenir le plus facilement. Il n'est pas rare pourtant qu'elles se produisent à l'école ou au travail (25 à 30 % des cas[9]). Une crise peut être initiée à l'extérieur et se poursuivre au domicile ensuite. Elle peut même s'interrompre momentanément quand les circonstances l'exigent (une visite, le retour du conjoint, etc.) et reprendre dès que possible. Ce qui semble le plus

7. État d'engourdissement et de ralentissement physique et intellectuel.

8. Pour mémoire, les repas quotidiens d'un adulte apportent entre 1800 et 2600 calories par jour environ.

9. Voir Corcos M. *et al.*, « Caractéristiques des crises de boulimie », *in* Flament M. et Jeammet P., *La Boulimie, réalités et perspectives,* Masson, Paris, 2000.

constant, c'est la nécessité d'être seul(e). Il est très rare que des crises se produisent en présence d'un tiers. Il s'agit alors d'un intime ou d'un parent.

Elles ont le plus souvent lieu le jour, mais certaines personnes peuvent être amenées à se réveiller et à se lever en pleine nuit.

Les formes moins typiques

Il peut s'agir d'une crise « lente ». La personne va jusqu'à préparer les aliments et se mettre à table, mais elle ressent une détresse et une perte de contrôle du fait qu'elle mange sans parvenir à l'éviter. La crise peut même parfois s'intégrer dans un temps de repas normal. Il devient alors très difficile d'en discerner clairement les limites.

Il peut s'agir d'une crise « partielle ». La quantité d'aliments ingérée reste modérée ou faible. C'est le cas de personnes ayant une tendance ou des antécédents anorexiques et pour lesquelles une prise alimentaire devient une crise dès lors qu'elle est ressentie comme une rupture des règles diététiques strictes qu'elle s'était fixées.

Il peut s'agir, enfin, de vomissements survenant au décours d'un repas ou d'une prise alimentaire normale. Ce cas particulier, aux frontières de la boulimie, représente une des formes évolutives possibles de la maladie.

Quand peut-on parler de boulimie ?

La crise que nous venons de décrire représente le signe principal et nécessaire au diagnostic de cette maladie. Il n'est toutefois pas suffisant. Si nous comptions parmi les sujets souffrant de boulimie toutes les jeunes femmes qui ont eu le sentiment de perdre le contrôle en mangeant, il faudrait considérer que cette maladie affecte la majorité d'entre elles. Il n'en est rien heureusement. Trois autres critères doivent être présents : les mesures compensatoires, leur fréquence et leur impact sur l'estime de soi.

Les mesures compensatoires

Dès la fin de la crise, je ressens une pesanteur horrible et j'ai l'impression que mon estomac va exploser. Je me sens extrêmement mal et je me trouve énorme et difforme. Je n'ai plus qu'une idée en tête : me débarrasser de tout ce que je viens d'ingurgiter pour me soulager au plus tôt.

Faire une crise de boulimie conduit invariablement à craindre une prise de poids. Il n'est donc pas étonnant que cet événement soit suivi de diverses manœuvres pour l'éviter. Nous décrirons ici les plus importantes.

La première et la plus commune est certainement le vomissement

Il s'agit, en effet, d'un phénomène très fréquent et spectaculaire. Les récentes médiatisations dont ont fait l'objet les troubles des conduites alimentaires en ont montré cet aspect avec plus ou moins de complaisance. Il n'en demeure pas moins qu'il s'agit d'une mesure compensatoire inquiétante par les risques majeurs encourus. Qu'il soit en apparence spontané et facile ou, à l'inverse, provoqué et douloureux, il a la même signification et représente un facteur de gravité supplémentaire de la maladie.

Les laxatifs (et les lavements)

Ils sont utilisés pour évacuer au plus vite cette nourriture ressentie comme néfaste et honteuse. Ils sont censés agir en chassant les aliments du tube digestif. Ils provoquent, au mieux, une perte d'eau et de sels minéraux, mais leur prise habituelle débouche sur une véritable dépendance bien difficile à interrompre.

Plus rares mais tout aussi toxiques : les diurétiques

Ils ont un effet sur le rein exclusivement et ne sont utilisés que parce qu'il existe une mauvaise connaissance de leur impact réel sur l'organisme. Ils sont, eux aussi, très dommageables pour les réserves en eau et en sels minéraux et ne font varier le poids que par un processus aigu et transitoire de déshydratation.

Vomissements, laxatifs et diurétiques représentent les trois conduites de purge auxquelles il est souvent fait recours dans cette maladie. Leur fréquence est élevée et leur association n'est pas rare.

À ces conduites de purge on oppose les mesures compensatoires qui visent à réduire l'effet de la crise en éliminant les calories. Il peut s'agir d'une activité sportive intense ou de la reprise d'un régime strict, par exemple. Ce sont les deux mesures les plus fréquentes et elles ont chacune leurs particularités.

L'activité physique

Elle est souhaitable pour chacun de nous et représente une source de bien-être et d'équilibre. Dans le cas de la boulimie, cette pratique prend rapidement un tour excessif du fait qu'elle est commandée par une peur pathologique de grossir. L'hyperactivité sportive peut devenir une source de problèmes, à son tour, en mettant l'organisme aux limites de ce qu'il peut supporter. Si on ajoute qu'elle induit une majoration de l'appétit et qu'elle contribue à fabriquer de la masse musculaire, on comprend dès lors qu'elle a des effets ambigus sur le poids. Passé un certain cap, il peut même se produire une véritable dépendance au sport : la personne souffre de manque si un événement l'empêche de s'y adonner.

Le régime

Avec son cortège de restrictions et de phases de jeûne, il reprend ses droits aussitôt la crise passée. Il s'agit soit de sauter un ou plusieurs repas, soit de se restreindre sévèrement dans les heures et les jours suivants. Chacun aura ses aliments à éviter en fonction de ses croyances et de ses préférences. Le résultat reste toutefois constant : il se produira une nouvelle phase de carence propice à une nouvelle crise. Pour mieux résister aux tentations et réduire leur appétit à tout prix, certaines personnes ont recours aux médications « coupe-faim ». Ces produits, considérés comme dangereux, ont été progressivement interdits à la vente. Ceux qui restent en vente libre sont plutôt inoffensifs (et inefficaces), mais ils gardent un effet placebo[10] potentiel. Il en va tout autrement de certains médicaments détournés de leur usage premier : on citera, par exemple, la Fluoxétine, un antidépresseur pouvant favoriser le contrôle de l'appétit. De même, certains médecins continuent à prescrire parfois des extraits thyroïdiens, malgré leur dangerosité. Il faut le rappeler avec force : ces produits sont à proscrire dans cette indication.

La fréquence et l'ancienneté des troubles

Afin de distinguer une phase de troubles alimentaires sans gravité et sans lendemain d'une véritable maladie, il faut introduire une notion d'intensité et de durée.

10. Médicaments sans effet pharmacologique réel, mais permettant de révéler les effets psychologiques d'un traitement.

Deux crises par semaine

C'est la fréquence moyenne nécessaire pour parler de boulimie. En dessous elle n'est pas sensée avoir la même incidence sur la vie personnelle et sur la santé. On peut parler d'une forme atténuée ou partielle. Cette distinction, chère aux statisticiens, ne recouvre pourtant pas tout à fait la réalité. De plus en plus d'études tendent à montrer que ces formes modérées sont moins anodines qu'il n'y paraît. Elles s'accompagnent d'autant de souffrance morale et de détresse que les autres. Il a bien fallu, toutefois, fixer une limite. Ce qui fait finalement la différence, c'est l'impact sur la qualité de vie ressenti par la personne.

Depuis au moins trois mois

Il est important de savoir que bon nombre des jeunes filles et des jeunes femmes qui ont à souffrir de crises boulimiques les verront disparaître, fort heureusement, dans un délai de quelques semaines à quelques mois, spontanément. Une telle issue n'est pas rare et c'est ce qui explique qu'il sera toujours prudent d'attendre un peu avant de considérer que ces troubles sont installés et risquent de durer. Retenons bien, cependant, que cette valeur de trois mois n'est pas une limite rigoureuse. Elle a le mérite de donner une idée approximative et sert de référence. Si une personne présente des crises importantes et pluriquotidiennes pendant deux mois et demi, son trouble est probablement plus sévère que celui d'une personne faisant deux crises par semaine depuis cinq mois. Il lui serait parfaitement légitime de solliciter une aide et d'engager un traitement.

L'estime de soi

Ce qui est commun à tous les troubles des conduites alimentaires[11], ce n'est pas tant que l'estime personnelle soit déficitaire (ce cas est très répandu et s'applique à bien des problèmes psychologiques), mais que le sentiment de valeur personnelle est directement lié au poids et à la silhouette. Ainsi peut-on dire que ces troubles s'accompagnent généralement de la conviction que la minceur est le premier indice de la qualité d'un individu. Les autres critères de valeur personnelle semblent être relégués à l'arrière-plan quand ils ne sont pas tout simplement niés. Être mince supplante largement une réussite scolaire ou professionnelle, le fait d'avoir accompli quelque chose ou, tout simplement, de savoir prendre du plaisir. C'est le seul gage de

11. Anorexie, boulimie et hyperphagie boulimique.

succès relationnel et d'attrait personnel. Contrôler son poids est aussi la preuve qu'on est quelqu'un de bien. C'est une marque de discipline et de volonté. À l'inverse, bien entendu, grossir est une marque de faiblesse et d'indigence morale, de même que le fait de manger trop. Toute l'attention est concentrée sur le poids et la forme du corps. Les pesées sont répétées jusqu'à plusieurs fois par jour. Chaque partie du corps fait l'objet d'une inspection sans complaisance. Il s'y ajoute souvent une véritable haine pour certaines d'entre elles (les fesses, le ventre, les cuisses...) qui peut se généraliser en une agressivité contre soi-même.

Quand peut-on parler d'hyperphagie boulimique[12] ?

Ce trouble des conduites alimentaires a été récemment adjoint aux deux précédents (anorexie et boulimie) devant la nécessité de prendre en compte des sujets présentant une réelle souffrance mais ne rentrant pas dans l'une ou l'autre de ces catégories. On retrouve, parmi ces sujets, une porportion plus importante d'hommes (environ 1/3) que pour la boulimie stricte (1/10). Si l'hyperphagie boulimique a de nombreux traits communs avec la boulimie, il existe cependant quelques différences notables.

La nature des crises

Elles peuvent être exactement superposables à celles décrites plus haut pour la boulimie mais elles sont le plus souvent moins nettes et délimitées. Les personnes qui souffrent de ce trouble ont plus de mal à distinguer une crise d'un excès alimentaire ou d'un repas normal. Elles sont toutefois capables de dire si une journée a été marquée par la « boulimie » ou non. Il peut s'agir d'une tendance à manger toute une journée sans faire un seul vrai repas. Il peut s'agir encore d'un « état second » qui accompagne ces phases et qui donne le sentiment d'être engourdi, comme drogué. Tous les autres caractères de la crise sont présents : sentiment de perte de contrôle de l'alimentation, rapidité et quantités excessives, sentiment de malaise, culpabilité et peur de grossir.

Pour retenir ce diagnostic, il faut que ces journées de crise soient d'une fréquence supérieure ou égale à deux par semaine. Il faut aussi qu'elles se manifestent sur une période d'au moins six mois. En dessous de ces valeurs, il peut s'agir d'un trouble trop modeste ou passager pour être

12. Adaptation française du *Binge Eating Disorder* des auteurs anglo-saxons, qui l'ont décrit les premiers.

alarmant. Si vous êtes dans cette situation, vous devez seulement observer quelque temps l'évolution des choses. Pour vous, il est urgent d'attendre.

L'absence de comportements compensatoires

C'est la différence essentielle avec les autres troubles de l'alimentation. Il est très rare dans celui-ci que les personnes aient recours aux vomissements, à l'abus de laxatifs ou de diurétiques, à l'excès d'activité physique ou encore à la diète. La plupart des crises ne sont donc pas suivies de manœuvres pour maigrir et perdre les calories ainsi ingérées. Il en résulte qu'elles entraînent plus souvent un surpoids, voire une obésité. Si ces crises sont assez fréquentes et importantes, il est bien évident qu'elles auront tendance à produire une surcharge en créant un déséquilibre entre les quantités de nourriture absorbées et les besoins réels de l'individu. Le poids, dans ce cas, présente une très grande variabilité dans le temps. Il peut atteindre des extrêmes dans les deux sens, au gré des périodes. Il reste, en moyenne, très supérieur à la valeur souhaitée.

De nombreuses personnes présentant cette hyperphagie boulimique se retrouvent parmi les candidats aux régimes des cabinets médicaux et des groupes d'entraide. On estime ce chiffre à près de 30 %. Leurs chances de succès avec les méthodes diététiques classiques sont très réduites et elles ont tendance à déprimer et à douter de leur capacité à se contrôler aussi bien que les autres. Leur trouble provenant en grande partie de leurs restrictions alimentaires, les tentatives de régime ne peuvent qu'aggraver leur obsession de la nourriture, et ce quelle que soit la qualité diététique du régime et ses fondements médicaux.

L'évolution

Nous l'avons dit d'emblée, cette maladie produit une détresse et une souffrance importantes, mais elle semble avoir un impact moins sensible sur la santé. Dans les études les plus récentes, il apparaît qu'elle induit moins souvent des complications physiques ou psychologiques. Son cours spontané serait plus favorable, donc, même si elle s'étend aussi sur une longue période[13]. Les crises persistent moins longtemps et les conséquences de

13. Voir l'étude de C. Fairburn, Z. Cooper, H. Doll *et al.*, « The Natural Course of Bulimia Nervosa and Binge Eating Disorder in Young Women », *Archives of General Psychiatry 2000,* 57 : 659-65.

la maladie sur la vie personnelle et sociale sont moins considérables. On estime que 90 % des personnes concernées auront dominé leur problème avant cinq ans. Ce chiffre est sensiblement plus optimiste que pour celles souffrant de boulimie.

Quand doit-on retenir ou écarter ces diagnostics ?

Soyez attentif(ve) à ce que vous ressentez

Nous avons tenté de décrire avec précision les signes cliniques de ces troubles des conduites alimentaires que sont la boulimie et l'hyperphagie boulimique. Cependant, le premier critère qui pourra vous guider dans l'appréciation de votre problème doit rester votre impression personnelle. C'est vous, et vous seul(e), qui pouvez dire combien il vous fait souffrir et la source de détresse qu'il représente dans votre vie. Si vous vous reconnaissez dans l'un ou l'autre de ces tableaux et qu'il vous semble ne pas correspondre tout à fait à votre cas, observez surtout ce que vous ressentez. Si vous en êtes très fortement pénalisé(e), cette donnée aura autant d'importance que le fait de correspondre plus ou moins aux critères établis. Cette idée est tout aussi vraie dans l'autre sens. S'il vous apparaissait que votre situation s'apparente parfaitement à celles décrites ici, il vous faudra, en outre, vérifier qu'elle entraîne vraiment une difficulté physiologique et/ou psychologique sérieuse. Si tel n'était pas le cas, vous seriez en droit de ne pas vous considérer comme une personne souffrant d'une maladie. De plus, il y a fort à parier que vous seriez bien en peine de suivre efficacement les consignes et avis que vous trouverez dans la suite de ce livre. Il est déjà bien assez difficile de s'engager dans une démarche de soins, même sur ce mode autonome, pour espérer la faire sans la motivation que donne une souffrance reconnue.

Évitez certaines confusions

L'image populaire de la boulimie a parfois conduit à la confondre avec certaines formes d'obésité. Il s'agit de faits bien différents et leurs traitements ne seront pas comparables. S'il existe parfois une tendance au surpoids dans cette maladie, elle n'est pas obligatoire, bien au contraire. Tout peut se voir : de l'excès de poids manifeste à la gracilité. Seules les crises doivent être prises en compte. Elles représentent le signe caractéristique et doivent s'apparenter à celles décrites plus haut pour qu'il soit question de boulimie ou d'hyperphagie boulimique. C'est seulement dans ce cas que vous pourrez tirer profit de la démarche proposée ici. L'obésité, quant à elle, requiert des soins spécifiques centrés sur le régime ou l'hygiène de vie. Elle a un caractère beaucoup plus médical et des origines différentes. Les crises alimentaires, quand elles existent, sont sensiblement plus rares et n'ont pas les mêmes caractéristiques.

Une autre équivoque capitale est possible : celle due à la distinction parfois délicate entre boulimie et anorexie. Cet autre trouble des conduites alimentaires appartient à la même catégorie mais présente des particularités qui doivent être connues pour ne pas risquer de les confondre. Si l'anorexie, comme chacun le sait, s'accompagne d'une maigreur souvent extrême, elle peut tout de même donner lieu à des crises alimentaires parfaitement similaires à celles présentes dans les autres troubles. Dans ce cas, la maigreur tient au fait que ces crises sont plus rares ou moins intenses : elles ne compensent pas vraiment, alors, le déficit nutritif quotidien. Si elles sont plus importantes en nombre ou en intensité, elles sont alors contrebalancées par des mesures très intenses de restriction et des vomissements très sévères. Dans ces deux cas, c'est surtout l'état de maigreur qui permet de retenir plutôt le diagnostic d'anorexie. Il s'y ajoute quelques autres signes, résumés dans le tableau suivant, et qu'il faudra savoir reconnaître.

Critères de l'anorexie

– Un poids inférieur à 85 % du poids normal pour la taille et l'âge. L'indice de masse corporelle[14] (IMC) sera alors égal ou inférieur à 17,5. On peut calculer cette valeur en divisant son poids actuel par le carré de sa taille. Ainsi une personne mesurant 1,72 m et pesant 51 kg aura un IMC inférieur à 17,5.
– Pour les femmes et les jeunes filles, une absence de cycles menstruels.
– Pour les hommes, une perte de l'intérêt pour l'activité sexuelle et une impuissance.
– La personne a une perception souvent erronée de son poids. Elle peut se voir encore trop grosse alors même que sa maigreur est extrême.
– Il existe une peur panique de grossir et toute l'attention est centrée sur le poids et l'alimentation.

14. Indice de masse corporelle (IMC) ou indice de Quételet = Poids (en kg)/Taille (en mètres) élevée au carré.

Si votre trouble s'apparente à ce tableau, vous êtes en danger et vous devez engager des soins bien différents. Prenez rapidement l'avis d'un médecin.

Il existe une voie de passage entre anorexie et boulimie : environ une fois sur deux l'anorexie évolue vers la boulimie dans les deux ans qui suivent son début. Vue sous cet angle, la boulimie pourrait être une étape de la guérison de l'anorexie ! L'inverse est beaucoup plus rare : il est exceptionnel qu'une personne ayant souffert de boulimie présente une évolution ultérieure vers l'anorexie.

CHAPITRE 2

Évaluer son trouble

Un questionnaire pour se situer

Vous trouverez en annexe un questionnaire d'évaluation de l'intensité et de l'incidence de la boulimie, où sont regroupés tous les signes et la plupart des conséquences possibles de ce trouble. Il se divise en trois parties :

1. Une liste de critères de la maladie (fréquence et ancienneté des crises, comportements compensatoires, etc.) dont il est possible de graduer l'intensité. Ce sont les questions des chapitres 1 à 4. Dans cette catégorie, la note obtenue peut varier de 0 à 48 et mesure l'intensité du trouble.

2. Une liste de conséquences de la maladie sur votre qualité de vie et sur votre équilibre personnel (impact physique, psychologique et social). Ce sont les questions des chapitres 5 à 7. Dans cette catégorie, la note obtenue peut varier de 0 à 73 et permet d'apprécier la sévérité de l'incidence des troubles.

3. Une échelle mesurant la souffrance subjective provoquée par cet état : déterminer une note selon ce que vous ressentez. C'est la question unique du chapitre 8. La variation est de 0 à 10.

En la complétant avec soin, dès à présent, vous aurez une idée précise de votre situation actuelle. Vous pourrez parcourir l'ensemble des questions qu'il est utile de vous poser sans risquer d'en oublier. Vous pourrez coter l'intensité des manifestations actuelles du trouble et leur impact sur votre vie. Au maximum, une personne peut atteindre un score total de 130. Ce cas est bien improbable et correspondrait à une cotation maximum partout. Ce chiffre donne seulement une idée de l'amplitude de variation possible et vous permet de vous situer.

Le plus utile, dans cette cotation, c'est la possibilité de mesurer vos progrès. En la renouvelant de temps en temps au cours de votre démarche, cette échelle vous permettra de mettre en évidence le chemin parcouru. Il sera suffisant de la remplir de temps en temps.

L'auto-observation quotidienne

C'est une autre façon de bien connaître le problème. Il s'agit de tenir un journal précis de vos repas et des crises tout au long de la démarche afin d'évaluer les difficultés, de comprendre les mécanismes et de mesurer la progression. Aussitôt que vous aurez décidé de vous y engager, vous devrez vous donner les moyens de maintenir cette mesure avec discipline et détermination : elle est une des conditions majeures du succès. Cela s'explique par le fait que seule une observation objective et quantifiée permet de corriger une évaluation subjective qui variera toujours au gré de votre état psychologique et de votre humeur. Vous l'avez certainement déjà remarqué, il est très facile de s'accorder une indulgence apaisante quand la culpabilité devient trop insupportable. À l'inverse, dans les moments de déprime, il est tout aussi fréquent et dommageable de s'accabler douloureusement en se reprochant le moindre écart avec la plus grande sévérité.

On pourrait ainsi comparer cette démarche au travail de recherche que fait un scientifique avant toute conclusion et en dehors de toute hypothèse. C'est une étape essentielle pour bien connaître un problème et avoir les meilleures chances de le résoudre. Avant de choisir l'antibiotique susceptible de soigner une infection, le biologiste met en culture les germes prélevés et les observe sur la lame de son microscope. Vous aurez le même souci d'objectivité et de rationalité dans cet exercice.

Pour votre agenda alimentaire, inspirez-vous du modèle de la page suivante.

En voici les principes :

1. La première colonne permet de noter les heures des repas ou des prises alimentaires. Il est très utile de mentionner l'heure de début et l'heure de fin : vous pourrez en déduire la vitesse à laquelle vous avez mangé. Cette rapidité est, en effet, un facteur important d'entretien des troubles et il sera question, plus loin, de la corriger.

2. La nature et la quantité approximative des aliments occupent la deuxième colonne. Vous y noterez autant les repas normaux que les crises. En omettant l'un ou l'autre, vous y perdriez de précieuses informations. Il est utile de savoir si votre alimentation est suffisamment variée et si vous ne faites pas systématiquement l'impasse sur certaines catégories. Il

Date :

Heure (début et fin)	**Aliments et boissons** (nature et quantités approximatives)	**B**	**V**	**Commentaires** (lieux, circonstances, sentiments, pensées)

est tout aussi utile de savoir vers quels aliments vous êtes attiré(e) lors des crises. Il n'est toutefois pas intéressant de faire une quantification plus précise et encore moins de peser ou d'évaluer la valeur calorique de ce que vous ingérez. Une telle attitude renforce l'importance attachée aux repas et l'obsession qui en découle. Voyez les exemples fournis dans la suite.

3. Les colonnes « B » et « V » signifient respectivement « boulimie » et « vomissement ». Mettez une croix pour signaler ces événements chaque fois qu'il se produisent. Cochez la case « V » pour les autres comportements compensatoires tels que l'usage de laxatifs ou de diurétiques. Vous ferez aussi un effort de réalisme et d'objectivation de votre trouble. Il est souvent surprenant de constater l'écart entre ses impressions et la réalité dans ce domaine. De toute façon, il faut affronter la réalité du problème pour s'en rendre maître.

4. La dernière colonne porte sur les éléments du contexte et les événements psychologiques qui ont accompagné ces prises alimentaires, normales ou non. Il s'agit de noter le contexte d'une crise, par exemple : lieu, événements rattachés, état émotionnel préalable, etc. Il sera ensuite utile de savoir identifier les pensées et les émotions qui ont pu accompagner un repas et préparer une crise. La connaissance fine de ces mécanismes sera une arme puissante dans votre lutte contre les crises. La pratique de l'analyse fonctionnelle, que nous aborderons un peu plus loin, vous rendra ces notions familières.

Commencez dès à présent ce « journal ». Ne vous laissez pas dissuader par d'éventuels essais antérieurs, dans d'autres contextes, dont vous gardez un mauvais souvenir. À l'inverse, ne cherchez pas à modifier votre manière de manger. Pour l'instant, cette auto-observation sert à dresser le bilan de la situation : en faisant trop d'efforts pour contrôler les crises d'emblée, vous risqueriez de minorer artificiellement leur fréquence et de vivre une déprimante phase de « rebond » ensuite. Rien de tel pour désamorcer votre premier élan. Voir l'exemple de Séverine page suivante.

Le bilan hebdomadaire

Il découlera de la collecte des informations de l'auto-observation quotidienne. Il résume sur un tableau les données pertinentes de votre évolution. Il représente le meilleur moyen de faire apparaître vos progrès et vos difficultés éventuelles : c'est l'équivalent de la feuille de température qu'on accroche au pied du lit d'un malade. Choisissez dès le début le jour de la semaine où vous remplirez cette feuille et tenez-vous y ensuite.

Date : 27/10

Heure (début et fin)	**Aliments et boissons** (nature et quantités approximatives)	**B**	**V**	**Commentaires** (lieux, circonstances, sentiments, pensées)
7h00 7h05	Un bol de thé sans sucre			Je n'ai pas faim du tout et je me sens un peu écœurée. Je suis pressée.
12h30 12h40	Une salade d'endives Trois cuillers de fromage blanc sans sucre Un café avec deux sucrettes			Il faut que je mange un peu, sinon je ne tiendrai pas le coup cet après-midi. Après le repas, je sens que je n'aurais pas dû prendre du fromage blanc à 20 % de matières grasses.
16h00	Un café avec deux sucrettes			
17h30 17h45	Une barre de céréales Deux petits pains au sucre Une bouteille d'un litre de soda Deux barres de chocolat aux noisettes Une demi-baguette de pain Un pot entier de pâte à tartiner	X	X	En sortant du bureau, je me suis retrouvée seule à la maison. Je me sentais mal et je savais que j'allais craquer. J'ai tenté de calmer mon envie de manger en ne prenant qu'une barre de céréales, mais elle a eu exactement l'effet inverse.
21h00	Un peu de soupe Un yaourt nature sans sucre			Je dois manger un peu, je n'ai rien gardé de ma crise de cet après-midi. Je suis effondrée, désespérée. Je n'y arriverai jamais.

Remplissez-la une seule fois chaque semaine et toujours le même jour. Servez-vous du modèle de la page suivante.

En voici le mode d'emploi :

1. Colonne « S » : semaine 1 à 24. Vous avez près de six mois de suivi sur une seule feuille. L'intérêt d'une telle durée tient au fait que les progrès sont parfois peu perceptibles sur de courtes périodes. Rappelez-vous

BILAN HEBDOMADAIRE

S	B	V	Poids	Notes
1				
2				
3				
4				
5				
6				
7				
8				
9				
10				
11				
12				
13				
14				
15				
16				
17				
18				
19				
20				
21				
22				
23				
24				

que la lutte contre un trouble qui parfois dure depuis plusieurs années peut vous demander quelques mois de travail.

2. Colonne « B » : elle contiendra le nombre de crises de la semaine en question. Ne faites pas l'impasse sur cette donnée. Même s'il vous paraît souvent pénible de le noter, ce nombre est une réalité qu'il faut connaître pour mesurer l'acuité de votre maladie. De plus, le fait de se confronter à cette prise de conscience est un excellent exercice : il combat la tentation de se débarrasser du problème en le niant. La boulimie ne se traite pas par le mépris !

3. Colonne « V » : vous y noterez la fréquence des vomissements. Il peut s'agir, aussi bien, des autres manœuvres compensatoires. Adaptez son en-tête en fonction de votre cas personnel. Il peut y avoir des vomissements ou des prises de produits purgatifs en dehors des crises et vous devrez les noter aussi, pour autant que ces événements vous semblent bien en lien avec la peur de prendre du poids.

4. La colonne « Poids » contiendra le chiffre de votre pesée hebdomadaire. Cette mesure doit se faire dans des conditions similaires chaque fois : prenez l'habitude de la faire plutôt le matin, à jeun, avec le minimum de vêtements. Que vous ayez l'habitude de vous peser très souvent ou jamais, vous êtes donc invité(e) à le faire une seule fois par semaine désormais. Attachez toute l'importance qu'elle mérite à cette consigne : oser monter sur la balance chaque semaine, ni plus ni moins, sera peut-être votre premier acte en direction de la guérison. Il demande une forme de courage et de constance très proche de celle qu'il vous faudra déployer pour vous rendre maître de votre problème.

5. La colonne « Notes » sert à relever les éventuels événements importants d'une période donnée qui pourraient être mis en relation avec les variations observées dans les autres colonnes. Vous y mentionnerez vos périodes de vacances, par exemple, ou une phase de stress particulière au travail, ou encore un problème de santé passager, etc., tout ce qui peut être pertinent pour vous aider, ensuite, à repérer les facteurs qui font varier votre aptitude à dominer vos troubles.

L'exemple ci-après vous permettra de voir comment il est possible de se servir de ce tableau.

Ce tableau est censé vous donner quelques idées sur les informations qu'on peut y transcrire, mais, bien entendu, les notes que vous prendrez dépendront entièrement de vos critères et de vos traits de personnalité. Retenez ce qui vous paraît important pour vous. N'oubliez pas que vous êtes la personne qui connaît le mieux votre problème.

BILAN HEBDOMADAIRE

S	B	V	Poids	Notes
1	6	4	52,5 kg	Début de la démarche. Je ne change rien.
2	5	0	53,5 kg	Je suis un peu inquiète. Peur de grossir.
3	3	1	53,0 kg	
4	5	2	52,5 kg	Les vacances ont déréglé mes rythmes de repas.
5	3	0	53,0 kg	Je suis prête pour l'étape suivante : manger de tout.
6	3	0	54,0 kg	J'ai mangé plus de féculents les quatre derniers jours.
7	2	0	54,0 kg	J'ai réussi à prendre un dessert à chaque repas de midi.
8	0	0	52,0 kg	J'ai eu une petite grippe : appétit coupé.
9	2	1	52,5 kg	Le vomissement semble en lien avec la grippe.
10	1	0	53,0 kg	Je commence à manger selon un schéma régulier.
11				
12				
13				
14				
15				
16				
17				
18				
19				
20				
21				
22				
23				
24				

Établir sa motivation

Voici venu le moment de prendre ou non la décision de vous engager dans ce programme. Vous avez pris le temps de découvrir les principes fondamentaux qui guident cette démarche, de comparer vos troubles à la définition médicale classique et de mesurer leur intensité et leur sévérité en ce qui vous concerne. Il vous faut maintenant faire un travail préparatoire avant de vous engager dans l'action : établir votre motivation. Pourquoi ce temps de réflexion est-il nécessaire ? Il conditionne vos chances de garder l'énergie nécessaire jusqu'au bout et jusqu'à la guérison, y compris dans les moments inévitables de doute et de découragement. Le traitement de la boulimie et des autres troubles apparentés se fait sur une assez longue période, nous l'avons vu, et le premier danger qui vous guette, c'est de vous essouffler trop vite. Il s'agit d'un marathon et non d'un sprint. Si vous partiez immédiatement et sans vous échauffer, vous auriez les plus grandes chances de vous trouver épuisé(e) dans quelques jours et d'être convaincu(e) que cette méthode n'est pas meilleure que les autres, ou, pire, que vous ne serez jamais capable de vous en sortir. Il est bien possible, en effet, que vous ayez l'habitude de vous lancer des défis et de vous promettre un succès total et définitif lorsque vous vous sentez plein(e) d'énergie certains jours. Vous avez alors fait l'expérience de la désillusion et de la déprime lorsque la crise suivante est venue anéantir vos espoirs. Si c'est le cas, vous comprendrez que cette nouvelle tentative ne doit pas vous conduire au même résultat. Il vous faudra vous y engager après avoir mûrement construit votre détermination à aller jusqu'au bout. Pour cela, il est nécessaire de faire un travail qui vous paraîtra probablement surprenant : chercher toutes les bonnes raisons de ne rien changer ! Vous en dresserez la liste la plus complète possible et vous en chercherez tous les arguments. Cet exercice, loin de vous dissuader, vise à vous préparer efficacement à faire face à ces moments de doute et de désespoir qui vont sûrement vous assaillir et qu'il sera nécessaire de savoir critiquer alors. Peut-être prendrez-vous conscience que bien des choses s'opposent à votre projet, que vous avez encore bien des raisons d'hésiter. Ne soyez pas trop déçu(e) et sachez attendre. La suite de ce travail vous conduira aussi à rechercher les arguments en faveur d'un changement. Vous pourrez faire évoluer votre position dans ce sens tout en respectant vos croyances et attentes personnelles.

La première étape va consister à poursuivre la lecture de ce livre jusqu'à son terme. Vous vous familiariserez avec cette méthode et ses corollaires. Vous prendrez la mesure réelle des moyens à mettre en œuvre pour réussir et vous serez plus à même de savoir s'ils vous conviendront. Vous ne chercherez pas à suivre, pour l'instant, les consignes qui y figurent. Il s'agit seulement de prendre connaissance de son contenu. Il sera temps d'agir après cette première lecture et après avoir forgé votre décision.

Reconnaître les écueils d'un tel traitement et les raisons d'hésiter

Avant de s'engager dans un changement majeur de comportement pour combattre cette maladie, il est bon de regarder ce qu'on va laisser derrière soi. La boulimie est certainement une source de souffrance, mais elle a de bonnes raisons d'être : nous allons tenter de les retrouver et de les évaluer. Le principe de cette étape consiste à répondre systématiquement et honnêtement aux questions : « Quel avantage je tire de cette situation et quel inconvénient je risque d'avoir à changer ? »

Voici une liste d'idées possibles. Toutes sont discutables, voire erronées, mais elles sont parfois présentes. Cherchez celles qui ont un écho pour vous et ajoutez toutes les autres dont vous vous souvenez et qui ne figurent pas ici.

Pour chacune, il existe un commentaire ou une réponse possible : servez-vous en pour nuancer votre doute et vous faire une idée plus réaliste de la difficulté.

À chaque nouvelle pensée « pour » ou « contre », faites l'exercice de rechercher son argument inverse, comme dans les exemples ci-après; il s'agit là d'un excellent moyen d'apprendre à discuter ses convictions et ses préjugés. C'est aussi un style de travail intellectuel très proche de ce que vous serez invité(e) à faire dans le chapitre portant sur la restructuration cognitive (cf. en annexe). Pensez, par exemple, au coût économique de votre maladie ; pensez à son impact sur votre entourage et sur vos relations affectives et sociales ; faites le tour de vos craintes et de vos attentes quant à l'impact physique et psychologique de ce travail de soin. Comme vous le voyez, les sujets de réflexion ne manquent pas et il est très utile de prendre le temps de les parcourir tous soigneusement.

Les principes généraux

Contre la thérapie	Pour la thérapie
La boulimie fait partie de ma vie depuis bien longtemps, elle est une sorte d'identité, si j'en sors je n'aurai plus de « personnalité », je deviendrai « banale ».	La boulimie masque mes capacités et restreint ma liberté. Je suis incapable de savoir ce que je deviendrais sans elle, mais je peux parier que ce serait mieux.
Le fait qu'elle dure depuis longtemps m'amène à penser que je suis incapable de changer : essayer, c'est affronter un échec pénible.	Au pire, la méthode est un échec. Au minimum, je peux faire une expérience enrichissante, et peut-être même vivre un succès très gratifiant. Je n'ai rien à perdre.
Le fait qu'elle envahisse toute ma vie et mes pensées me fait craindre de ne pas réussir à supporter le vide qu'elle va laisser.	Sans la boulimie, je vais pouvoir m'épanouir. Je trouverai bien le moyen de faire quelque chose de tout ce temps et de toute cette énergie que je vais regagner.
Si je guéris de la boulimie, un autre problème pire encore peut la remplacer (anorexie, dépression...)	Je suis déjà déprimé(e) la plupart du temps à cause de ce trouble... Et l'anorexie, je n'y crois pas vraiment.
Les choses peuvent s'arranger d'elles-mêmes : inutile de se battre s'il suffit d'attendre !	Il y a déjà bien longtemps que ce serait le cas si c'était possible : c'est un cercle vicieux et il ne s'arrêtera pas tout seul.
Si je tente de réduire la fréquence de mes crises, il y aura ensuite un risque de « rebond » et d'aggravation.	Je constate que c'est le contraire qui se produit : c'est quand je cherche à contrôler mon régime que les crises augmentent.

Les questions concernant les repas et les aliments

Contre	Pour
Je vais devoir manger des choses que je n'aime pas ou qui m'effraient, comme les féculents ou les matières grasses.	Manger de tout, sans angoisse particulière, est un plaisir que je connais plus depuis longtemps et que je pourrais retrouver.

Je vais être obligé(e) de respecter des horaires réguliers et contraignants.	La boulimie m'inflige des contraintes autrement plus terribles.
Il va falloir que je prépare les repas et que j'y consacre du temps.	Je vais redécouvrir le plaisir de cuisiner et de manger sereinement.
Si je ne me préoccupe plus autant de mon alimentation, je vais perdre le contrôle de mon appétit et devenir énorme.	Manger occupe toutes mes pensées par moments et je ne maigris pas pour autant !

Les questions concernant le corps

Contre	Pour
Je risque de grossir, au moins au début du traitement, et je ne me sens pas capable de le supporter.	C'est vrai, mais au bout du compte j'atteindrai simplement le poids pour lequel je suis fait(e) : mon poids de santé.
La reprise de certains aliments peut me procurer des troubles digestifs (douleurs abdominales, constipation, ballonnement...)	J'ai déjà tous ces symptômes bien souvent. Ils seront passagers si je règle mes problèmes.
Ma silhouette peut changer et moins me convenir.	Je suis en permanence mécontent(e) de ma silhouette, avec ou sans changement.
Mon estomac est « dilaté » par les crises et un repas normal ne parviendra jamais à le remplir.	En réapprenant à manger de façon rationnelle, je vais retrouver des sensations normales rapidement.

Les questions concernant les crises et les vomissements

Contre	Pour
Je crois impossible de bloquer totalement et définitivement les crises, alors à quoi bon essayer ?	Je raisonne trop sur le mode du « tout ou rien » : un progrès serait déjà le bienvenu.
Si je renonce à vomir, je ne pourrai pas supporter de garder ces aliments dans mon estomac.	Je peux apprendre à le faire par petites étapes successives.
Les crises me soulagent, au moins momentanément.	Le soulagement est de courte durée. Le malaise, la honte et l'angoisse qui suivent sont bien plus terribles.

Elles calment mon angoisse et mes moments de vide ou d'ennui.	Les crises sont aussi la cause première de mon mal-être perpétuel.
Les toutes premières bouchées sont souvent extraordinaires.	Les dernières bouchées sont un calvaire.

Les questions concernant la démarche d'autothérapie

Contre	Pour
C'est un vrai travail et une discipline : je ne suis pas assez rigoureux(se) pour le faire ; il n'est pas adapté à ma personnalité.	Ma personnalité n'est pas en cause, tout est question d'apprentissage. La boulimie m'a rendu(e) impulsif(ve) et je doute de pouvoir me contrôler. Mais je peux apprendre à faire et à penser autrement.
Observer et noter tout ce que je mange risque de me rendre encore plus obsessionnel(le).	« La bouffe » occupe toutes mes pensées, autant que ce soit pour la bonne cause.
J'aurais trop honte de noter en détail le contenu de mes crises et mes éventuels vomissements.	Regarder les choses en face est le seul moyen de les maîtriser.
Il faut tenir plusieurs mois et les résultats ne sont pas garantis au bout du compte.	Ma seule certitude, pour l'instant, c'est que je n'aurai aucun progrès si je ne fais rien.

Faire le bilan et savoir se motiver

Quand vous aurez rassemblé tous ces arguments et leurs symétriques, vous aurez encore deux choses à faire. La première consiste à tenter d'évaluer l'importance relative de chacun d'eux, et la seconde d'en faire apparaître l'effet à plus ou moins long terme.

Vous allez donner une note entre 0 et 10 à chacun d'eux, afin de faire apparaître ces différences. En effet, chaque argument mérite d'être cité mais tous ne sont pas équivalents. Par exemple, il se peut que l'argument selon lequel vous craignez de ne pas être capable de vous astreindre à une telle discipline représente un écueil majeur pour vous. Vous pourriez le situer alors comme la référence de la note la plus élevée (10/10) à vos yeux. À partir de là, chaque idée pourra lui être comparée et sa valeur relative sera traduite dans la note que vous lui attribuerez.

La dernière étape de ce travail préparatoire va consister à mettre en évidence les arguments portant sur le plus long terme, au détriment de ceux dont l'impact est de courte durée. À valeur égale, deux idées n'auront pas le même effet sur notre décision si l'une d'elles a des conséquences brèves et que l'autre a un impact sur le reste de notre vie. Il paraît raisonnable, dans tous les cas, de privilégier celle qui aura l'effet le plus durable. Dans le cours de ses études, par exemple, un étudiant est amené à fournir un pénible effort de révision avant une période d'examen. Il ne pourrait pas s'y astreindre et sacrifier quelques semaines de loisir et de détente, s'il n'avait pas l'idée que sa réussite éventuelle conditionnera son avenir professionnel et sa qualité de vie pour des années. Pour illustrer l'ensemble de ce chapitre, voici l'exemple de Fabienne.

La grille de décision de Fabienne

Contre	/10	Pour	/10
– J'ai déjà essayé de m'en sortir et je n'y suis jamais arrivée jusque-là.	9	– Je n'ai pas encore tenté cette méthode.	7
– Je supporterais mal une prise de poids, même transitoire.	10	– **Je serai plus libre de réaliser certains projets importants pour moi, si je réussis.**	10
– **La maladie m'évite d'affronter mes autres problèmes.**	2	– **Plus de vomissements.**	6
– Je vais être angoissée, beaucoup plus que maintenant.	4	– **Plus de crises.**	5
– Je vais être épuisée par la thérapie.	1	– Éventuellement perte de poids.	3
– Je vais devoir faire des repas « normaux », donc « énormes » pour moi.	5	– Augmenter mon sentiment de contrôle.	5
– Je vais devoir manger de tout.	2	– **Apprendre à manger « comme tout le monde ».**	4
– Je vais devoir supporter le sentiment de vide qui m'assaille souvent, et que je compense habituellement par une crise.	3	– **Faire des économies.**	6
– **Je risque de changer de silhouette.**	6	– **Améliorer mes relations avec** les **autres, proches ou non.**	3
– Je vais devoir renoncer au plaisir immédiat que provoque une crise.	1	– Remettre mes anciens habits.	4
		– **Avoir une meilleur estime de moi.**	6
		– Être moins déprimée.	3
		– **Pouvoir accepter quand je suis invitée à manger.**	7
		– **Ne plus être obsédée par la nourriture du matin au soir.**	10
		– Faire l'expérience d'une réussite.	4
		– Éviter les effets secondaires des vomissements (abîment les dents, brûlures gastriques...) et des laxatifs.	4
Sous-total	**43**	**Sous-total**	**87**

Dans cet exemple, le choix semble acquis et Fabienne est prête à s'engager dans la thérapie. Elle a trouvé plus d'arguments favorables à ce projet que d'arguments contraires. La valeur relative de chacun d'eux traduit clairement une différence, qu'elle peut ainsi chiffrer. En outre, si elle prend le soin de faire ressortir ceux qui portent sur une durée importante (en caractère gras), cet écart devient encore plus frappant (8 contre 46).

CHAPITRE 4

Construire son analyse fonctionnelle personnelle

La particularité de la thérapie cognitive et comportementale est de faire précéder toute action de soin par un temps de réflexion sur les mécanismes qui induisent et entretiennent les phénomènes pathologiques. Cette étape s'appelle l'analyse fonctionnelle. Elle permet aussi bien de décrire la boulimie dans son ensemble que chaque sous-situation rencontrée. Elle est fondée sur l'observation de chaque cas particulier, mais son schéma est constant. Elle offre une grille de lecture des données de chaque situation pathologique. En vous familiarisant avec ses termes et ses principes, vous y trouverez une nouvelle façon de décrire et de comprendre ce qui vous arrive.

L'analyse fonctionnelle de la boulimie

Les éléments de ce tableau composent une image variable d'une personne à l'autre mais dont on peut dégager les grandes lignes et la structure générale. Nous allons commencer par en dresser la liste avant d'en observer les assemblages possibles. Ces éléments peuvent être des façons de penser ou de concevoir les choses, des sentiments ou sensations physiques ou encore des attitudes et des comportements.

Les restrictions

De plus en plus d'auteurs s'accordent à penser que le cœur de ce trouble des conduites alimentaires se situe dans les restrictions que les sujets s'imposent. Il s'agit de l'ensemble des comportements visant à réduire la valeur calorique de l'alimentation. Le premier d'entre eux se traduit, bien entendu, par la réduction pure et simple de la quantité d'aliments absorbés quotidiennement, ce qui conduit aussi bien à une diminution sensible du contenu des assiettes qu'à la suppression de certains repas. Un autre consiste à sélectionner les aliments en privilégiant les moins caloriques au détriment de ceux réputés plus riches. Il n'est pas rare de s'engager sur cette voie de façon anodine, en apparence. La plupart des régimes proposés dans les magazines féminins, par exemple, sont très fantaisistes et peuvent engendrer un déséquilibre nutritionnel. Cela est d'autant plus redoutable que rien ne permet de pressentir le danger : ils sont présentés comme étant efficaces et sans risque par leurs auteurs avec, bien souvent, la caution d'un médecin, voire d'un diététicien. Si certains sont très rationnels et prudents, le problème est qu'une personne n'ayant aucune formation dans ce domaine n'a aucune chance de les distinguer des régimes à risque. Par ailleurs, tout régime doit être adapté au sujet et engagé sous la surveillance d'un spécialiste car il peut conduire à une « catastrophe alimentaire »; il est, de fait, impossible de proposer un régime tenant compte des particularités individuelles, dans une revue tirée à plusieurs milliers d'exemplaires. À cela s'ajoute une autre donnée : les personnes présentant un risque de trouble des conduites alimentaires voient, dans cette profusion d'articles sur l'alimentation, un encouragement à s'en préoccuper et une caution à leur surinvestissement dans ce domaine. À défaut de suivre réellement ces conseils, elles sont toutefois confortées dans leur conviction que réduire son alimentation est une chose banale, voire saine. Un dernier point mérite d'être souligné : les jeunes filles de notre société sont appelées à se préoccuper de leur poids et de leur silhouette de plus en plus tôt. Elles sont concernées par ce risque dès le début de l'adolescence, à un âge où il est normal de ne pas avoir appris ces notions de prudence. Elles sont très influençables et ne peuvent pas se douter à quel point leurs expériences dans ce domaine sont susceptibles d'avoir de graves conséquences sur leur santé. Un sérieux effort de prévention s'impose dans ce domaine…

En règle générale, ces comportements de restriction conduisent à une dénutrition et à des carences variées en graisses, sucres et autres nutriments.

La dénutrition

Cet état est très pénible pour celui qui le subit, autant que pour son organisme. Il induit très vite une sensation de tension intérieure qui traduit autant le manque physique que la souffrance psychologique et pourrait conduire à la crise. Lorsqu'une personne est privée de nourriture, de façon volontaire ou non, elle peut voir apparaître des changements psychologiques et physiologiques importants qui ont été mis en évidence par une expérience ancienne, menée auprès de volontaires. Il s'agit de celle de Ancel Keys de l'Université du Minnesota, en 1950. Elle portait sur 36 hommes, sélectionnés pour leur bonne santé physique et psychologique, et consistait à réduire de moitié leurs apports alimentaires quotidiens. Durant cette expérience de plusieurs mois, les sujets ont perdu environ le quart de leur poids de départ.

Ce qui a frappé les chercheurs de l'époque (et ce qui explique qu'on n'a plus jamais osé refaire une telle expérience), c'est l'intensité et la sévérité des conséquences subies par les sujets. Le seul fait de restreindre leur alimentation a produit des changements considérables dans des domaines très divers. En voici le tableau résumé :

– Les effets sur l'organisme ont été très variés : fatigue, maux de tête, troubles du sommeil ou douleurs digestives. Lorsque la maigreur a été majeure, d'autres signes sont apparus : sécheresse de la peau, œdèmes, rougeurs aux extrémités, lanugo (sorte de petit duvet comme chez les bébés)...

– Les effets sur le psychisme furent inquiétants, allant de l'anxiété à l'irritabilité ou à la dépression. La plupart des sujets renoncèrent à leurs relations amicales ou affectives et adoptèrent une attitude de repli. Ils préféraient la solitude et le mutisme à leur vie sociale habituelle. Certains eurent des accès de violence contre eux-mêmes ou contre leur entourage. Tous notèrent une perte de leur aptitude à se concentrer ou à fournir un travail intellectuel.

– Les comportements anormaux se sont révélés impressionnants. Certains furent pris de passion pour tout ce qui concerne la nourriture : collectionner les recettes ou les ustensiles de cuisine, par exemple. D'autres changèrent totalement leur façon de manger : saler ou épicer exagérément, manger trop vite ou trop lentement... Presque tous eurent des fringales, voire des crises boulimiques authentiques, suivies d'un douloureux sentiment de culpabilité et de honte.

À la fin de cette phase de privation, les sujets reprirent progressivement leur poids antérieur et retrouvèrent leur équilibre intégralement. Il est à noter, toutefois, que trois d'entre eux décidèrent de changer leur choix professionnel initial, pour se consacrer aux métiers de la restauration !

On a tiré de cette expérience unique un grand nombre de connaissances sur les effets possibles de la restriction alimentaire. Les personnes souffrant d'un trouble des conduites alimentaires décrivent des phénomènes similaires et les attribuent bien trop souvent à leurs difficultés psychologiques personnelles.

Les faits rapportés ici sont d'une gravité extrême et ne sont pas comparables à ce que peut vivre une personne qui réduit partiellement ses apports nutritionnels quotidiens. Il s'agit toutefois d'un ensemble de signes dont certains peuvent apparaître très tôt. Ceux qui nous concernent dans la boulimie sont surtout les suivants :

- majoration du risque de crise boulimique;
- obsession de la nourriture;
- isolement et retrait affectif;
- dépression et perte d'estime de soi.

La crise

Elle vient mettre un terme à l'état de tension pénible créé par la restriction. Elle est favorisée par tous les autres facteurs de stress qui agissent comme des détonateurs. Elle s'accompagne d'une brève sensation de plaisir liée au soulagement de cette tension, ainsi qu'à l'effet de « retour de balancier » de la privation.

Le phénomène du balancier

Le fait de réduire ses apports alimentaires (ou de simplement craindre de manger) peut exacerber l'envie de manger. On constate aussi une tendance à ne plus être capable de ressentir la satiété (ou la répulsion normale pour un aliment pris en trop grande quantité). De plus, le plaisir lié aux aliments dont on s'est privé est démesurément augmenté et dure plus longtemps alors que, dans le même temps, on se reproche de les manger. Ces états d'âme constradictoires sont les forces opposées qui animent les oscillations de ce balancier.

Plus l'effort pour réduire l'alimentation est soutenu, et plus les scrupules à manger sont sévères, plus forte sera la crise suivante par le simple élan du balancier. Plus la crise est intense, plus elle renforcera les craintes et les aversions envers les aliments.

À chacun de ses allers et retours, le mécanisme entraîne une perte progressive de la confiance en soi par la répétition de l'échec à se contrôler, et par la honte qui accompagne le plus souvent les crises de boulimie et leur cortège de comportements compensatoires.

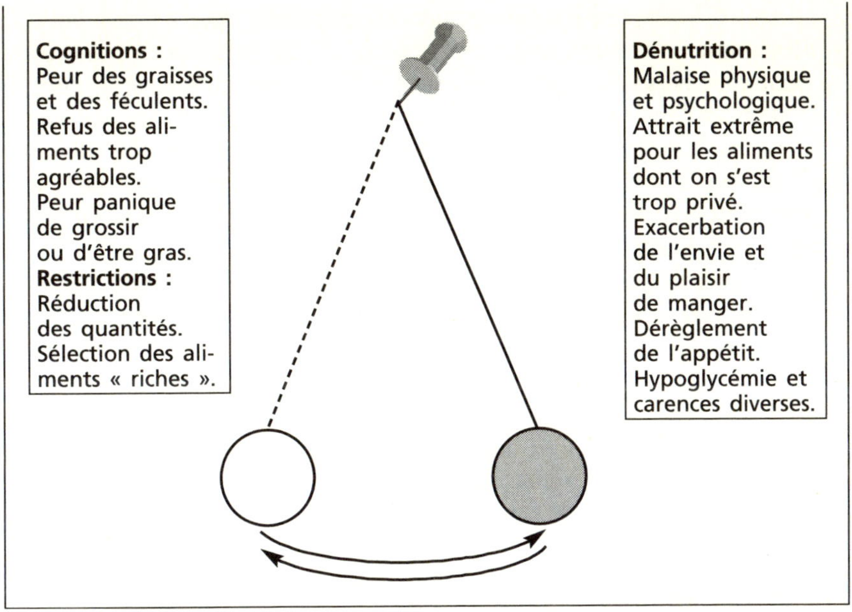

La crise est alors une réaction salutaire et normale de l'organisme face à des carences qu'il ne peut supporter, mais elle s'accompagne d'une cascade de pensées et d'émotions négatives : peur panique de grossir, honte et culpabilité de s'être « laissé aller » à manger autant, révolte contre soi et contre sa faiblesse. Elle entraîne une série de conséquences négatives qui joueront, ensuite, un rôle dans les facteurs d'entretien.

Dans un premier temps, le sujet est amené à vouloir compenser cet « écart » en reprenant aussitôt ses efforts pour contrôler son alimentation (retour au régime avec encore plus de détermination). Après une crise importante, en effet, il semble évident de ne pas manger beaucoup au repas suivant, voire de le sauter carrément. Il est d'autant plus facile d'y parvenir que l'appétit est réduit du fait de l'excès précédent. Il s'y ajoute une forte charge de culpabilité et d'angoisse. La motivation à se restreindre à nouveau ainsi que la capacité à résister à l'envie de manger sont alors maximales.

Vient ensuite, progressivement, la conviction qu'elle est le seul moyen de soulager toute tension. Dans certains cas, la crise peut être liée à toutes sortes de situations émotionnellement intenses : elle devient la réponse universelle au mal-être. Il s'agit, bien entendu, d'un leurre, mais cette conviction est souvent tenace, entretenue par l'expérience répétée de cette « décharge » douloureuse mais apaisante.

La troisième conséquence est d'ordre psychologique. La crise mine régulièrement le sentiment de capacité à se contrôler et entame ainsi la confiance en soi. L'expérience répétée d'une telle impulsivité induit naturellement la conviction d'être une personne faible et sans volonté. Elle a, par sa répétition, un effet considérable sur l'estime de soi. Elle est toujours, on le sait, accompagnée de honte et de dépréciation personnelle. Les sujets pensent parfois être les seuls à faire des choses aussi horribles et inhumaines.

Le plus souvent, elle suscite, nous l'avons vu, des comportements compensatoires dangereux, au premier rang desquels figurent les vomissements.

Pour résumer, on peut dire que la crise a quatre effets majeurs :
- elle renforce les phénomènes de dénutrition;
- elle devient le seul mode de résolution des tensions;
- elle aggrave la mauvaise image de soi;
- elle favorise le risque de vomissement.

Les vomissements

Ils ne font pas toujours suite à une crise mais représentent un élément de gravité supplémentaire. En vidant l'estomac de son contenu, ils permettent d'éviter une prise de poids inquiétante, mais surtout ils entraînent une nouvelle phase de dénutrition plus rapide. Sans le vomissement qui lui fait suite, la crise boulimique aurait pu compenser certaines carences ou réduire les effets de la dénutrition. C'est désormais le contraire qui va se produire. La ration alimentaire est diminuée, associée à des pertes très importantes en sels minéraux[15] et en eau. Le malaise physiologique dû à la restriction sera donc aggravé par d'autres déséquilibres biologiques.

Leur effet sur l'état émotionnel est complexe. Ils ont la même motivation que la crise boulimique et aboutissent, eux aussi, à un bref soulagement de l'angoisse. Ils sont une tentative effrénée pour limiter le risque de prise de poids. Le résultat est traumatisant car ils sont presque toujours perçus comme un acte dégradant. Rares sont les personnes qui n'y voient qu'un moyen de compenser la crise. Les vomissements sont toujours solitaires et secrets; ils portent atteinte à l'image de soi.

15. Les sels minéraux perdus lors des vomissements sont principalement le sodium (Na) et le potassium (K). Leur variation a des effets considérables sur l'équilibre de notre organisme.

Leur apparente efficacité entretient la conviction qu'ils peuvent annuler les effets d'une crise. Tout compte fait, ils la favorisent en réduisant ses conséquences possibles. Cette idée, très permissive et difficile à critiquer, s'accompagne fatalement d'une majoration de la fréquence des crises. Elle s'exprime de différentes manières, mais sa formulation générale ressemble à : « Pourquoi faire tant d'efforts pour résister à l'envie de faire cette crise puisqu'il me suffira de vomir ensuite... ? », ou encore : « Maintenant que j'ai commencé à manger, autant aller jusqu'au bout afin de vomir plus facilement... ».

Pour résumer, on peut dire que les vomissements ont quatre effets majeurs :

- ils renforcent les phénomènes de dénutrition;
- ils créent des déséquilibres biologiques;
- ils aggravent la faible estime de soi;
- ils génèrent des pensées permissives envers les crises.

L'estime personnelle

La faible estime de soi des personnes souffrant de boulimie est presque toujours antérieure au trouble lui-même. Si vous vous penchez sur votre enfance et votre adolescence, vous y trouverez certainement des exemples précis : manque d'assurance et de confiance dans les relations avec les autres, doute profond sur votre valeur personnelle, tendance à vous inhiber et à rester en retrait dans de nombreuses situations sociales. Peut-être même trouverez-vous une ou deux expériences traumatisantes : manque de soutien familial, conflit avec un proche, critiques ou attitudes de rejet de la part des pairs[16], etc. Tout peut arriver, du plus banal au plus dramatique, mais il ne semble pas exister d'événement déclencheur spécifique. Les troubles des conduites alimentaires sont déterminés par trop de facteurs différents pour résumer leurs causes à ces seuls éléments, même s'ils jouent un rôle certain dans leur apparition[17].

L'estime personnelle est éminemment variable avec le temps. Il est évident que les adolescents émettent souvent un doute sur ce point, mais la maturité leur permet d'acquérir plus ou moins de confiance en eux à

16. Il est fréquent, par exemple, de retrouver des moqueries sur l'aspect physique ou le poids de la part des camarades de classe. (Oliver K. K. & M. H. Thelen, « Children Perception of Peer Influence on Eating Concern », *Behavior Therapy*, 27, 25-39, 1996.)

17. Voir sur ce sujet, du même auteur, *Tout savoir sur l'anorexie et la boulimie*, Favre, Lausanne, 2000.

travers les premières expériences autonomes et les éventuels succès. Des échecs répétés, au contraire, pourront compromettre cette évolution. L'apparition d'un trouble alimentaire aura, dans ce contexte, un impact très négatif. Les crises, les vomissements, les échecs relationnels ou personnels qu'il impose compromettent les chances de bien franchir cette étape difficile de la vie.

Dès lors qu'une personne se met à douter d'elle-même et de sa valeur, elle est tentée de porter une plus grande attention au regard des autres et à leur jugement. Elle adopte alors une attitude de repli ou d'inhibition, dans la crainte de ne pas être à la hauteur de leurs attentes ou de leurs exigences. Qu'elle adopte une prudente discrétion ou qu'elle aille jusqu'à l'évitement systématique des relations, cette personne risque de voir son problème s'aggraver.

Le cercle vicieux de l'inhibition

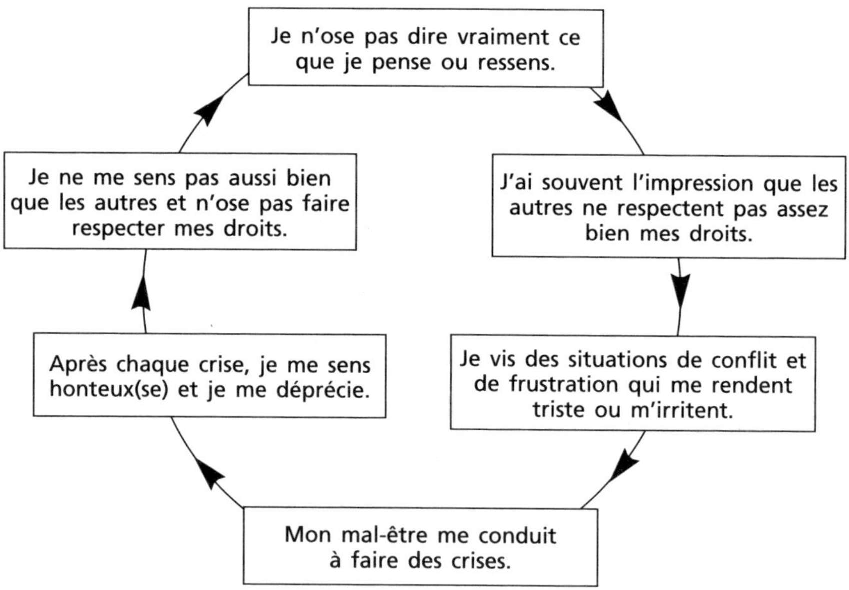

Il en ira de même si elle s'oriente vers une position plus agressive ou défensive (ironie ou irritabilité). La répétition des échecs et des conflits dans ce domaine ne peut qu'augmenter son sentiment de ne pas être aussi bien ou aussi valable que son entourage. Elle pourra se sentir en perpétuel danger de rejet affectif et d'abandon. Elle aura tendance à rechercher à tout prix la reconnaissance ou l'approbation de son entourage. Elle voudra être irréprochable moralement et physiquement pour espérer être acceptée. Lorsqu'il s'agit d'une adolescente ou d'une jeune adulte, elle aura tendance à se soumettre plus systématiquement aux exigences de son univers social, c'est-à-dire aux critères de la mode et aux archétypes[18] de sa génération. Elle en concevra une plus grande inquiétude envers son aspect physique, en particulier, ce qui s'exprime depuis les années soixante en Europe par une obsession de la minceur.

L'importance accordée au poids et à la silhouette

C'est un signe très constant dans l'ensemble des troubles des conduites alimentaires. Il se traduit par une insatisfaction excessive à l'égard de l'aspect physique et de la forme du corps. Il préexiste chez de nombreuses jeunes filles et semble atteindre les générations pré-pubères depuis quelques années. Il va de la simple gêne, concernant son manque d'attrait physique, à une véritable obsession invalidante. Dans ce cas, il s'accompagne de comportements de vérification tels que des pesées répétées, des séances prolongées devant le miroir, ou encore toutes sortes de manœuvres de palpations et de tractions sur la peau pour faire ressortir tel ou tel défaut supposé[19]. Ces attitudes ne débouchent jamais sur un constat agréable ou rassurant, bien au contraire. Elles conduisent, inexorablement, à exacerber le doute sur son apparence physique, en mettant en évidence le moindre défaut. Il est vrai que la meilleure façon de se trouver des imperfections, c'est encore de les rechercher avec soin.

Plus largement, ce regard dépréciatif sur soi s'assortit souvent de comparaisons avec les autres : ses proches, ses pairs, les *top-models*. Dans tous les cas, la manœuvre est négative puisqu'elle consistera toujours à rechercher les modèles les plus parfaits ou les plus enviables. On ne peut sortir que battu d'avance d'une telle confrontation. Cette attention portée aux êtres d'exception qui nous entourent (les femmes belles, jeunes, intelligentes et à qui tout réussit !) contribue aussi à étayer solidement la croyance de départ : la réussite et l'épanouissement personnel, pour une

18. Idéaux communs à tous les sujets d'un groupe social portant sur les qualités physiques ou morales des personnes.

19. Une forme particulière de ce comportement consiste à presser ses boutons d'acné ou ses points noirs, jusqu'à produire une irritation constante de la peau et des cicatrices disgracieuses : c'est l'acné excoriée.

femme, est une affaire de beauté et de minceur. C'est « le plus important et j'ai raison de m'en préoccuper ». CQFD.

L'excès d'attention accordée à la silhouette et à l'aspect physique a deux effets, principalement :

– renforcer la conviction que c'est la chose la plus importante pour soi et pour les autres par un phénomène d'autovalidation;

– contribuer à affaiblir l'estime personnelle en misant sur ce qu'on trouve le moins satisfaisant chez soi.

Conclusion et remarques

Le schéma général de l'analyse fonctionnelle, présenté ci-après, permet de se faire une idée de l'enchaînement des événements qui conduisent à la crise boulimique et au vomissement éventuel. Il permet aussi de voir comment le cercle vicieux boulimique est entretenu par de puissantes rétroactions. Ce sont les conséquences mêmes des crises qui vont ensuite maintenir le sentiment dépressif et la faible valeur personnelle. Ce sont les perturbations physiologiques qui vont aggraver les risques de crise, etc.

Les éléments de l'analyse fonctionnelle de la boulimie et leurs liens

1. La crise sans comportements compensatoires.

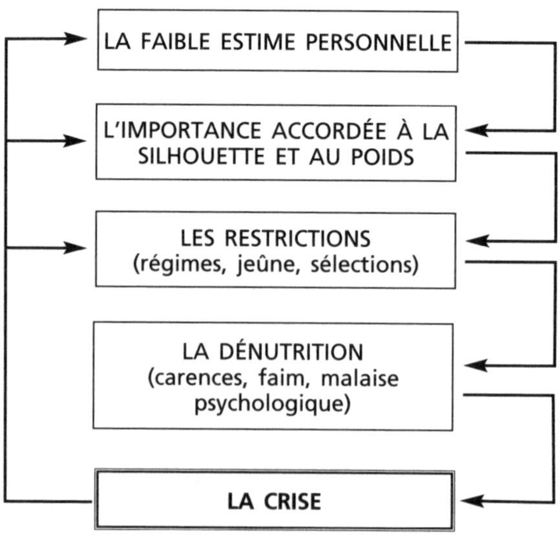

2. Les effets des vomissements.

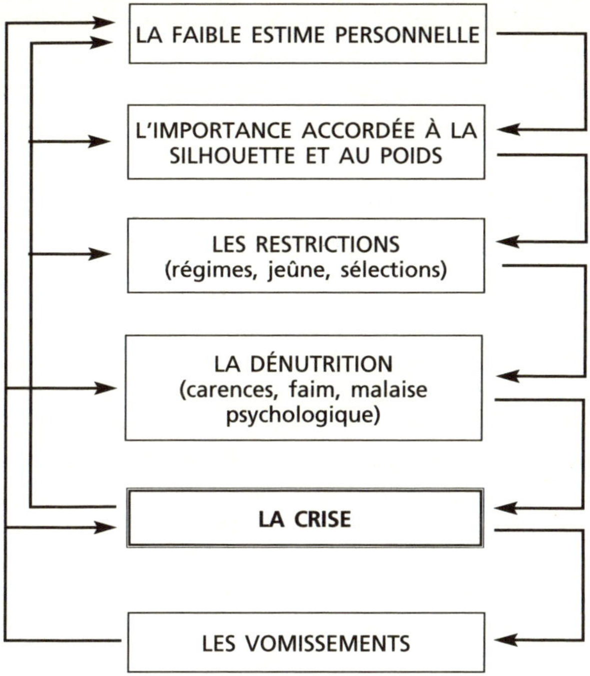

Il n'est pas nécessaire de souffrir au départ d'une très mauvaise estime de soi. Il suffit qu'elle soit médiocre... Le trouble alimentaire se chargera de l'anéantir. On peut aussi, dans un premier temps, accorder une importance moyenne à sa silhouette et à son poids : le régime et ses carences feront le reste en produisant une exagération du sentiment de mal-être. Il m'est arrivé de voir des sujets entrer dans ce cercle vicieux par toutes les portes possibles, y compris directement par des vomissements : ainsi une jeune fille avait-elle découvert, au contact d'une amie souffrant de boulimie, qu'il était possible de se débarrasser d'un repas normal en vomissant, afin d'éviter une prise de poids indésirable. Elle a vu s'installer la totalité des troubles par la suite. De même, il m'est arrivé de voir des personnes (des hommes, plus souvent) entrer par la porte de la dénutrition à la faveur d'un excès d'exercice physique après une phase de régime peu carencé. L'hypoglycémie et la fringale qui suit l'effort physique ont suffi à enclencher une crise.

Il est donc inutile de chercher l'origine de la maladie : ce sont les facteurs actuels d'entretien qui sont les plus importants et les seuls sur lesquels il est possible d'agir. En modifiant progressivement et systématiquement les rouages de ce mécanisme, il deviendra possible d'en bloquer le mouvement. Chacune de ces portes d'entrée dans la maladie représente une porte de sortie potentielle.

Établir ses données personnelles

Le modèle général de l'analyse fonctionnelle de la boulimie est valable dans la totalité des cas, mais sa formule est trop condensée pour bien décrire les nombreuses et subtiles variations individuelles. S'il est utile pour comprendre les principaux phénomènes, il peut s'avérer un peu rudimentaire pour servir de guide à votre démarche. Cela signifierait qu'une personne parvenant à suivre l'ensemble des étapes de la guérison proposées dans ce manuel, et à en appliquer vraiment les principes, serait guérie de sa boulimie. Il serait, tout compte fait, bien simple de se débarrasser de cette maladie. Or, vous savez bien qu'il n'en est rien. Chaque personne est différente de toutes les autres et un modèle unique est fatalement réducteur : c'est une cotte mal taillée pour la plupart d'entre vous. À défaut d'une thérapie individuelle qui vous proposerait du sur mesure à partir de ce patron, reste l'alternative de construire par vous-même un modèle plus personnalisé.

L'objectif de ce chapitre est de vous aider à choisir le chemin idéal qui vous conduira au succès en tenant compte, au plus juste, de vos capacités et de vos limites. Par quelle étape commencer? Sur quel point travailler plus longuement? Sur quel autre ne pas s'attarder inutilement? Toutes ces questions doivent être préalablement étudiées pour établir votre plan de route, faire un voyage plus confortable et, surtout, atteindre votre destination.

Pour vous aider à aménager votre projet en tenant compte de ces principes, vous pourrez vous inspirer des exemples de personnes ayant fait une démarche individuelle avec succès. Elles représentent autant de cas particuliers et de sensibilités différentes et il est probable que vous vous sentirez plus proche de l'une d'elles : son parcours pourrait alors constituer un modèle compatible avec vos propres particularités.

1. Isabelle et les rondeurs

Historique

Isabelle a 28 ans, elle est mariée et mère d'un petit garçon de 7 ans, Kevin. Elle travaille comme secrétaire dans une petite entreprise de sa ville. Son mari est cadre et leurs revenus sont très suffisants pour vivre. Ils ont emménagé depuis trois ans dans une maison individuelle où ils se trouvent très bien. Elle est issue d'une famille de bons vivants, dans laquelle on aime les bonnes choses et les plaisirs de la table. Ses parents et l'une de ses sœurs ont un réel surpoids, comme plusieurs autres personnes de sa parenté.

Après plusieurs hésitations, elle a décidé de s'ouvrir à son médecin de son problème. Elle lui a souvent fait part de ses « complexes » envers son surpoids et a sollicité régulièrement de sa part conseils et traitements. Elle a quelques rondeurs depuis son enfance et ses premières tentatives de régime datent de l'adolescence. Elle a eu parfois l'espoir de s'en sortir quand l'un d'eux lui permettait de perdre plusieurs kilos en quelques semaines et qu'elle pensait pouvoir relâcher son effort. Chaque fois, elle a fini par reprendre du poids, souvent au-delà du poids initial. Chaque fois, elle s'est désespérée de cette fatalité mais sans jamais abandonner l'idée de dominer un jour son appétit. Chaque nouvelle mode diététique qu'elle a suivie lui a redonné l'espoir. Chaque nouvel échec a contribué à la déprimer. Il ne se passe pourtant pas une année sans qu'elle ne retente sa chance. Elle a cependant constaté depuis plus de deux ans l'apparition régulière de crises boulimiques. La première a fait suite à une tentative héroïque de régime drastique qui l'a conduite, après plusieurs jours, à se jeter impulsivement sur un paquet de biscuits copieusement accompagné de beurre et de confiture. Si elle a repris, ensuite, une alimentation plus raisonnable, le problème s'est présenté à plusieurs reprises. Il est maintenant bien installé et Isabelle se désespère de ces crises qui lui font avaler des quantités énormes de nourriture et anéantissent ses efforts de plusieurs jours. Son poids a progressé sensiblement : elle atteint désormais 78 kg pour 1,68 m, soit un indice de masse corporelle de 27,6.

Commentaires

Après quelques années de régimes erratiques, bien des femmes (et de plus en plus d'hommes) sont confrontées à cette situation : leurs variations de poids ont entraîné une réduction de la proportion de la masse maigre au profit des réserves graisseuses[20]*. À cela, deux conséquences majeures. La première, c'est que la silhouette est de moins en moins satisfaisante, puisqu'il s'ajoute au surpoids une tendance à développer un aspect disgracieux de la peau (capitons, bourrelets, cellulite, etc.). La seconde, c'est que cet état de fait réduit les dépenses d'énergie de l'organisme (les tissus graisseux consomment peu) et, par conséquent, les besoins alimentaires. En résumé, dans ce cas de figure, on peut dire que plus on est gros et moins il faut manger pour réussir à maigrir. Les régimes, pour rester un peu efficaces, sont de plus en plus sévères et frustrants. Les carences de toutes sortes et leur cortège de troubles physiologiques et psychologiques provoquent des tensions que seule la crise pourra soulager.*

Au début des soins

Quand elle franchit pour la première fois la porte du cabinet du psychothérapeute vers lequel son médecin l'a envoyée, elle est assez déprimée et ne parvient à se motiver que grâce au soutien et aux encouragements de son mari à qui elle s'est aussi confiée. Elle remplit le questionnaire d'évaluation de la boulimie et obtient les valeurs suivantes :

– Fréquence des crises	1	
– Durée	4	
– Comportements compensatoires	4	(elle a souvent recours aux laxatifs)
– Importance de la silhouette et du poids	9	
L'intensité des troubles est cotée à	**18**	
– Impact physique	3	(douleurs abdominales et fatigue)
– Impact psychologique	8	(dépression et faible estime de soi)

20. C'est le lot de tous ceux qui ont connu les régimes « yo-yo ». Les pertes de poids sont souvent importantes mais les kilos sont tous repris (voire au-delà) à moyen ou long terme.

– Impact social	5	(elle est irritable et fuit les contacts)
L'incidence des troubles est cotée à	**16**	
Son indice personnel de sévérité est coté à	7	

Isabelle n'a que 2 ou 3 crises par semaine, avec de rares vomissements, mais elle en conçoit une gêne considérable. Sa souffrance est aussi entretenue par l'image très négative qu'elle a d'elle-même et de son corps.

Elle est très sensible à l'image qu'elle donne aux autres et à leur jugement. Elle supporte mal les critiques et la désapprobation. Elle aimerait être agréable à tout le monde et en toutes circonstances. Cet état d'esprit l'amène très souvent à « se plier en quatre », dit-elle, pour faire plaisir, mais elle a presque toujours le sentiment que les autres manquent d'attention et d'indulgence en retour. Avec les très proches, il lui arrive d'oser se révolter, et ils la trouvent irritable et parfois emportée. Avec les moins proches, elle est plutôt inhibée et conciliante, mais elle se surprend souvent à le regretter. Dans son travail, elle a le sentiment qu'on l'exploite un peu trop. Avec ses amies, elle vit de fréquentes situations de blessure et de frustration, auxquelles elle répond en plaisantant ou, au mieux, par un silence réprobateur.

Elle fait de nombreux efforts de régime, mais traverse actuellement une période de découragement et se contente de faire un peu attention. Elle n'en est pas moins culpabilisée quand elle s'autorise une sucrerie ou une pâtisserie. Elle a, bien entendu, une connaissance encyclopédique des mille et une manières de bien s'alimenter, et elle a « dévoré » toutes les revues et les livres sur la question. Ses règles diététiques personnelles sont complexes mais rigoureuses : elle ne les enfreint qu'au prix de la culpabilité et du remords.

Commentaires

Ce qui frappe chez Isabelle, c'est l'importance de ses difficultés relationnelles. Son attitude générale correspond bien à la définition de l'inhibition. Elle accorde beaucoup d'importance aux besoins et aux attentes des autres, mais a du mal à faire respecter les siens. Les seules fois où elle ose se révolter, elle le fait avec sa famille proche (son mari et ses parents, surtout), mais elle reconnaît que cette attitude agressive n'est pas la bonne et qu'elle ne résout pas les problèmes, bien au contraire.

Elle est, par ailleurs, très préoccupée par son excès de poids et surveille en permanence son régime, même quand elle n'est pas en « cure d'amaigrissement ». Si elle mange quelque chose de « sain », elle est frustrée. Si elle mange quelque chose de « bon », elle est en faute.

L'analyse fonctionnelle

Après un temps d'auto-observation à l'aide de son journal, elle remarque que ses crises ont essentiellement deux formes possibles. Il peut s'agir de véritables impulsions à manger qui la précipitent dans une boulangerie à la sortie de son travail, par exemple, et l'amènent à dévorer, tout en conduisant, 4 à 6 brioches au sucre dont elle raffole. Parfois, elle se trouve plutôt confrontée à une période de mal-être imprécis en fin de journée. Elle prend un repas normal le soir, puis continue à manger devant la télé (ou à la cuisine). Tout se passe comme si le repas se transformait secondairement en crise lente. Elle mange sans précipitation mais longtemps et en arrive à un sentiment pénible de satiété douloureuse, accompagné de remords et de révolte contre elle-même.

Lorsqu'elle a cherché à identifier les facteurs qui pouvaient déclencher ces crises, elle en a trouvé de différentes sortes :

1. Les conflits avec ses proches : problème non résolu avec son mari, promesse non tenue, surcroît de travail imprévu, etc.
2. Les frustrations professionnelles : remarque désagréable d'un collègue, travail mal reconnu, sentiment d'injustice, etc.
3. Les déceptions du régime : poids qui stagne ou augmente, vêtement trop serré qui « boudine », etc.
4. Les excès de régime : sauter un repas, ne manger qu'une salade à midi, éviter le pain pendant 3 jours, etc.
5. L'obsession des calories : manger de façon normale et variée, mais en se reprochant tout ce qu'elle aurait pu éviter ou n'aurait pas dû prendre.

Le schéma des crises impulsives se présente comme une phase de mal-être qui s'installe rapidement et se transforme en une impérieuse envie de manger quelque chose. Elle a l'impression qu'elle n'est plus en mesure de réfléchir et que les événements se déroulent en dehors de sa volonté. Elle est capable pourtant de mettre beaucoup de moyens en œuvre pour parvenir à s'acheter ses brioches (sortir en avance du bureau en trouvant une bonne excuse, par exemple). Elle ressent une sorte d'excitation juste avant de les dévorer et un bref moment d'extase lors des premières bouchées. Peu après, elle perd le contrôle de la situation et ne s'arrête que lorsqu'elle n'a plus rien à manger, avec un profond sentiment de honte et de dégoût. Les heures qui suivent sont assez pénibles, puisqu'elle les passe à se reprocher ce qui vient de se passer. Elle est déçue d'elle-même, se trouve faible et sans volonté. Elle a l'impression d'avoir pris 3 kg et elle les voit solidement « installés » sur ses hanches ou autour de sa taille. Elle oscille entre l'idée de se laisser aller totalement et se résigner à devenir définitivement énorme et celle de reprendre plus ardemment encore son combat contre les calories. C'est toujours cette deuxième solution qui l'emporte, le soir même ou trois jours plus tard. Reviennent alors les restrictions et les repas trop légers et… la faim.

Le schéma des crises du soir est assez différent. Isabelle constate souvent qu'elles sont attachées à des périodes de préoccupation, sans cause bien précise. Elle semble alors incapable de se souvenir d'un fait particulier qui aurait pu la contrarier. C'est plutôt un état latent de tristesse qui peut avoir duré toute la journée et se radicalise le soir, en rentrant à la maison. À peine le repas terminé, elle couche son fils et rejoint son mari au salon. Elle apporte des « choses à grignoter » et semble les manger sans y prendre garde. Elle saisit chaque pause, ou page de publicité, pour se relever et aller dans le réfrigérateur. Elle mange ainsi presque conti-

Analyse fonctionnelle des crises d'Isabelle

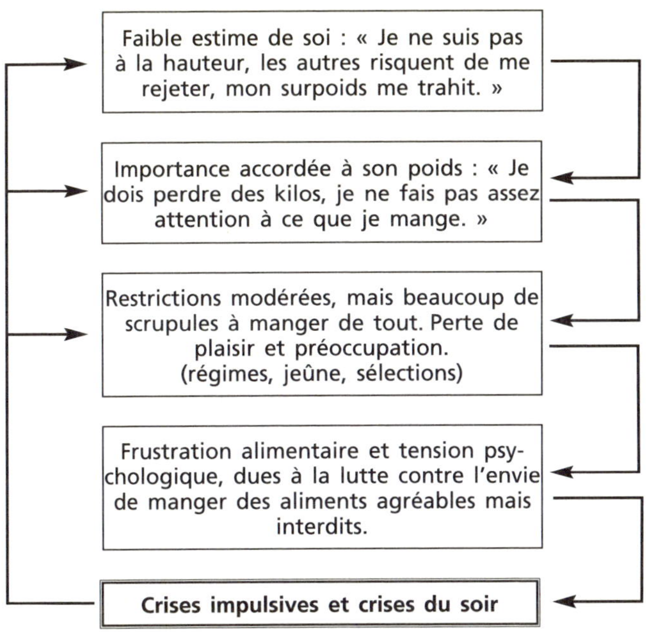

nuellement, toute la soirée, sans précipitation mais sans plaisir. Plus le temps passe, au contraire, plus elle se sent mal : la satiété fait place à une tension abdominale pénible et à un sentiment d'écœurement. Cette « crise sans crise », comme elle l'appelle, se termine lorsqu'elle va se coucher. À son réveil, le lendemain, elle y repense avec horreur. Elle est toujours frappée par son manque de conscience dans ces moments-là. Elle se fait l'effet d'un automate, d'un être sans volonté ni intelligence. Elle se déteste d'avoir ruiné, une fois de plus, ses espoirs d'atteindre un jour un poids acceptable.

Commentaires

L'affection dont souffre Isabelle correspond à la description de l'hyperphagie boulimique[21]. Ses crises sont accompagnées d'une réelle perte de contrôle et de culpabilité, mais elles peuvent avoir une durée et un rythme différents de ceux décrits pour la boulimie. Cette forme de boulimie s'accompagne d'une prise de poids régulière car les restrictions y sont modérées, et parce qu'elle n'entraîne pas ou peu de comportements compensatoires : aucun vomissement ni usage de laxatifs, pas d'excès d'activité physique. Tout se passe pour Isabelle comme si la frustration ne venait pas du fait de manquer d'aliments, ou de les vomir ensuite, mais bien plutôt de les avoir mangés avec appréhension. Elle a un régime peu carencé, mais elle est inquiète en permanence de sa diététique. Rien ne peut être avalé avec insouciance. Sa gourmandise « naturelle » est sans cesse brimée… sauf quand elle perd le contrôle et avale tout ce qui lui fait envie (voir le schéma de son analyse fonctionnelle).

La démarche de soin d'Isabelle

Elle découle directement des données tirées de l'analyse fonctionnelle. Les facteurs de maintien de son trouble hyperphagique sont :

- la mauvaise image qu'elle a d'elle-même et de son aspect physique ;
- une faible estime personnelle ;
- son inhibition dans ses relations avec les autres ;
- la perte de plaisir dans son alimentation ;
- les fréquentes situations à haut risque de crise.

À l'inverse, ses atouts sont :

- une situation sociale favorable ;
- l'absence de vomissements ;

21. Voir le chapitre « Reconnaître et définir la nature de son trouble ».

– des rythmes de repas peu perturbés ;
– la fréquence modérée de ses crises ;
– l'absence de carences biologiques liées à la dénutrition.

Les étapes de la démarche d'Isabelle

Isabelle, à travers l'analyse de son trouble et de ses facteurs d'entretien, a compris ce qui avait de l'importance dans son cas et les changements qu'il faudra désormais obtenir pour s'en sortir.

Consciente de son inhibition dans ses relations sociales et de sa difficulté à faire reconnaître ses droits et ses besoins personnels, elle entamera sa démarche par un travail sur l'affirmation de soi. Développer cette compétence lui permettra de supprimer, progressivement, une grande part de ses sources de tension psychologique, dont elle connaît les effets déclencheurs de ses crises impulsives.

Le deuxième facteur déterminant de ses crises étant lié à ses scrupules à manger tout ce qu'elle aime, elle tirera un profit évident à travailler sur sa liberté de manger de tout. Elle s'appuiera, pour ce module, sur les changements à opérer dans sa façon de penser[22].

La technique de résolution des problèmes sera ensuite très utile pour réduire fortement les risques de crise liés aux situations pénibles ou ennuyeuses qu'elle ne sait pas toujours bien voir venir et contrôler.

Elle pourra ensuite combattre les crises résiduelles, en apprenant à les dominer et en recherchant des alternatives et des aides adaptées.

Chacune de ces étapes l'aidera à reconquérir une meilleure estime d'elle-même, mais elle progressera aussi en travaillant très spécifiquement cette question. Elle y sera aidée par le travail sur l'image de son corps et les techniques pour mieux s'accepter soi-même en adaptant ses objectifs à sa réalité.

Elle terminera sa démarche, bien entendu, en apprenant à se mettre à l'abri des faux pas et des récidives possibles.

En résumé :

1. Savoir s'affirmer.
2. Reconquérir sa liberté de manger.
3. Savoir résoudre ses problèmes.
4. Dominer les crises.
5. Adapter ses objectifs de vie.
6. Maintenir ses acquis.

22. Voir, en annexe, « La restructuration cognitive ».

2. *Émilie et les copines*

Historique

Issue d'une famille citadine, Émilie a 16 ans quand débutent ses troubles. Elle a une sœur plus âgée de deux ans et un frère plus jeune de trois. Son père est très pris par son travail de juriste, mais il gagne bien sa vie, ce qui permet à sa mère de se consacrer entièrement à ses enfants. Émilie est une bonne élève et se prépare à passer son bac de français. Sa sœur aînée est en fac et se révèle elle aussi très brillante dans ses études. Quant à Jeremy, il semble moins doué que ses sœurs et préfère les jeux vidéo aux révisions.

C'est seulement depuis quelques mois qu'elle a rencontré des problèmes avec son alimentation : tout a commencé après être sortie avec Franck, un élève de terminale S qui lui a fait comprendre qu'elle lui plairait bien plus si elle était un peu plus mince. Sa copine la plus proche, celle à qui elle se confie le plus souvent, lui a donné quelques conseils de diététique relevés dans un prospectus de sa mère. Le printemps arrivant, elle s'est donné comme objectif de perdre 4 kg rapidement, afin de mettre les vêtements achetés l'an dernier et qui la mettaient en valeur quand elle était plus mince. Son régime a changé brusquement : un jus de fruits le matin, avec une poignée de céréales riches en fibres ; une salade à midi, savamment constituée selon les principes de la brochure ; rien qu'une pomme pour le goûter et, le soir, une sélection d'aliments « mangeables » parmi ceux préparés par sa mère.

Très soucieuse de réussir, Émilie a aussi pris l'avis de ses autres copines ayant essayé de maigrir. Elle a trouvé autant de versions de la recette miracle pour perdre les formes indésirables que de copines ayant tenté leur chance... et beaucoup s'y étaient évertuées. Elle s'est sentie un peu insécurisée par tant d'avis péremptoires et contradictoires, tout en se persuadant que le régime est une fonction féminine normale et inévitable.

Après une courte période de courageuse abstinence, elle a constaté qu'elle était incapable de résister à ses fringales et elle se voyait dévorer tous les soirs les calories durement épargnées dans la journée. De guerre lasse, elle s'est mise en quête d'une solution pour se remplir l'estomac sans altérer sa silhouette et a commencé, sur les indications d'une autre copine, à acheter des substituts de repas. Elle est parvenue ainsi à réduire ses repas du soir en prenant, peu avant, un sachet de poudre aromatisée, pauvre en calories mais volumineux. Une bonne part de son argent de poche y est passée, mais elle était prête à tout pour réussir.

Elle pensait atteindre ainsi son objectif aisément. Les premiers temps ont été très gratifiants : elle a réussi à perdre ses kilos et toutes ses amies l'ont remarqué. Jusqu'à Franck, lui-même, qui semblait plus attentif et agréable. Mais cet état de grâce n'a malheureusement pas beaucoup duré : il a été interrompu brusquement par la survenue d'une première crise boulimique. Émilie n'a pas voulu en parler autour d'elle : elle ressentait une panique et une honte profondes. Elle s'est aussitôt remise à surveiller ses repas pour compenser cet « écart ». Les crises se sont succédé, malgré ses efforts effrénés pour y résister. Leur fréquence a augmenté jusqu'à 2 ou 3 par semaine. Depuis quelques semaines, certaines sont suivies de vomissements, la plupart du temps provoqués dans le but de prévenir une prise de poids. Partie de 58 kg pour 1,69 m – soit un indice de masse corporelle de 20,3 –, elle a atteint, au plus bas, 53 kg (IMC = 18,55) pour se retrouver, à terme, à 60 kg (IMC = 21).

Au moment où elle décide d'entreprendre sa démarche pour se soigner, Émilie est révoltée contre elle-même et désespérée. Elle est convaincue que Franck est en train de se détourner d'elle et qu'elle est la dernière des incapables. Ses révisions pour le bac sont un facteur supplémentaire de stress et elle se sent maintenant en danger d'échouer, elle qui a toujours été une si bonne élève !

Commentaires

C'est à l'âge d'Émilie que la plupart des cas de boulimie se déclarent. Les lycéennes sont très attentives à leur poids, et bon nombre d'entre elles se disent très mécontentes de leur silhouette[23]. Elles sont une cible privilégiée de la presse pour ados et leurs préoccupations sont largement exploitées par ces médias. La cacophonie des conseils contradictoires ne les dissuade pas de leur quête du régime idéal, celui qui mettra un terme à leurs complexes. Mais ces manœuvres accroissent seulement leurs inquiétudes et leurs doutes sur elles-mêmes, de même que le risque de complications plus inquiétantes : anorexie et boulimie.

23. Deux tiers des adolescentes sont préoccupées par leur poids, d'après l'étude de Casper et Offer (1990).

À cela s'ajoutent le stress lié à l'importance des enjeux scolaires et à la question essentielle de l'autonomisation sociale. Être mince et attrayante, réussir sa vie, répondre aux attentes des parents et des ami(e)s, tout en parvenant à absorber les récents changements de forme et de fonctionnement de son corps... on comprend comment ces éléments peuvent créer une tension psychologique intense. Maigrir en faisant un régime peut apparaître, à un grand nombre d'entre elles, comme une solution au moins partielle et accessible. Malheureusement, il s'agit d'une illusion et le piège se referme insidieusement sur elles : après une phase d'espoir et de succès partiel, les crises viennent sanctionner leur égarement et conforter leur surinvestissement envers l'alimentation et le contrôle du poids.

Au début des soins

Par chance, Émilie a un médecin de famille qui connaît bien ces questions et qui la suit depuis son enfance. Lorsqu'elle a compris que son problème prenait un tour inquiétant, elle a beaucoup hésité à lui en parler, mais sa résolution a été facilitée par un événement intercurrent et fortuit : une grippe l'a obligée à prendre un rendez-vous.

Après l'examen médical standard, il a su lui poser quelques questions sur sa santé en général et s'est vite rendu compte de sa gêne. Son attitude bienveillante et ses questions ouvertes, exemptes de préjugés, l'ont beaucoup encouragée à se confier à lui. Au questionnaire d'évaluation de la boulimie, elle obtient les valeurs suivantes :

– Fréquence des crises	1	
– Durée	1	
– Comportements compensatoires	6	(vomissements et restrictions diverses)
– Importance de la silhouette et du poids	13	
L'intensité des troubles est cotée à	**21**	
– Impact physique	2	
– Impact psychologique	7	(anxiété et faible estime de soi)
– Impact social	5	(travail scolaire et relation de couple)
L'incidence des troubles est cotée à	**14**	
Son indice personnel de sévérité est coté à	6	

Commentaires

Pour Émilie, la maladie est encore récente, et son intensité autant que son impact restent limités. Ses chances de s'en sortir rapidement, et sans dommages, sont tout à fait préservées. Elle accorde trop d'importance à sa silhouette, à son poids et se déprime progressivement. Si elle estime sa souffrance à 6/10, c'est qu'elle perçoit de mieux en mieux son manque de maîtrise de ses troubles et leur impact possible sur sa scolarité : elle est très anxieuse et ce facteur augmente, à son insu, la fréquence de ses crises.

L'analyse fonctionnelle

Les entretiens suivants avec son médecin, ainsi que ses fiches d'auto-observation, lui permettent de comprendre bien des choses. Elle découvre facilement que les jours de crise sont marqués par des périodes de restrictions manifestes : en mangeant moins ou en sautant carrément un repas, le résultat est systématique.

Ses fiches lui montrent aussi qu'elle a supprimé presque toutes les matières grasses et beaucoup de féculents. Elle note aussi que la plupart de ses crises se passent avec des biscuits et du chocolat, c'est-à-dire avec ce qu'elle pense être le pire pour sa ligne, et ce qu'elle évite le plus de manger.

Les situations les plus dangereuses sont les moments de solitude ou les veilles d'épreuves scolaires. Elle découvre que ses crises sont souvent le moyen de faire tomber cette tension particulière liée au stress.

Elle se rend compte aussi qu'elle peut être tentée de faire une crise chaque fois qu'elle doute de ses qualités physiques. Voici quelques-unes des situations qui l'y conduisent :

– Quand Franck se montre moins affectueux avec elle ou qu'il regarde un peu trop une autre fille.

– Quand elle se compare à certaines camarades du lycée dont la ligne lui paraît parfaite et auxquelles elle ne ressemblera jamais, se dit-elle.

– Quand elle se pèse et voit l'aiguille varier vers le haut.

– Quand elle se regarde dans son miroir de salle de bains, certains matins, et qu'elle se voit si grosse et si difforme qu'elle voudrait ne pas sortir, si c'était possible.

– Quand elle met certains vêtements trop ajustés ou peu flatteurs (elle redoute les essayages dans les magasins, par exemple, mais retente à chaque fois de trouver la robe parfaite qui la rendra acceptable).

Enfin, en ce qui concerne les vomissements, elle se rend compte, grâce à ses fiches, qu'ils ont toujours tendance à rapprocher la crise suivante.

Analyse fonctionnelle des crises d'Émilie

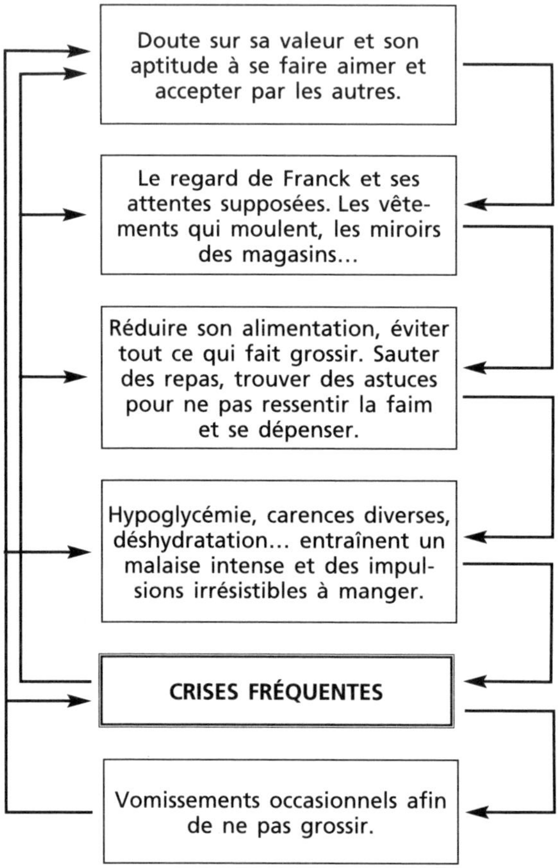

Commentaires

Émilie souffre bien de boulimie et elle en a tous les symptômes. Le fait que ses crises ne soient pas trop fréquentes, et pas nécessairement suivies de vomissements, représente un facteur de bon pronostic, si elle s'engage rapidement dans une démarche efficace. Le pire aurait été que son médecin l'invite à réfléchir sur son passé, en reliant ses symptômes à des problèmes plus anciens ou « incons-

cients ». La perspective d'une psychothérapie classique n'aurait fait qu'ajouter à ses inquiétudes et à sa perplexité, tout en renforçant son sentiment d'être anormale ou folle. Cette façon d'aborder ce trouble reste encore, bien souvent, proposée par les soignants de toutes orientations : elle a longtemps été la seule reconnue et repose sur une théorie très séduisante de la maladie, mais elle n'a pas fait ses preuves dans la boulimie. Bien des jeunes filles se retrouvent ainsi, quelques années plus tard, avec une série d'échecs thérapeutiques et le sentiment que leur trouble est trop grave pour être guéri, que les soignants n'y comprennent rien ou, à l'inverse, qu'elles ne sont pas d'assez bonnes patientes pour réussir à s'en sortir.

Une autre mésaventure aurait pu lui arriver : le recours inadéquat aux psychotropes[24]. Face à un problème de santé qui s'exprime volontiers par des troubles psychologiques, tels que l'anxiété ou l'insomnie, il n'est pas rare que les médecins prescrivent des tranquillisants ou des somnifères. Si leurs effets sont réels et rapides sur ces signes, ils ne sont d'aucun secours pour le trouble alimentaire. À l'inverse, ils peuvent retarder l'accès aux soins en donnant l'illusion d'une solution. En outre, ils peuvent induire une dépendance[25] et leur interruption ultérieure sera un problème de plus à résoudre. Autant les éviter, dans la mesure du possible.

Si la boulimie induit une tendance anxieuse et dépressive, il est tout à fait normal que la disparition des crises ait un effet sur l'humeur, la confiance personnelle et la sérénité. Voilà pourquoi il est plus utile de commencer par là. Quand les crises ont disparu, il n'est pas rare de découvrir que les autres troubles sont résolus. Une telle notion confirme l'intérêt d'une approche centrée sur les symptômes alimentaires. Il sera toujours temps de faire un travail complémentaire ensuite, si nécessaire. Pourquoi faire compliqué quand on peut faire simple ?

La démarche de soin d'Émilie

En tenant compte des données de son analyse fonctionnelle, elle remarque que ses facteurs d'entretien de la maladie sont :

- le stress scolaire et l'échéance des examens ;
- sa relation avec Franck et la rivalité amoureuse ;
- sa crainte d'être trop grosse et de ne pas être acceptée comme elle est ;
- ses excès de restrictions ;

24. Les psychotropes sont les substances agissant sur le psychisme. Les médicaments de cette classe sont représentés essentiellement par les tranquillisants, les neuroleptiques et les antidépresseurs. Peu sont utiles dans le traitement de la boulimie.

25. La dépendance à un médicament se traduit par un besoin physiologique et psychologique provoqué par une prise régulière et prolongée. L'arrêt brutal du traitement s'accompagne d'un inconfortable sentiment de manque. Seule la catégorie des tranquillisants comporte ce risque.

- la désorganisation de ses repas habituels;
- l'existence de vomissements.

Ses atouts sont les suivants :

- un cadre familial sans tension ni conflits majeurs;
- le début récent de ses troubles;
- la fréquence modérée de ses crises et de ses vomissements.

Les étapes de la démarche d'Émilie

Émilie présente donc une forme modérée de cette maladie. Par ailleurs, il s'agit d'une boulimie « classique » en quelque sorte : elle ne s'accompagne d'aucun autre trouble majeur, tel qu'une dépression avérée ou une impulsivité inquiétante dans d'autres domaines que l'alimentation.

Son poids est proche de la moyenne et, probablement, de son poids d'équilibre. Elle se sent trop grosse, mais elle n'est objectivement pas obèse, bien entendu. Elle n'est pas non plus trop maigre, même si elle a pu perdre beaucoup de poids au début; elle n'a jamais été vraiment en danger de présenter les symptômes de l'anorexie.

L'ensemble de ces données représente une indication de choix pour le programme standard mis au point par Fairburn[26]. Ce programme a été validé par des études scientifiques répétées et il représente le protocole le mieux adapté à cette catégorie de troubles. En voici les étapes :

1. Auto-observation et pesée hebdomadaire (déjà pratiquées par Émilie).
2. Retrouver ses repères.
3. Dominer les crises.
4. Savoir résoudre ses problèmes.
5. Reconquérir sa liberté de manger.
6. Maintenir ses acquis.

3. Caroline et les calories

Historique

Caroline a 21 ans et elle est étudiante en fac de géographie. Elle a passé son bac à 17 ans. Elle est une excellente élève et ses résultats aux examens en attestent. Elle est le plus souvent parmi les meilleurs et pense qu'elle supporterait mal de déroger à cette règle. Elle travaille par conséquent beaucoup. Elle a peu de temps pour ses loisirs et sort

26. Fairburn Ch., *Overcomming Binge Eating*, The Guilford Press, 1995.

très peu avec ses amis. Elle est seule et sa dernière relation suivie avec un garçon remonte à plusieurs mois. Elle ne se sent pas prête à revivre une telle expérience actuellement.

Elle est l'aînée d'une famille de trois enfants et la seule à avoir quitté la maison pour l'instant. Elle a une relation un peu distante avec ses parents, mais sans conflit. Dans sa famille, on est attentif à ne pas hausser le ton et il est très rare que son père ou sa mère se montrent emportés ou anxieux. Le plus souvent, Caroline a le sentiment que les désaccords ou les conflits sont plutôt « escamotés », comme elle dit.

Depuis son année de première, elle a connu une assez longue période d'anorexie franche : son poids avait alors chuté à 48 kg pour une taille de 1,67 m (soit un IMC de 17,2). Elle n'a plus eu ses règles et c'est à cette époque qu'elle a commencé à se consacrer surtout à ses études et à collectionner les bons résultats scolaires. Vers l'âge de 15 ans, elle s'était mise à surveiller son alimentation, après une phase de prise de poids. Elle a, depuis, l'habitude de faire le bilan de ses repas quotidiens, en comptant la valeur calorique de chaque repas. En faisant des restrictions très sévères (elle a réduit ses apports de moitié), elle a abouti à cet amaigrissement important. Elle restait pourtant insatisfaite, se trouvant toujours trop grosse, même à son poids le plus bas. Elle redoutait alors, par-dessus tout, de grossir à nouveau.

Dès son entrée en fac, des crises de boulimie sont apparues. Elles ont été immédiatement associées à des vomissements. Elle ne pouvait pas supporter l'idée de garder toute cette nourriture et de risquer d'anéantir ainsi tous ses efforts : il lui fallait absolument tout éliminer immédiatement. Dans le même temps, elle s'est mise à augmenter son activité physique. Elle qui n'avait jamais eu de goût pour le sport, se mit à trouver du plaisir à faire de longues marches à vive allure. Elle était bien consciente de la finalité de cette hyperactivité et comptait avec soin les calories ainsi consommées.

Aujourd'hui, Caroline fait environ 1 à 3 crises boulimiques par jour et elle vomit à chaque fois. Son activité physique demeure très importante, mais son poids est remonté à une valeur de 52,5 kg (IMC = 18,8), malgré tous ses efforts pour l'éviter. À cela s'ajoute un décompte systématique de la valeur calorique de chacune de ses prises alimentaires de la journée et de ses dépenses énergétiques. Elle est capable d'évaluer d'un seul coup d'œil le contenu d'une assiette ou la richesse d'un plat. Dès le matin, elle tente de prévoir les repas de la journée en évitant les pièges qui l'attendent. Elle refuse toute invitation imprévue, fuit les soirées entre amis comme de véritables traquenards et fait la chasse aux calories cachées dans l'aliment qu'elle achète. Elle se pèse plusieurs fois par jour et même, parfois, avant et après un repas, pour vérifier la variation de poids. Il lui est même arrivé de se peser après un vomissement, pour s'assurer d'avoir bien tout éliminé.

Commentaires

La mésaventure de Caroline n'a rien d'exceptionnel. C'est un cas très fréquent d'entrée dans la maladie par une phase d'anorexie franche. Il est bien connu désormais que plus d'une jeune femme sur deux présentant une anorexie évoluera vers une boulimie typique après deux ans. Toutefois, il est important de rappeler ici que la première est sensiblement plus inquiétante médicalement et qu'elle comporte un pronostic vital menaçant. Il faut retenir cependant que ces deux maladies ont bien des aspects en commun et qu'il est possible de passer de l'une à l'autre au cours de sa vie. Caroline, à ce moment précis, regrette la période où elle n'avait pas de crise et où sa maigreur lui semblait enviable. Elle ignore certainement qu'elle ne pourra plus jamais connaître de phases d'amaigrissement durables : lorsque les crises apparaissent, elles marquent la fin définitive de la capacité à se restreindre, sauf occasionnellement.

Une autre particularité de la personnalité de Caroline apparaît dans cette description de ses comportements, c'est son exceptionnelle capacité à compter, vérifier et contrôler. Elle montre ainsi une probable tendance obsessionnelle compulsive, qui s'ajoute à son trouble alimentaire et en accentue certains aspects. Cette relation entre anorexie, boulimie et trouble obsessionnel compulsif (TOC) est très connue[27].

Au début des soins

Quand Caroline se décide à consulter, elle choisit avec soin le spécialiste qu'elle veut rencontrer. Elle a longuement hésité mais quand elle pénètre dans son cabinet, elle est prête à se donner les moyens de s'en sortir. Elle est bien consciente de la nature de son trouble, en étant désormais certaine qu'elle ne pourra pas s'en défaire sans une aide extérieure.

Le questionnaire d'évaluation de la boulimie rapporte les valeurs suivantes :

27. Les personnes en phase anorexique présentent très fréquemment un trouble obsessionnel compulsif associé (Laessle et coll., 1989 ; Fornari et coll., 1992).

– Fréquence des crises	4	
– Durée	3	
– Comportements compensatoires	14	(vomissements et restrictions diverses)
– Importance de la silhouette et du poids	15	(très mauvaise image de son corps)
L'intensité des troubles est cotée à	**36**	
– Impact physique	4	
– Impact psychologique	11	(anxiété et faible estime de soi)
– Impact social	13	(vie familiale et affective très pénalisée)
L'incidence des troubles est cotée à	**28**	
Son indice personnel de sévérité est coté à	9	

Commentaires

L'incidence de la maladie de Caroline sur sa qualité de vie est manifeste. Ce qui la gêne le plus, c'est que son poids monte inexorablement. Elle se pense incapable de le supporter et serait prête à tout pour y échapper. Le décompte quotidien de ses calories lui permet de garder un semblant de contrôle sur une alimentation qui lui échappe de plus en plus. C'est le même principe qui commande ses pesées réitérées. Elle a vu son univers affectif se réduire considérablement et son humeur est le plus souvent assombrie, mais elle ne sait pas vraiment encore à quel point sa maigreur en est la cause.

L'analyse fonctionnelle

Caroline, en s'engageant dans cette démarche, a aussitôt mis sa détermination et son énergie intellectuelle au service de ses soins. Elle se montre très rigoureuse dans l'auto-observation de ses conduites alimentaires et découvre bien des faits qui la surprennent. Elle constate, par exemple, que son poids varie bien plus en fonction de la fréquence de ses crises qu'en fonction de la valeur calorique de ses repas de la semaine. Ainsi peut-elle voir que ses vomissements, aussi pénibles et laborieux soient-ils, ne lui évitent pas l'absorption d'une grande part des aliments avalés pendant la crise. Il lui apparaît aussi que chaque vomissement est suivi d'une recrudescence de son impulsion à manger, proportionnelle à sa honte d'avoir craqué à nouveau. Elle découvre aussi que plus elle compte ses calories, plus elle est tentée de moins manger encore… et plus la crise suivante est sévère.

D'autres points forts sont encore mis au jour. Quand elle tente de noter ce qu'elle ressent avant les crises, elle ne retrouve qu'un vague état de tension et un flot d'idées négatives sur elle et sur son comportement. Elle remarque sa difficulté extrême à bien définir ses sentiments, qu'ils soient positifs ou négatifs. Elle se rend compte que la plupart du temps elle accorde bien plus d'importance à ses idées qu'à ses émotions. Elle ne fait aucune confiance à son « instinct », et se méfie des « messages » que

Analyse fonctionnelle des crises de Caroline

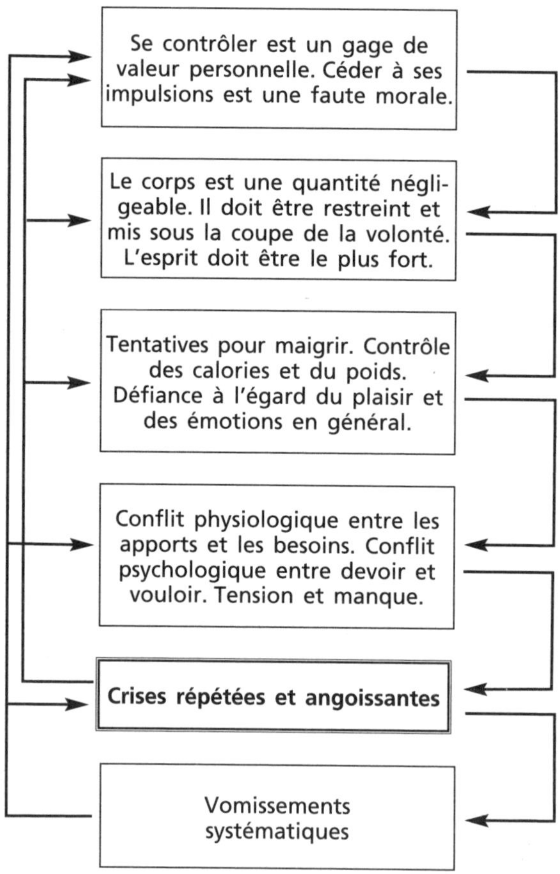

lui envoie son organisme : son corps lui apparaît comme un ennemi dont il faut se défier à tout moment. Elle aimerait le réduire à néant, le rendre dérisoire, le faire taire et pouvoir ainsi l'oublier.

Commentaires

Pour Caroline, il existe un autre enjeu qu'elle ne peut pas découvrir encore, mais qui conditionne une bonne part de son trouble. Elle met, depuis longtemps, un point d'honneur à réussir ce qu'elle entreprend et à se montrer volontaire et déterminée. Ne pas tenir ses engagements lui apparaît comme une faiblesse coupable et elle supporte très mal ces crises quotidiennes qu'elle se promet, à chaque fois, de dominer. Chacune la met en danger de perdre toute confiance en elle et de s'effondrer moralement. Elle est obligée de la compenser aussitôt, en vomissant et en redoublant d'efforts pour se contrôler. Sa vie est dirigée par le devoir. Elle trouve les plaisirs vains et, le plus souvent, coupables. Seules les choses qu'on obtient par son travail et sa volonté ont une valeur à ses yeux. Cette philosophie de vie est peu compatible avec un objectif d'épanouissement du corps et de « lâcher prise ».

La démarche de soin de Caroline

À la suite de cette période d'observation, Caroline et son psychothérapeute ont recueilli des indications précises sur ses points faibles et ses points forts. Elle peut s'appuyer sur :

– Une situation familiale sans tensions ni traumatismes.
– Sa grande capacité de travail et sa rigueur intellectuelle.
– Son poids redevenu « subnormal », même s'il ne lui plaît guère actuellement.
– Sa conscience et sa détermination face à ses troubles.

Par contre, elle est handicapée par :

– La peur majeure d'une prise de poids.
– La fréquence et la sévérité de ses vomissements.
– Son manque de liberté émotionnelle.
– La pauvreté de son réseau affectif.
– Ses traits de personnalité obsessionnelle.

Les étapes de la démarche de Caroline

Par quoi commencer ? Les progrès de Caroline sont conditionnés par sa peur terrible des conséquences d'une prise de poids. Étonnamment, ce sont souvent les sujets les plus maigres qui ont le plus de peine à accepter de grossir. S'il est vrai que Caroline n'a aucune chance de voir disparaître ses crises sans atteindre un poids de santé stable, elle n'en est pas moins convaincue, au début des soins, d'être incapable de l'atteindre sans paniquer ou déprimer. Ce fait découle probablement de la phase anorexique qu'elle a traversée auparavant. Elle a tout intérêt à commencer par régler cette question pour consolider sa motivation à se soigner.

L'autre grave problème qui la menace est représenté par les vomissements fréquents et sévères. Elle ne sait pas comment les endiguer et leur présence affecte sérieusement son état de santé et la fréquence de ses crises. La reconquête de sa liberté de manger pourrait lui donner déjà quelques réponses, mais elle devra terminer son travail en réglant les questions attachées à ses objectifs de vie.

1. Réduire sa peur des kilos.
2. Combattre les vomissements.
3. Retrouver ses repères.
4. Reconquérir sa liberté de manger.
5. Dominer les crises.
6. Adapter ses objectifs de vie.
7. Maintenir ses acquis.

4. *Séverine et son passé*

Historique

Séverine est issue d'une famille désunie. Son père et sa mère se sont mariés très jeunes et ont eu leur premier enfant, Loïc, très tôt. Quand elle est née, deux ans après, la relation entre ses parents était déjà très dégradée : ils ne s'entendaient plus et les disputes devenaient souvent violentes. Leur séparation a mis un terme à cette situation douloureuse, mais elle a aussi contribué à rompre le lien entre Séverine et son père, parti dans une autre région. Sa mère s'est remariée peu après avec un homme plus âgé et surtout plus autoritaire. Sans être vraiment violent avec elle ou son frère, il leur a imposé une éducation très sévère, faite de critiques incessantes et de punitions humiliantes... dans le but de les aguerrir. Séverine a été marquée, surtout, par le fait que leur mère semblait résignée face à cette brutalité et qu'elle prenne toujours le parti de son compagnon, même dans ses plus graves excès. Elle se souvient, par exemple, d'avoir été obligée de se déshabiller pour subir une fessée, devant son frère et sa mère, pour une vétille d'enfant ou une note insuffisante à l'école. Après avoir longtemps pensé qu'elle méritait d'être punie ainsi, elle a fini par se révolter, réalisant que ce que son beau-père lui infligeait n'était pas du tout normal.

Dès son adolescence, elle a été attirée par tout ce qui lui permettait d'échapper à la vie de famille. Elle a suivi son frère aîné dans ses sorties et ses soirées, confrontée ainsi, très tôt, à l'usage de l'alcool, du tabac et de quelques produits toxiques. Elle a aussi découvert les relations sexuelles. Dès 14 ans, elle a eu une relation avec un adolescent de 18 ans, mais elle en garde un très mauvais souvenir. Après l'avoir courtisée quelque temps, il s'est montré plus pressant. Un soir, alors qu'ils avaient bu l'un et l'autre, il lui a imposé un rapport sexuel en se servant de sa force physique autant que de la menace. Peu après cet épisode très pénible, elle s'est mise à manger de façon désordonnée et négligente et à prendre du poids.

Dès lors, plus isolée et maussade, elle a vu s'installer une véritable allergie envers son corps et ses formes. À 16 ans et demi, elle se trouvait bien trop grosse (62 kg pour 1,69 m)[28] et elle a commencé à restreindre son alimentation. Son tempérament impulsif l'a conduite à alterner les phases où elle jeûnait de façon systématique, allant jusqu'à ne plus manger ni boire pendant plus de 24 heures, et les phases de relâchement complet où elle reprenait ses grignotages incessants. Son poids a continué à augmenter et, parallèlement, son angoisse et son insatisfaction ont décuplé.

Les premières crises boulimiques se sont produites dans ce contexte, comme une sorte d'exagération de son grignotage du début. Elles sont devenues rapidement majeures et fréquentes, mais Séverine a mis plusieurs mois avant de les considérer comme un problème psychologique. Pour elle, il s'agissait de manifestations de son manque de volonté. Elle en concevait une honte telle, qu'elle tentait de les cacher à son entourage. Elle redoutait par-dessus tout que sa mère ou son beau-père s'en aperçoivent et la punissent. Il est vrai qu'elle était amenée à dévaliser les provisions de la famille régulièrement, et ses accès devenaient de plus en plus difficiles à dissimuler.

Au moment où elle a pris conscience de sa boulimie, après avoir vu une émission de télévision sur le sujet, elle a résolu d'en parler à l'infirmière de son lycée. C'est elle qui lui a indiqué la marche à suivre pour se faire aider.

28. Séverine a alors un indice de masse corporelle de 21,7, ce qui est tout à fait normal pour une adolescente.

Commentaires

L'association entre boulimie et traumatismes physiques et affectifs est très fréquente[29]. Elle l'est nettement plus qu'avec l'anorexie. On peut imaginer de nombreuses raisons pour expliquer ce lien. Il s'agit probablement de conséquences complexes de ces traumatismes sur l'image qu'une personne a de son corps et de sa fonction. Il s'agit certainement aussi d'un facteur de fragilité générale qui rend l'individu plus vulnérable à l'égard des troubles psychologiques et plus particulièrement des maladies affectant l'organisme et le corps.

Au début des soins

Les premiers contacts avec le spécialiste qui la reçoit sont rendus difficiles par le fait que c'est un homme sensiblement du même âge que son beau-père. Elle doit faire un effort supplémentaire pour oser se confier à lui. En outre, elle veut absolument que ses soins restent secrets pour sa famille et elle réclame, à plusieurs reprises, qu'il la rassure sur ce point. Elle accepte finalement de remplir le questionnaire d'évaluation de la boulimie :

– Fréquence des crises	2	
– Durée	3	(près de 2 ans)
– Comportements compensatoires	10	(jeûne, vomissements et laxatifs)
– Importance de la silhouette et du poids	10	
L'intensité des troubles est cotée à	**25**	
– Impact physique	7	
– Impact psychologique	26	(anxiété, impulsivité, dépendances...)
– Impact social	9	(conflits familiaux et relations affectives)
L'incidence des troubles est cotée à	**42**	
Son indice personnel de sévérité est coté à	10	

29. Voir « Disordered Eating Among Adolescents : Associations with Sexual Physical Abuse and other Familial/Psychosocial Factors », D. Neumark-Sztainer & coll., *International Journal of Eating Disorders,* November 2000.

Commentaires

Le principal problème de Séverine tient à son impulsivité. Elle s'exprime autant dans les crises elles-mêmes que dans les nombreuses conduites à risques qu'elle peut adopter. Son trouble alimentaire s'accompagne, par conséquent, de divers abus de substances. Elle a commencé à fumer très tôt et utilise fréquemment des produits toxiques licites (alcool et tranquillisants) et illicites (cannabis et coupe-faim). Elle est dépendante du tabac et risquerait de le devenir pour d'autres psychotropes, si elle poursuit dans cette voie. Toutes ces actions, en apparence autodestructrices, sont en fait guidées par son besoin d'échapper à un intense malaise, qui survient régulièrement et dont elle ne sait comment se défaire.

L'analyse fonctionnelle

Pour Séverine, la discipline nécessaire pour s'engager dans la démarche de soin, et pour faire une auto-observation précise de ses troubles, est très difficile à acquérir. C'est sur cette phase qu'elle butte le plus longtemps, mais elle finit par se donner les moyens d'y parvenir. Ce premier pas représente déjà un progrès considérable dans son évolution personnelle. Il est aussi important pour commencer à connaître et à analyser ses problèmes que pour entrer dans une période de sa vie différente. Elle découvre les bienfaits et la valeur d'une forme de régularité et de maturité qu'elle n'a jamais eue jusqu'ici. Elle se sent déjà quelqu'un de plus fiable et qui prend mieux sa vie en main. Ce simple fait contribue à réduire un peu ses difficultés et à faire baisser la fréquence des crises.

Dès lors qu'elle y parvient, il lui est loisible de voir comment la plupart de ses crises sont finalement bien prévisibles. Elle remarque, par exemple, qu'il existe diverses situations à haut risque, dans lesquelles elle n'a plus d'autre recours que de se jeter sur la nourriture ou se mettre en danger. Les crises sont finalement des solutions moins graves que certaines autres attitudes possibles. Il lui arrive de rechercher un apaisement immédiat de sa souffrance en avalant un tranquillisant ou en fumant un « cône ». Parfois, elle va jusqu'à frapper du poing le mur de sa chambre ou se blesser en se griffant la peau des bras ou du ventre. Aucun de ces actes ne la soulage durablement, mais elle ne sait pas toujours comment faire autrement. Après coup, elle se sent toujours beaucoup plus mal et honteuse. Il en va de même si elle cède à la crise et au vomissement : la honte et le dégoût qui s'ensuivent sont énormes et durables.

Quelles sont les situations les plus dangereuses pour Séverine ? En fait, ce sont les moments où elle se retrouve seule et sans but. Les moments d'ennui et de vide lui font ressentir une profonde tristesse et une angoisse excessive. Si, dans ces cas-là, elle se trouve à proximité d'une réserve de nourriture ou d'un produit toxique, il lui est presque impossible de résister.

Elle a pu aussi se rendre compte que, parfois, elle aurait pu se protéger mieux et échapper à cette situation, mais qu'elle s'y confronte par habitude ou par défi. Elle voit bien, désormais, que l'issue est toujours la même : la boulimie gagne chacune de ces batailles. Elle en sort chaque fois plus accablée et déprimée, mais elle persiste à l'affronter. Elle est per-

Analyse fonctionnelle des crises de Séverine

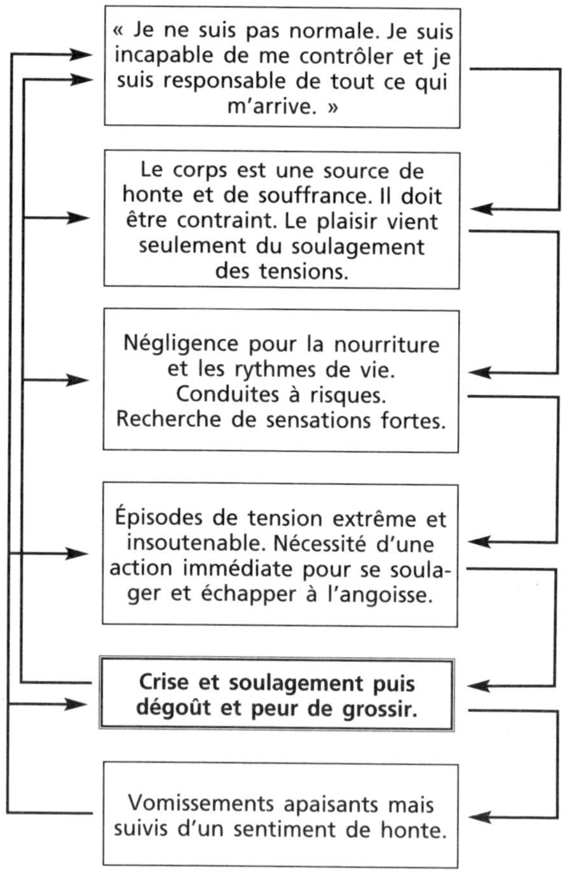

suadée, il est vrai, qu'elle ne peut rien contre ça et qu'elle sera toujours incapable de se contrôler. Alors, à quoi bon tenter de changer les choses ?

Progressivement et à son insu, Séverine a vu s'établir en elle la conviction que les crises sont un moyen efficace (quoique douloureux) de se défaire rapidement de toute tension désagréable. Elle n'est pas tentée de chercher d'autres manières de résoudre ces phases aiguës, puisqu'elle a une solution qui marche. De plus, elle finit par penser que chaque moment émotionnellement pénible est en fait un besoin de manger. Ce principe s'applique à n'importe quelle cause de souffrance et son stratagème pour la dépasser est toujours le même.

Commentaires

Le lien entre un passé traumatique et le fait de souffrir d'une impulsivité démesurée existe bien. Cette impulsivité est au centre du mécanisme des crises boulimiques autant que des autres actes autodommageables qui pénalisent Séverine. On peut penser, pour dire les choses simplement, que ces actes sont des tentatives pour se soulager d'une tension trop pénible, qu'il faut absolument apaiser dans l'instant. Il n'est pas rare que ces moments aigus soient accompagnés de souvenirs douloureux concernant certaines scènes du passé[30]*. Le lien est alors évident avec des violences subies, par exemple, mais ces moments peuvent aussi survenir sans cause précise et ne s'accompagner d'aucune pensée consciente. Ils n'en restent pas moins liés, le plus souvent, à cette notion de sévices et de violences.*

La démarche de soin de Séverine

Analyse fonctionnelle et auto-observation ont permis de construire le projet de soin de Séverine. Elle connaît désormais les facteurs d'entretien de ses crises :

- Ses souvenirs traumatiques.
- Son rythme de vie chaotique.
- Son manque d'anticipation des situations à haut risque.
- Ses abus de substances diverses.
- Son manque de soutien affectif et social.

30. Si l'événement causal est très sévère, on peut parler d'un « état de stress post-traumatique », nom donné au trouble que connaissent, par exemple, les personnes ayant vécu une catastrophe naturelle ou un attentat.

Elle bénéficie, par contre, de points forts :
– La conscience de ses troubles.
– Son engagement dans une démarche de soin.
– Ses premiers succès dans l'auto-observation.

Les étapes de la démarche de Séverine

L'important, pour Séverine, est de retrouver une aptitude à dépasser les moments de tension sévère sans recourir à des solutions dangereuses ou aggravantes. En rompant ainsi le cercle vicieux des crises et de la dévalorisation personnelle, elle pourra contester progressivement sa conviction d'être incapable de se contrôler. Elle pourra aussi retrouver, au passage, une meilleure image d'elle-même et de ses capacités. Elle apprendra à se respecter et à mieux comprendre ses impulsions.

Elle devra aussi se donner les moyens de retrouver un rythme de vie plus stable et régulier. Il est impossible de sortir des crises sans adopter des horaires de repas stricts, mais aussi une bonne hygiène de vie. Il en va de même pour les heures de sommeil, le repos ou l'activité physique.

Elle va devoir, enfin, se séparer de certaines de ses dépendances : cannabis, alcool, tranquillisants ne peuvent que faciliter l'apparition des problèmes. De plus, ils entretiennent le principe du soulagement à tout prix (et à n'importe quel prix !).

Elle pourra alors compléter sa démarche en reconstruisant une meilleure image d'elle-même et en apprenant à se faire du bien.

1. Savoir résoudre ses problèmes.
2. Retrouver ses repères.
3. Savoir s'affirmer.
4. Réduire sa peur des kilos.
5. Dominer les crises.
6. Adapter ses objectifs de vie.
7. Maintenir ses acquis.

Établir son plan d'action

Choisir et ordonner les étapes de sa démarche

Vous voici, maintenant, au début de votre parcours pour guérir de votre trouble des conduites alimentaires. Après avoir défini plus clairement sa nature, vous avez pu en mesurer l'intensité et la sévérité. Vous avez réfléchi, ensuite, à votre motivation, avant de mieux comprendre la forme particulière de votre trouble. Vous devrez, désormais, faire vous-même (ou avec l'aide de votre thérapeute, si c'est le cas) la liste des étapes qui vous conviendront et en décider l'ordre. Pour bien vous acquitter de cette tâche importante et délicate, vous avez déjà pu vous inspirer des exemples présentés plus haut. Si, par chance en quelque sorte, votre histoire ressemble à celle d'Isabelle ou de Séverine, il vous sera tout à fait loisible de choisir sa méthode et de vous y conformer de bout en bout. Vous vous assurerez bien, toutefois, que vous avez aussi les mêmes points forts et points faibles, dans l'ensemble. Alors vous n'aurez pas à vous attarder sur ce point et vous pouvez passer à la phase suivante de ce chapitre. À l'inverse, si aucune de ces histoires ne ressemble assez à la vôtre, vous allez devoir choisir selon la méthode suivante :

1. Partez du modèle qui vous paraît le plus proche de vous : l'hyperphagie boulimique, la boulimie récente, la boulimie avec maigreur ou celle accompagnée d'impulsions. Si quelques éléments diffèrent très nettement de ce qui vous arrive, prenez le temps de vous interroger sur leur importance. Est-ce que ce sont des divergences majeures ou de simples nuances ? Exemple : si votre histoire vous fait penser à celle de Caroline et que vous avez le sentiment de ne pas être aussi amaigri(e) qu'elle, calculez bien votre IMC actuel et ne retenez cette dissemblance que s'il est supérieur à 20. De même, si vous vous rapprochez du cas d'Isabelle, mais que vous n'avez que des crises impulsives et pas de surpoids du tout, alors vous devrez trouver une voie différente de la sienne.

2. Vous devrez, ensuite, être attentif(ve) à votre propre analyse fonctionnelle. L'auto-observation soigneuse de vos repas sur plusieurs jours vous aura permis de connaître vos rythmes alimentaires, vos restrictions (reportez-vous aussi au Questionnaire d'évaluation de la boulimie pour y relever vos réponses), les facteurs déclenchant les crises, vos atouts et points faibles. Ce faisant, vous n'aurez pas de peine à retrouver les morceaux du puzzle qui composent votre histoire personnelle, à travers les modèles fournis. En général, chacune de ces histoires contient au moins une partie de la vôtre ; vous pourrez voir ce qui vous concerne dans chacune et vous inspirer des étapes qui en découlent.

3. Dans votre construction d'un plan d'action sur mesure, sachez que vous devez inclure nécessairement quatre étapes incontournables. Il s'agit des étapes centrales (« Dominer ses crises », « Retrouver ses repères », « Reconquérir sa liberté de manger ») et de celle traitant de la prévention des rechutes (« Maintenir ses acquis »). Elles ne sont pas toujours dans cet ordre, ni plus particulièrement au début qu'à la fin. Mais elles

doivent figurer toutes les quatre dans votre planning. Leur place dépend de ce qui est indiqué dans le paragraphe suivant.

4. Une des règles les plus fondamentales de toute démarche d'apprentissage ou de soin repose sur l'idée qu'il est toujours plus rapide et efficace de commencer par les choses les plus accessibles et pour lesquelles on est le plus apte. Vous aurez à cœur de bâtir votre projet en tenant bien compte de ce point. Cette idée découle du constat que bien des personnes qui auraient pu guérir complètement de leur trouble se sont arrêtées en route, épuisées par des efforts démesurés, en voulant faire trop bien et trop vite. Vous aurez beaucoup plus de chances d'arriver à votre but en vous ménageant des degrés lentement progressifs. Traitez-vous avec douceur, comme vous le feriez pour un ami qui vous demande conseil. Vous partirez de votre propre bilan d'acquis et de compétences, pour améliorer d'abord ce que vous faites déjà assez bien. C'est aussi la raison pour laquelle, dans les modèles proposés à Isabelle, Émilie, Caroline et Séverine, l'étape « Maîtriser ses crises » n'est jamais placée au début. Elle représente, par définition, le cœur de la cible et il serait bien prétentieux de vouloir l'atteindre d'emblée ! Sachez qu'il vous faudra, encore longtemps, résister à votre envie de tout réussir tout de suite et parfaitement. On arrive, plus vite et plus sûrement, au sommet d'une montagne en suivant les lacets du chemin et en allant à son rythme qu'en partant tout droit et à toute allure.

5. Une des manières de ne pas affronter l'obstacle trop directement consiste à rechercher les facteurs propices aux crises, à travers votre propre analyse des circonstances qui les accompagnent ou les précèdent. Ces facteurs sont parfois peu importants en apparence, mais ils ont une influence énorme par effet de ricochet. Ce sont des événements et des décisions apparemment anodins, qui agissent comme le premier petit caillou qui dévale la pente et déclenche une avalanche. Ils sont, en principe, plus faciles à anticiper ou à contrôler que l'avalanche elle-même, c'est-à-dire la crise. Si vous remarquez, par exemple, comme Isabelle, que vous êtes trop sensible aux conflits avec les proches ou que vous gardez trop de choses sur le cœur, commencez par apprendre à vous affirmer. Vous y gagnerez en confiance et bien-être personnel, et vous réduirez une grande partie de vos déclencheurs de crise. Si, au contraire, vous savez vous faire respecter et apprécier, mais que vous « craquez » à chaque complication, alors faites un détour par la résolution de problèmes, comme Séverine.

6. Sachez simplifier votre tâche, et ne vous donnez pas comme principe de faire toutes les étapes systématiquement. En les parcourant dès à présent, évaluez celles qui vous paraissent évidentes et éliminez celles

qui ne vous apporteront rien. Ces dernières sont reconnaissables en ce qu'elles touchent des domaines qui n'ont pas d'incidence dans votre trouble, ou que vous dominez déjà suffisamment bien. Les conflits professionnels, par exemple, sont fréquemment à l'origine d'un stress quotidien et de crises. S'ils ne sont pas dus à un manque d'assertivité[31], mais à des conflits internes à l'entreprise, la personne ne tirera pas de profit particulier en s'attardant à l'étape « Savoir s'affirmer ». Tout au plus serait-elle concernée par le thème « Savoir résoudre ses problèmes » ou bien « Gestion des émotions et relaxation ».

En élaborant votre plan d'action personnalisé, vous serez guidé(e) par un principe général issu de l'analyse fonctionnelle : les crises boulimiques sont entretenues par un phénomène de cercle vicieux. Ainsi sont-elles accentuées par chacun des facteurs d'entretien que nous avons décrits, pour ensuite être réduites à chaque étape que vous dépasserez avec succès. Il est tout aussi utile, pour les faire disparaître, de savoir résoudre ses problèmes ou d'améliorer son image personnelle que de mettre en place des alternatives pour les dominer. Chaque grain de sable que vous mettrez dans ces rouages trop bien huilés ralentira la machine. Tous ensemble, ils la feront caler définitivement.

Dresser la check-list *des objectifs de chaque étape*

À la fin de chaque chapitre, vous trouverez une liste d'objectifs à atteindre et de pointeurs[32] à surveiller. Ces questions vous permettront de savoir si cette étape est acquise pour vous ou si elle doit encore être travaillée. En principe, vous ne devrez passer à l'étape suivante de votre plan d'action que lorsque vous aurez satisfait à l'intégralité de ces objectifs. Si tel n'est pas le cas, n'hésitez pas à reprendre les thèmes sur lesquels vous avez buté. Rappelez-vous que ce trouble dure déjà depuis bien longtemps et qu'il pourrait durer encore beaucoup plus. Vous pouvez bien prendre quelques jours ou quelques semaines de plus pour acquérir la compétence nécessaire à votre guérison…

Pour ne rien oublier et avoir une vision synthétique de votre parcours, rédigez la liste complète des pointeurs, dans l'ordre où ils sont proposés.

31. L'assertivité est l'autre nom donné à l'affirmation de soi et recouvre la même notion d'aptitude à faire valoir ses droits tout en respectant ceux des autres. C'est un néologisme directement issu de la traduction littérale de l'anglais *assertiveness*.

32. Les pointeurs d'une étape sont les éléments de la liste de validation *(check-list)* placée à la fin de chacun de ces chapitres.

Pour chaque étape, ajoutez ses pointeurs propres à votre *check-list*. Régulièrement, vérifiez que vous avez bien maintenu vos progrès, en la parcourant depuis le début. Si un point qui semblait acquis vous apparaît moins solide, reprenez quelque temps cette partie du travail. Vous pourrez ensuite revenir à l'étape en cours, en toute sécurité.

Fixer les limites de sa démarche

Si vous suivez votre programme ainsi élaboré, et adapté à vos besoins et limites, vous devriez voir votre situation s'améliorer progressivement. Les crises vont se raréfier puis disparaître. Les vomissements (s'il y en avait) vont être vite maîtrisés. Vous serez alors hors de danger quant aux effets de cette maladie sur votre santé. C'est ce qui doit se produire, et c'est ce que je vous souhaite le plus ardemment, mais il se peut que les choses ne marchent pas aussi bien que prévu et que vous ayez des doutes quant à l'efficacité de votre travail. Voici quelques limites et points de repère à surveiller régulièrement pour garantir que vous n'êtes pas en danger.

1. Votre poids ne doit pas baisser en dessous d'un indice de masse corporelle (IMC) de 18. À l'occasion des pesées hebdomadaires, calculez-le et assurez-vous qu'il reste dans des valeurs excluant tout risque d'évolution vers une anorexie. Rappelez-vous qu'il s'agit d'une maladie grave qui nécessite des soins différents et l'aide d'un spécialiste ou d'un médecin.

2. Si, au contraire, votre poids augmente, ne vous alarmez pas au début. Il est normal de reprendre quelques kilos si vous remangez des rations alimentaires plus riches et/ou si vous cessez les vomissements. Tout rentrera dans l'ordre dans quelque temps. En suivant les consignes de ce manuel, vous tendrez naturellement vers votre poids de santé. Si votre poids de départ était dans la moyenne ou au-delà, et que cette prise de poids excède trois points d'IMC, vous êtes en droit de revoir l'ordre des étapes de votre plan d'action. Peut-être avez-vous aussi besoin des conseils d'un nutritionniste ou d'un intervenant compétent dans ce domaine.

3. Si les vomissements persistent ou s'aggravent, vous pourriez être en danger de complications digestives ou métaboliques. Il est recommandé de consulter alors un médecin. Si vos efforts pour les contrôler ont échoué, il vous faudra rapidement une aide extérieure, alors n'attendez pas pour la solliciter.

4. Il se peut que votre problème alimentaire se double de conduites impulsives fréquentes. Vous devrez vous assurer que votre maîtrise alimentaire s'accompagne bien d'une réduction de leur fréquence, comme

c'est généralement le cas. Mais si ces autres comportements à risque deviennent trop importants et dangereux (consommation de substances toxiques, dépendances aux médicaments, actes autodommageables divers, etc.), il faut envisager la présence d'un autre problème à régler que les crises de boulimie. Il est probable que vous deviez, là encore, vous faire aider par un médecin.

5. En règle générale, tout événement anormal et inquiétant doit vous inciter à demander l'avis d'un soignant. Ne laissez pas s'installer une phase dépressive ou des attaques de panique sans en parler. Ne négligez pas des signes physiques sérieux comme des douleurs digestives ou une fatigue intense et durable. Faites ce que vous auriez fait en temps normal : consultez votre médecin (et faites-lui part de votre démarche).

Ces quelques pointeurs devront figurer en tête de votre *check-list* et vous les contrôlerez chaque semaine, en même temps que la pesée et le bilan de l'étape en cours. En voici le modèle :

Assertions	**Oui**	**Non**
1. Mon IMC reste supérieure à 18.		
2. Mon IMC n'a pas progressé de plus de 3 points.		
3. Mes vomissements ont diminué après quelques semaines.		
4. Mes conduites impulsives sont moins fréquentes.		
5. Mon état de santé ne semble pas s'aggraver.		

CHAPITRE 5

Les étapes de la guérison

Ce chapitre regroupe l'ensemble des étapes possibles de votre démarche personnelle. Il n'est pas rédigé selon une organisation hiérarchique particulière et ne suggère en aucun cas de les accomplir toutes ou dans cet ordre. Vous avez à vous déterminer pour choisir celles qui vous intéressent et à quelle place vous les ferez figurer dans votre plan d'action. Il est fortement recommandé, toutefois, de les lire toutes rapidement avant d'établir votre choix définitif. Vous ne perdrez jamais vraiment votre temps à lire celles qui ne semblent pas vous concerner et vous serez peut-être intéressé(e) par ce qu'elles vous feront découvrir.

Combattre les vomissements

Lorsqu'elle a décidé de se sortir de sa boulimie, Caroline a dû beaucoup se battre contre sa peur des kilos. Grossir pour atteindre un poids d'équilibre et le stabiliser était une idée très choquante au début. Elle a pourtant réussi, à force de travail sur sa manière de voir les choses, à faire évoluer cette « phobie des kilos » vers une représentation plus réaliste de la question. Il n'empêche que ce changement n'a pas suffi à faire disparaître ses crises. Tout au plus a-t-elle constaté une discrète diminution de leur fréquence. Par contre, elle est toujours soumise à autant de vomissements. Bien entendu, chaque crise en est la cause mais elle a pu constater, par période, que même une simple feuille de salade peut lui faire craindre de tout rejeter. Au début, ces vomissements la rassuraient sur le risque de prendre du poids, et il lui arrivait le plus souvent de les décider délibérément. Aujourd'hui, elle voit bien qu'elle ne les contrôle plus tout à fait. Il lui semble qu'elle ne peut plus rien y faire. Ils représentent le principal inconfort de sa maladie et son premier facteur de gravité, ce dont elle a conscience, désormais.

Que vous ayez choisi de mettre cette étape au tout début de votre démarche, à l'instar de Caroline, ou un peu plus tard, vous avez probablement raison de vous en préoccuper dès à présent. Quand les vomissements dépassent une simple fréquence occasionnelle, ils peuvent représenter un réel danger pour votre santé et doivent être circonscrits dès que possible. Ils sont aussi très fortement impliqués dans les facteurs d'entretien des crises et représentent, donc, un puissant levier pour en réduire la fréquence.

Vouloir interrompre les vomissements vous met en face d'une apparente impossibilité : avant la crise, l'envie de vomir n'existe pas, après la crise elle est insurmontable ! Vous avez peut-être renoncé à résoudre ce problème tant il semble insoluble. Pour en finir avec les vomissements, vous n'avez qu'un espoir : faire disparaître la cause, c'est-à-dire les crises. Cette idée n'est pourtant pas suffisante, car elle néglige l'existence d'un cercle vicieux entre crise et vomissement, chacun entretenant l'autre.

Le cercle vicieux crise/vomissement

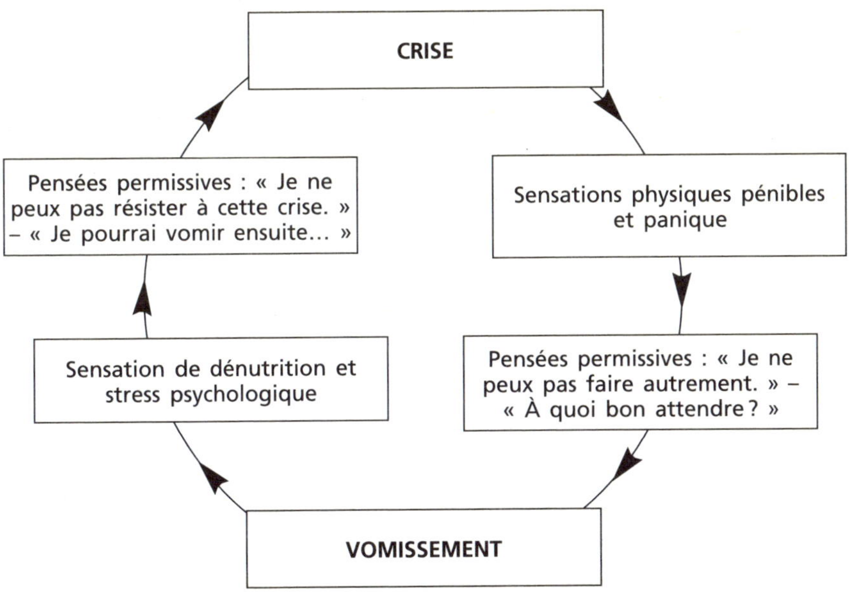

Une autre bonne raison de vouloir vous en débarrasser tient au fait que les vomissements sont en cause dans la plupart des complications physiques de votre maladie (épuisement, dents cariées, glandes salivaires gonflées, douleurs digestives, etc.). Ils comportent aussi un danger sérieux pour votre cœur en provoquant une perte importante de potassium et, par conséquent, un risque de trouble du rythme cardiaque, voire un arrêt brutal. Avant de parvenir à faire disparaître la plupart de vos crises, il est important de vous rendre maître de ces complications possibles.

N.B. : C'est ici l'occasion de mettre en garde les personnes dont les vomissements sont fréquents et qui souhaitent en éviter les conséquences désastreuses sur leur denture. Beaucoup d'entre elles sont, tout naturellement, tentées de se brosser énergiquement les dents après un vomissement, afin d'en éliminer les traces le plus vite possible. Cette pratique est à proscrire ! Lorsque vous venez de vomir, votre bouche est soumise à l'extrême acidité des liquides gastriques que vous avez évacués. Cette acidité a pour effet de fragiliser l'émail des dents. Si vous ajoutez à cet effet chimique délétère un brossage mécanique intensif, vos dents seront rapidement endommagées et de façon irréversible. La solution consiste à simplement se rincer la bouche longuement avec de l'eau tiède. Utilisez éventuellement un bain de bouche pour le confort, en sachant toutefois que le liquide gastrique est stérile, et que par conséquent les solutions antiseptiques sont inutiles.

La méthode pas à pas

1. **Notez les sensations et les pensées qui précèdent les vomissements.** À distance de la crise, revenez sur ce qui s'est passé alors, et tentez de retrouver tout ce que vous avez ressenti et ce que vous vous êtes dit. Le mieux serait de prendre une feuille de papier séparée en 3 colonnes (aliments – sensations et émotions – pensées) et d'y transcrire soigneusement les événements qui ont conduit au vomissement.

2. **Repérez les pensées qui favorisent les vomissements.** Elles ne sont pas si nombreuses et votre auto-observation vous permettra rapidement d'en dresser la liste.

3. **Reportez-vous au chapitre « La restructuration cognitive », en annexe.** Lisez-le attentivement et familiarisez-vous avec cette méthode.

4. **Appliquez-la à chacune des pensées en cause.** Vous y trouverez les arguments rationnels qui vous donneront la motivation suffisante pour résister aux impulsions à vomir.

5. Après chaque nouvelle crise, retardez le plus possible le moment du vomissement. Notez le temps que vous avez tenu et appliquez la « technique du cliquet ». Elle consiste à tenir chaque fois au moins aussi longtemps que la fois précédente. Comme un cliquet qui interdit de revenir en arrière, il vous sera seulement possible d'améliorer votre acquis.

6. Commencez par des durées très faibles. Même une minute est déjà une victoire dans bien des cas.

7. Vous aurez supprimé un vomissement lorsque vous aurez pu tenir jusqu'au moment du repas suivant. Continuez ainsi tant que les vomissements accompagnent certaines crises ou certains repas.

L'exemple de Caroline

Après un temps d'observation, Caroline est arrivée à une liste de pensées types en lien avec ses vomissements. Elle les a notées sur une feuille à trois colonnes, en face des sensations et émotions qui les avaient générées.

« C'est trop insupportable »

À la suite d'une crise, Caroline se sent très mal, une fois de plus, physiquement et moralement. Elle a eu rapidement le sentiment que son ventre était énorme et douloureux. Le voir ainsi et ressentir cette tension fait naître la conviction qu'elle ne pourra pas échapper à son envie de vomir. Voici ce qu'elle note dans son tableau à trois colonnes :

Situation	Émotions, sensations	Pensées (croyance de 0 à 100 %)
Je viens de faire une crise assez sévère. J'ai perdu le contrôle et j'ai mangé une énorme quantité de biscuits et de sucreries.	Douleur (6/8) Angoisse (7/8) Colère (4/8)	• J'ai mal et mon ventre est distendu. • Je ne pourrai pas le supporter plus longtemps, je dois vomir. (100 %) • J'ai encore perdu le contrôle, c'est de ma faute.

Lorsqu'elle reprend, peu après, sa réflexion sur ce qui s'est passé, elle constate que sa deuxième pensée doit être fortement nuancée. Elle applique le modèle de la restructuration cognitive et note les commentaires suivants :

Pour	Contre
• La douleur est bien réelle et intense. *(maximalisation)*	• Elle est à 6/8. C'est comme une rage de dents ou une sinusite. J'ai déjà supporté des douleurs plus intenses.
• Je suis trop faible et je manque de volonté. *(surgénéralisation)*	• Il y a d'autres domaines où je me montre très forte et volontaire.
• Une douleur si intense peut être dangereuse. *(raisonnement émotionnel)*	• Elle traduit l'excès de tension de mon ventre, mais elle est renforcée par mon inquiétude.
• Mon estomac va éclater. *(prédiction négative)*	• Je vérifie à chaque crise qu'il résiste parfaitement bien.

Caroline fait alors le bilan des avantages et inconvénients à se représenter les choses de cette manière. Elle note :

Avantages	Inconvénients
• Je mets des mots sur mon malaise.	• Je me prive de toute chance de résister à cette impulsion à vomir.
• Je me donne le droit de vomir et de me soulager rapidement.	• En vomissant, je confirme mes idées négatives. C'est un cercle vicieux.

Elle est alors un peu moins certaine qu'elle ne pourrait pas supporter une telle envie de vomir. Sa conviction absolue du début tombe à seulement 60 % de croyance après examen. Elle se propose la formulation suivante :

« *Il n'y a pas de véritable danger mais plutôt un grand désagrément, et je peux essayer de résister à l'envie de vomir pour interrompre ce cercle vicieux.* »

Elle estime sa croyance dans cette pensée corrigée à 90 %. Elle se promet, à la prochaine occasion, de tenter sa chance et d'appliquer cette attitude. Ses sentiments ont changé considérablement : elle ressent un véritable espoir (4/8) et son inquiétude a chuté (3/8).

« *À quoi bon attendre ?* »

Une fois de plus, Caroline vient de perdre le contrôle. Elle se sent sur le point de vomir et ses pensées permissives l'envahissent :

Situation	Émotions, sensations	Pensées (croyance de 0 à 100 %)
Après une nouvelle crise.	Malaise (7/8)	• Puisque je dois vomir de toute façon, autant le faire immédiatement. (85 %)

Elle ne pourra pas échapper à ce vomissement, mais elle décide d'y revenir après coup. Elle tente de faire évoluer cette conviction relative selon laquelle elle n'a aucune raison de ne pas vomir le plus tôt possible.

Pour	Contre
• Plus j'attends et plus l'envie sera forte. *(prédiction négative)*	• Je sais désormais que cette envie de vomir augmente au début, puis diminue ensuite.

Pour établir cette nouvelle manière de voir les choses, Caroline s'appuie sur les dires de son médecin. Il lui a confirmé que si elle parvenait à résister, elle verrait, au bout d'un certain temps, son malaise diminuer progressivement et disparaître selon le modèle ci-dessous :

Évolution de l'impulsion à vomir après la crise

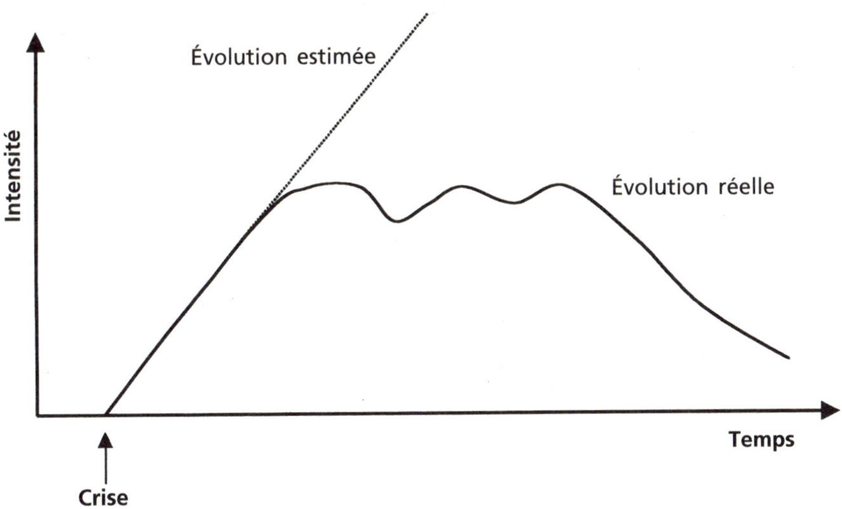

Forte de cette notion essentielle, elle est bien plus encline à reconsidérer les avantages et inconvénients de sa stratégie habituelle.

Avantages	Inconvénients
• Je me soulage rapidement. • Je m'évite une souffrance inutile.	• Je ne suis pas contente de moi quand je cède si rapidement. • En ne résistant pas, je perds une chance de m'entraîner et d'apprendre à le faire.

Caroline découvre qu'il est possible d'améliorer la maîtrise de cette impulsion en s'entraînant. Si elle parvient à résister une première fois, elle aura plus de chances de voir son envie de vomir céder plus vite la fois suivante, et ainsi de suite. Elle se dit désormais, de façon beaucoup plus réaliste :

Retarder un vomissement me donne une chance d'y échapper, et le suivant sera plus facile à contrôler.

Sa précédente croyance est annulée (0 %) et elle se trouve totalement remplacée par celle-là (100 %). Elle ressent un espoir sérieux de progresser sur ce problème et un certain plaisir à avoir fait évoluer sa pensée de façon rationnelle.

« Ce n'est pas si grave »

Dans cette période où ses crises sont devenues un peu plus rares, Caroline a vu ses vomissements diminuer encore plus vite. Rassurée, elle a un peu trop relâché son attention quant à la régularité de ses repas et subit une nouvelle crise, après laquelle elle ressent un intense mal-être. Elle ne peut s'empêcher de penser à vomir. Voici son analyse de la situation.

Situation	Émotions, sensations	Pensées (croyance de 0 à 100 %)
Après une semaine de répit, une crise sévère s'est produite.	Angoisse (7/8) Colère contre moi (8/8)	• Je vais grossir de 2 kg d'un coup. (60 %) • Je suis incorrigible. C'est bien fait pour moi. Autant aller jusqu'au bout et vomir. (40 %) • Vomir n'est pas si grave. (90 %)

Elle se rend compte que dans cette série de pensées, la dernière est celle à laquelle elle adhère le plus. Elle décide donc de s'y attaquer avant toute chose.

Pour	Contre
• Vomir est moins pénible que grossir. *(abstraction sélective)*	• Une éventuelle prise de poids dépend de nombreux autres facteurs.
• Cette angoisse est trop forte. Je dois la calmer immédiatement. *(« tout tout de suite »)*	• Après avoir vomi, je sais que je remplace l'angoisse par de la honte et de la culpabilité, ce qui est tout aussi désagréable.
• Les conséquences sont mineures. *(minimisation)*	• Vomir augmenterait le risque de faire d'autres crises.
	• C'est aussi la cause de mes problèmes dentaires et digestifs.

Après avoir fait ce travail de réflexion plus rationnelle, elle tente d'évaluer les avantages et les inconvénients de cette façon de penser.

Avantages	Inconvénients
• Je réduis mon anxiété et ma culpabilité.	• Je réduis mes chances de résister à cette impulsion. • Je risque d'entretenir, à plus long terme, un cercle vicieux.

Il lui est possible alors de mettre en doute sa première pensée et de chercher une formulation plus adaptée à la réalité. Elle parvient à se dire :

Vomir comporte des risques sérieux à court et long termes, et je suis tentée de les minimiser au moment où je viens de faire une crise. Ce n'est pas, pour autant, un acte condamnable.

Cette idée lui paraît tout à fait réaliste et elle y adhère à 100 %. Dès lors, elle ne peut plus croire raisonnablement que « vomir n'est pas si grave ». Elle se sent bien plus motivée à résister et tentera désormais de se tenir à cette attitude le plus souvent possible. Elle s'accorde, toutefois, l'idée qu'il est possible d'échouer de temps en temps, sans pour autant se le reprocher trop sévèrement. Elle se dit que vomir est déjà une chose suffisamment pénible, pour ne pas y ajouter de la honte et des remords.

« Sinon, je vais devenir énorme »

C'est le thème central des pensées de Caroline. En toutes choses, depuis des années, elle attache bien trop d'importance à tout ce qui peut faire varier son poids. L'idée de grossir lui est intolérable. Elle panique à l'idée de prendre 5 kg. Elle est à l'affût de tout ce qui lui fait ressentir un changement dans ce domaine. Si une crise de boulimie se produit, elle se trouve aussitôt confrontée à la pire des situations : voir et sentir son ventre « distendu, rempli d'aliments indésirables et déjà en train de fabriquer de la mauvaise graisse ! ». Pour faire le point sur ces pensées automatiques qu'elle connaît si bien, elle prend le temps de les retravailler sur le modèle de la restructuration cognitive.

Situation	Émotions, sensations	Pensées (croyance de 0 à 100 %)
Cette crise a été sérieuse. Elle vient de se terminer.	Tension (6/8) Angoisse (7/8) Culpabilité (4/8)	• Je sens mon ventre énorme. • Je vais devenir énorme et c'est une catastrophe. Je dois vomir absolument. (95 %) • Je me suis laissée aller, une fois de plus.

L'angoisse de Caroline vient essentiellement de son scénario catastrophe concernant son éventuelle prise de poids. Elle veut tenter de s'attaquer à cette pensée, dont elle connaît l'effet majeur sur ses vomissements. Pour obtenir des informations fiables sur la question, elle interroge après coup son médecin généraliste. Grâce à son aide et à quelques documents qu'il lui fournit sur la nutrition, elle note :

Pour	Contre
• J'ai mangé au moins 2000 calories, je vais prendre 2 kg d'un coup. *(maximalisation)* • Ce sont tous des aliments qui font grossir. *(superstition)* • Ils sont inutiles et vont se transformer en graisse. *(surgénéralisation)* • Vomir est la seule solution possible. *(abstraction sélective)*	• Il faut, en fait, 16000 calories pour « fabriquer » 2 kg de chair. • La nature des aliments importe peu. C'est le déséquilibre de l'alimentation qui est déterminant. • Ce qui est inutile, mon organisme l'élimine en quasi-totalité. • Cet excès va se compenser de lui-même les prochains jours. • Les vomissements n'éliminent qu'une partie des aliments. Ils sont une solution bien peu efficace. • Vomir augmente le risque de crise ultérieure, et c'est ça qui peut me faire grossir. • Ce n'est qu'une façon de repousser le problème.

Quant à l'analyse des avantages et des inconvénients de cette idée, voici ce qu'elle retient.

Avantages	Inconvénients
• Je m'oblige à réagir en envisageant les pires conséquences de ce que je viens de faire.	• Un tel scénario catastrophe a pour effet surtout de me stresser. Il ne stimule que mon angoisse. • Plus mon angoisse est forte, moins mes idées sont réalistes.

Ces considérations donnent à Caroline une vision très différente de la question des vomissements. Elle leur prêtait une vertu essentielle, celle de faire maigrir. En se renseignant auprès de son médecin et en lisant ce qu'elle a pu trouver de sérieux sur la question, elle en déduit que c'est exactement l'inverse qui pourrait se produire. Elle parvient donc à reformuler sa pensée de la façon suivante :

Une crise de boulimie n'entraîne qu'une discrète prise de poids. C'est la diminution de la fréquence des crises qui me conduira vers mon poids d'équilibre. Les vomissements contribuent à m'en éloigner en augmentant le risque de faire d'autres crises.

Elle adhère fortement à cette nouvelle pensée, tout en restant un peu sceptique. Elle note une croyance à 90 % dans cette formulation. Par contre, sa conviction première a chuté à 10 % seulement. De ce fait, son angoisse régresse sensiblement (3/8). Elle se sent plus sereine, elle a compris qu'elle peut faire confiance à son organisme et se laisser guider par lui.

Check-list

Voici la liste des objectifs que vous devrez avoir atteints avant de passer à l'étape suivante de votre plan d'action.

Assertions	Oui	Non
1. Les vomissements sont devenus occasionnels.		
2. Je sais repérer et traiter les pensées qui les facilitent.		
3. J'ai réduit les conséquences dangereuses des vomissements.		

Retrouver ses repères

Au fil du temps, Séverine a vu son problème alimentaire se compliquer de nombreuses autres conséquences sur sa vie et sa santé. Au moment des crises, sa peur de prendre du poids était telle qu'elle a vite pris l'habitude, en plus des vomissements occasionnels, de sauter le repas suivant. Elle a fini par ne plus se nourrir que sous le coup de l'impulsivité des crises. Des difficultés d'endormissement ont alors favorisé l'apparition de crises en pleine nuit. Elle se sentait si lasse le lendemain qu'elle tentait de récupérer en dormant le matin ou l'après-midi suivant. Son rythme de sommeil s'est alors totalement déréglé. Elle ne dort que par brèves périodes et se sent en permanence épuisée et irritable. Tout travail lui semble impossible de ce fait et elle vit d'aides sociales et de ce que lui octroient ses parents. Il ne lui arrive pas souvent de vivre au même rythme que les autres et cela contribue fortement à augmenter sa solitude et son sentiment d'être à l'écart de la société et de ses règles. Tout renforce son pessimisme et le sentiment qu'elle a d'être incapable de résoudre ses problèmes. Elle se sent bien souvent nulle et moche.

Le cas de Séverine est, bien entendu, extrême. Il représente l'aboutissement d'une longue histoire de « dérapage » qui a pris sa source dans les difficultés qu'elle a rencontrées à l'adolescence et même dès l'enfance. Sans en arriver nécessairement à ce point, toute personne souffrant de troubles des conduites alimentaires risque de rencontrer des difficultés dans son rythme biologique et psychologique. Si c'est le cas, il est urgent de chercher à les rééquilibrer. Il est quasi impossible de guérir de la boulimie sans avoir retrouvé cette aptitude, au moins en grande partie.

Connaître et respecter ses fonctions biologiques

Notre organisme est une machinerie complexe, dont une très faible partie est sous la commande de notre volonté. Nous pouvons nous déplacer et agir sur notre environnement en utilisant notre capacité à mouvoir nos membres et notre tronc, par exemple. Ces actions sont délibérées et conscientes. Elles sont commandées par notre cerveau et exécutées par nos muscles volontaires[33]. À l'inverse, une autre partie de nos muscles agit de façon très autonome[34]. C'est le cas de notre cœur, de notre cage thoracique ou de notre tube digestif : leur activité est « automatisée » et sa régulation n'est pas de notre responsabilité. Il est heureux, en effet, que nous ne soyons pas obligés d'être attentifs à respirer au bon rythme pour que tout se passe bien. Qu'adviendrait-il lorsque nous dormons ?

Plus secrètes, mais tout aussi importantes pour notre vie et notre bien-être, nos fonctions biologiques fondamentales sont totalement automatiques. Elles sont régulées par de nombreux mécanismes de détection et de modulation des changements du milieu interne de notre corps. Notre température est maintenue constante, par exemple, alors même que celle du milieu extérieur peut varier considérablement. Il en va de même pour la quantité de sucre, de protéines ou de graisses circulant dans notre sang. La liste de ces fonctions autonomes de notre organisme est très longue et leurs modes de régulation commencent à peine à être connus et compris par la recherche médicale.

Du bon fonctionnement de tous ces facteurs biologiques dépend notre sentiment de bien-être et de confort. Si un individu est exposé à une température trop élevée, il va ressentir un certain malaise et sera tenté de se dévêtir pour avoir moins chaud. Il va devoir aussi diminuer son activité physique, car ses muscles striés produisent beaucoup de chaleur en fonctionnant. C'est le risque de voir notre température interne monter exagérément qui nous pousse à faire la sieste à l'ombre, aux plus beaux jours de l'été… et non la paresse ! Cet instinct est généralement très sûr et guide, à notre insu, la plupart de nos états émotionnels, de nos sensations physiques et de nos comportements. Lorsqu'une personne vit en harmonie avec son corps, elle se sent le plus souvent en forme et « bien dans sa peau ».

Tout se complique dès lors que nous cherchons à modifier, ou à améliorer, certaines performances de notre organisme. S'il nous est loisible de privilégier certains comportements pour le faire évoluer dans une direction qui nous conviendrait mieux, notre marge de manœuvre est moins grande que nous ne le croyons et, surtout, nous sommes vite en danger de commettre des erreurs. Nous devenons des apprentis sorciers : nos pouvoirs sont limités, mais nos actions peuvent engendrer des consé-

33. Ce sont les muscles striés qui portent ce nom. Ils agissent sur notre squelette pour en mobiliser les segments. Ils sont aussi responsables de nos mimiques en agissant sur la peau de notre visage.

34. Ce sont, entre autres, les muscles lisses, ainsi nommés du fait de leur aspect sous le microscope.

quences redoutables. La plupart des sportifs de haut niveau, par exemple, subissent, en raison de leur entraînement intensif, des déformations et des traumatismes à très longue échéance. De la même manière, pour améliorer leurs performances, ils ont volontiers recours à des produits dopants qui provoquent de graves dérèglements de leur fonctionnement biologique.

Vouloir s'améliorer physiquement est un désir compréhensible et louable, mais il nous place aux limites de nos capacités, et engage un risque souvent mésestimé. C'est un peu comme si un passager d'un avion de ligne décidait de prendre les commandes, afin de suivre une route plus conforme à ses désirs. Sans les consignes du pilote, il aurait toutes les chances de produire un crash rapidement. La plupart des cadrans de bord lui seraient inconnus et il pourrait prendre des décisions dangereuses sans s'en apercevoir. Selon le même principe, les personnes qui modifient délibérément leur alimentation sont susceptibles de produire des effets inattendus et durables sur leur aptitude à se nourrir. Elles entrent en conflit avec leur instinct, et tentent de lui usurper un pouvoir qu'il abandonne difficilement. Quand cette situation dure un peu trop, les dérèglements ont tendance à s'installer. Le sentiment de faim devient anarchique, de même que la satiété ou l'aptitude à choisir des aliments adaptés[35].

Garder le rythme

Il existe encore une autre cause de dérèglement des instincts. Il s'agit de la perte de synchronisation entre toutes ces fonctions biologiques. Vous avez peut-être déjà constaté que l'heure à laquelle vous vous levez conditionne votre sensation de forme et votre appétit, par exemple. Le sommeil, l'énergie physique, le moral ou la faim sont liés entre eux par des synchroniseurs. Ce terme recouvre l'ensemble des signaux venant de notre corps ou de l'extérieur, et qui nous imposent un rythme régulier dans nos activités. Le premier d'entre eux est le cycle du soleil. En se levant chaque jour à une heure très régulière, il nous fournit une indication précise sur les activités possibles. Il est le grand organisateur du temps et conditionne autant nos horloges sociales que nos rythmes biologiques. On sait, par exemple, que les personnes vivant dans les

35. Voir à ce sujet l'article de J.-P. Zermati : « Une approche psychosensorielle de l'obésité et des troubles du comportement alimentaire », *J. thér. comp. & cogn.*, 2000, 10, 4, 124-128.

pays nordiques sont très souvent soumises à une forme de dépression, liée à l'extrême différence entre la durée du jour en été et en hiver, dans ces régions[36]. De la même façon, les sujets dont le travail impose des horaires de nuit sont très vite soumis à des troubles du sommeil, et souffrent très souvent de fatigue, voire de troubles de l'humeur.

Vivre en rythme avec le monde social n'est pas moins important. Il s'agit d'un autre synchroniseur majeur. Le monde qui nous entoure nous a appris, depuis l'enfance, à respecter ces règles. Manger, dormir, travailler, etc., toutes nos activités se font à des heures préférentielles. Nous avons inscrit ces rythmes au plus profond de nos habitudes et de nos principes de vie. En dépendent aussi la qualité de nos relations avec les autres, et notre aptitude à vivre en harmonie avec eux. Une personne qui perd son emploi, par exemple, peut se trouver rapidement en décalage avec ses proches. Elle se lèvera plus tard, mangera à d'autres heures, réduira ses activités, etc., faute de stimulation. Diverses études ont démontré qu'elle est, alors, bien plus en danger de développer des maladies organiques que lorsqu'elle avait un emploi régulier.

La dernière, mais non la moindre, de ces sources de synchronisation vient de nos rythmes physiologiques internes. Notre température, par exemple, varie sensiblement au cours de la journée. Très faible durant la nuit, elle augmente peu avant notre réveil pour atteindre un premier pic en fin de matinée. Elle diminue à nouveau après le repas de midi, pour atteindre un deuxième sommet en soirée. Après le repas du soir, elle repart à la baisse pour être au minimum quand le sommeil nous gagne. Il en va de même du cycle de la glycémie ou du cortisol, pour ne citer qu'eux. Les exemples sont légion et confirment tous que nous avons de véritables métronomes biologiques, dont le bon fonctionnement conditionne notre santé et notre qualité de vie. Ainsi, si nous décalons nos repas ou notre sommeil, sommes-nous susceptibles de voir apparaître tout un cortège de signes de souffrance physique et/ou psychologique. Selon l'heure à laquelle je fais du sport, je risque de maltraiter mon sommeil. Selon l'heure et la vitesse à laquelle je mange, je vais faire varier ma sensation de fatigue ou mon humeur. Selon l'heure à laquelle je rencontre des gens ou je m'isole, je vais voir changer mes émotions et toutes mes autres activités. Si la boulimie contrarie, par définition, les rythmes de l'alimentation (vitesse, heure, fréquence), elle est aussi susceptible de compromettre toutes les autres

36. Il s'agit de dépression saisonnière qui affecte essentiellement les femmes et se manifeste par une tendance à dormir trop et à faire des crises de boulimie « sucrée ».

horloges de l'organisme. Revenir à l'état d'équilibre et à la bonne santé va donc nécessiter de restaurer les rythmes, dans tous les secteurs où ils ont été dégradés.

Manger : où, quand, comment?

À tout seigneur tout honneur. Commençons par nous intéresser aux principes qui permettent de reprendre des rythmes alimentaires compatibles avec nos besoins. Cette régularité est un préalable à toute tentative de maîtrise des crises. Elle doit être assurée avant d'espérer une amélioration.

Fréquence et espacement des repas

Une alimentation de bonne qualité doit permettre de satisfaire notre faim. Autrement dit, elle doit nous permettre de ressentir la faim, mais sans lui laisser atteindre des niveaux excessifs. Si vous mangez presque tout le temps (grignotage permanent), vous n'aurez jamais le sentiment d'avoir faim, ni d'être vraiment rassasié(e). À l'inverse, si votre « régime » vous conduit à sauter des repas ou à les espacer trop, vous risquez de connaître des moments de fringale irrépressible. L'idéal consiste à manger selon le schéma social le plus couramment admis :

1. Faire trois repas principaux : petit déjeuner, déjeuner, dîner. Cette règle doit être respectée tous les jours, même lorsque vous ne travaillez pas. Il peut être utile de vous servir d'un réveil à ces occasions, afin de ne pas supprimer le petit déjeuner, par exemple.

2. Manger à heures fixes. Cette régularité permet de restituer plus vite les synchroniseurs de votre appétit. Si vous avez constaté que votre faim est fantasque, ou que vous ne parvenez plus à l'identifier clairement, ce principe sera le plus important. Il faudra toutefois l'appliquer assez longtemps avant qu'il ne fasse sentir ses effets nettement. N'hésitez pas à vous mettre à table et à manger une ration normale, même si vous n'avez pas faim. Évitez de manger juste avant ou en dehors des heures prévues, même si vous vous sentez affamé(e). Et surtout, soyez patient(e).

3. Prendre des collations. Vous devrez éviter de laisser passer plus de 3 ou 4 heures entre deux repas. À l'exception de la nuit, sachez que votre réserve énergétique ne dépasse pas cette durée. Si vous ne mangez pas, alors vous risquez d'entrer dans une phase de dénutrition sévère… le risque de crise augmenterait vite. Il est recommandé, pour une acti-

vité normale, de prendre au moins un goûter vers 16 h 30. Il peut être tout aussi judicieux de le faire vers 10 heures, quand on se lève tôt ou que les efforts de la matinée sont importants (même s'il ne s'agit que d'efforts intellectuels : avis aux étudiants). Il n'est pas inutile, parfois, de prendre une dernière ration alimentaire vers 22 h 30, surtout en période de crises nocturnes ou de difficultés à manger le soir.

4. Garder ce rythme en toute circonstance, même après une crise. Il peut paraître bien difficile de se mettre à table à midi et demi après avoir fait une crise à 11 heures, mais c'est la meilleure chose à faire pour ne pas désorganiser votre schéma régulier d'alimentation. Si la crise est récente ou qu'elle a été importante, ou encore si elle n'a pas été suivie de vomissements, vous vous mettrez à table tout de même, quitte à manger moins de chaque plat. Vous aurez rapidement le bénéfice de cette discipline, car elle préserve le mieux votre acquis. De plus, si vous savez que vous allez sauter le repas suivant une crise, vous créez une pensée permissive en minimisant son impact à court terme : « Je peux faire cette crise, je ne mangerai pas ce soir ni demain matin pour compenser. »

Adopter une cadence modérée

C'est une condition essentielle au retour d'une alimentation sereine et adaptée à vos besoins. La plupart des personnes souffrant de crises boulimiques ont vu se dérégler leur capacité à manger dans un temps normal. Le plus souvent, elles mangent trop vite. Cela peut même ressembler à une crise tant leur engloutissement est hâtif et s'apparente à une perte de contrôle. Elles ont le sentiment de manger comme si c'était leur dernier repas avant longtemps. On retrouve le même phénomène chez les personnes souffrant d'alcoolisme. Elles boivent d'un trait et sans déguster, en toute circonstance. On propose parfois de traiter ce trouble en apprenant à savourer de bons vins. Ce comportement a un effet protecteur contre la maladie. Il s'oppose à l'impulsivité de la consommation pathologique et met en place des réflexes différents. Comment faut-il faire en ce qui concerne l'alimentation ?

1. Ni trop vite ni trop lentement, une lapalissade me direz-vous, et pourtant... La durée idéale correspond à celle qui permet d'arriver à la fin d'un repas normal, au moment où doit apparaître le sentiment de satiété. Chez une personne qui n'a pas de trouble alimentaire, on considère que ce moment arrive environ vingt minutes après le début du repas. Si vous mangez trop vite, vous risquez de voir votre faim rester

très importante, alors que vous avez déjà fini de manger. Il sera difficile de vous retenir de continuer. Si vous y parvenez, ce sera au prix d'une frustration pénible. Dans tous les cas, vos risques de perdre le contrôle auront augmenté.

2. Pour vous donner un ordre de durée moyenne des repas, sachez que le petit déjeuner doit durer entre 10 et 20 minutes au moins ; le déjeuner et le dîner entre 20 et 30 minutes ; les collations entre 10 et 15 minutes.

3. Pour ralentir votre rythme, soyez attentif(ve) à chaque bouchée. Mastiquez-les entre 5 et 15 fois chacune, en fonction de la consistance de l'aliment. N'hésitez pas à poser vos couverts de temps en temps. Faites-le en moyenne toutes les 3 ou 4 bouchées.

4. Si vous êtes particulièrement stressé(e) au moment des repas, utilisez les techniques de relaxation décrites en annexe. Elles vous permettront de vous décentrer de ce que vous mangez, sans vous en distraire.

Choisir un cadre adapté

Les synchroniseurs peuvent venir de notre environnement. Pour être propice à la régularité, le cadre dans lequel vous mangez doit être assez stable. Il est important de manger dans un ou deux endroits spécifiques et toujours les mêmes.

1. Le mieux serait que vous choisissiez, dès à présent, les différents lieux possibles, en fonction des moments variés de votre vie, et que vous n'en changiez plus pendant quelque temps. Il est très contestable de manger devant la télévision, par exemple, au salon. Refusez de manger debout ou en faisant autre chose. La chambre ou le lit sont tout autant à proscrire. Réservez ces endroits pour les fonctions qui leur incombent.

2. Prenez le temps de dresser la table. C'est une action préalable au repas qui le rend plus agréable et permet de s'y préparer. Manger dans une assiette, avec des couverts, permet de ralentir la cadence et aide à fractionner les bouchées. Tout ce que vous voudrez ajouter pour agrémenter votre table et son décor sera le bienvenu.

3. Selon les moments de votre activité, votre choix peut être limité. Vous devrez accepter de prendre vos repas à la cantine ou au réfectoire, s'il le faut. Prévoyez l'heure de votre pause déjeuner en fonction de vos horaires habituels.

Voici un tableau qui résume ces notions importantes.

Manger : où, quand, comment ?

Manger selon un schéma régulier.

- Respecter les trois repas principaux.

Le petit déjeuner, le déjeuner et le dîner doivent être pris chaque jour. Les jours de repos, il peut être judicieux de vous servir d'un réveil, pour ne pas risquer de sauter le premier repas, quitte à se recoucher ensuite.

- Manger à heures fixes.

Il est très important d'avoir des horaires réguliers. Il faudra parfois se mettre à table alors qu'on n'a pas très faim ou, au contraire, ne pas anticiper un repas, même si on est affamé.

- Faire des collations.

Veiller à ne pas laisser plus de 3 ou 4 heures entre deux prises alimentaires. À 10 h 30, 16 h 30, voire 22 heures, si besoin.

Manger à un rythme modéré.

- Ni trop vite, ni trop lentement.

Un repas de midi ou du soir doit durer, idéalement, entre 20 et 35 minutes. Un petit déjeuner, 10 à 15 minutes. Une collation, environ 10 minutes.

- Prendre le temps de mastiquer chaque bouchée (entre 5 et 15 fois, selon la consistance des aliments).
- Poser les couverts régulièrement. Penser à le faire environ toutes les trois bouchées.
- Tenter, autant que possible, de garder une attitude détendue.

Manger dans un cadre adapté.

- Assis à table, avec des couverts, une assiette, un verre. Tout autre élément de décor sera bienvenu.
- Avoir un lieu spécifique, chez soi, et toujours s'y tenir.

Il est important de se créer des habitudes pour améliorer sa maîtrise. Éviter de manger au salon, devant la télévision, dans la chambre, au lit, debout ou en faisant autre chose...

- Au travail, à l'école, s'imposer d'aller au restaurant à midi. Prévoir les collations nécessaires.

Manger même après une crise.

- En cas de crise, revenir, le plus vite possible, au schéma régulier d'alimentation.
- Tenter de ne pas sauter le repas suivant, même si la crise n'a pas été suivie de vomissement ou de purge.
- Prendre un repas seulement plus léger, le cas échéant.

Dormir en phase

La plupart des personnes souffrant de crises de boulimie souffrent de troubles du sommeil. Ceci provient autant des perturbations psychologiques qu'elles subissent (anxiété, dépression) que des dérèglements physiologiques qu'entraîne leur trouble. Au moment de retrouver votre aptitude à manger de façon rationnelle et régulière, vous risquez donc de vous heurter à ce problème. Votre sommeil laborieux et anarchique va vous rendre la tâche bien plus difficile. Il n'est pas impossible que vous ayez vu un médecin pour lui parler de cette question, et il est tout aussi probable qu'il vous aura alors prescrit un traitement sédatif[37]. Son efficacité est réelle, mais il provoque souvent une dépendance, et dans tous les cas il ne faut pas s'en tenir à cette solution : elle doit rester transitoire.

Un adulte dort en moyenne huit heures par nuit. Les « petits » dormeurs peuvent se contenter de sept heures, voire six, pour se sentir en forme. Les « grands » dormeurs ont plutôt besoin de neuf ou dix heures. Durant l'enfance ou l'adolescence, le temps de sommeil nécessaire est un peu plus long, mais on peut considérer qu'on a son rythme d'adulte vers l'âge de 15 ans. Votre sommeil est-il de durée normale ? Sinon, dormez-vous trop ou trop peu ? Sachez qu'il est inutile et fatiguant de dormir plus longtemps que ses besoins.

L'heure à laquelle vous vous endormez conditionne fortement la qualité de votre sommeil. Vous pouvez avoir un temps de sommeil normal, et vous sentir très mal en dormant le matin ou l'après-midi plutôt que la nuit. Les meilleures heures se situent autour de 1 heure. C'est à cette période de la nuit que votre organisme est le plus apte à se reposer. Il produit une phase de sommeil lent et profond, très réparateur, dont la durée avoisine quatre heures. La logique serait donc de vous coucher vers 23 heures, régulièrement. Cependant, il ne vous sera pas si facile de vous endormir sur commande, surtout si votre cycle de sommeil est perturbé depuis longtemps. Dans ce cas, vous avez plusieurs choses à faire, en plus de l'éventuelle médication que vous prenez.

1. **Apprenez les techniques de relaxation** décrites en annexe, et appliquez-les à votre phase d'endormissement. Choisissez celle qui vous convient le mieux, et entraînez-vous régulièrement pour obtenir un résultat.

2. **Veillez à réduire les activités excitantes le soir**. Évitez tout ce qui augmente l'éveil et stimule votre organisme. C'est le cas de l'activité physique intense. Elle vous empêcherait de vous détendre, bien qu'elle produise une fatigue apparemment propice au sommeil. Il en va de même des produits stimulants : essentiellement le thé et le café (mais il y a une dose non négligeable de caféine dans certains sodas).

37. Les Français sont les champions du monde… de la consommation de tranquillisants ! Nous partageons ce record peu glorieux avec les Belges.

3. **Privilégiez les activités propices à la détente**. Sachez préparer votre sommeil en vous programmant des soirées calmes. Ayez recours à la lecture, par exemple. Bien des gens y trouvent une facilitation de leur sommeil. Évitez, toutefois, les ouvrages trop angoissants. Vous pourrez aussi, dans les moments plus difficiles, prendre un bain chaud avant de vous coucher.

4. **Levez-vous de bonne heure**. C'est l'heure de votre réveil qui conditionne le mieux celle de votre endormissement. S'il vous est parfois impossible de trouver le sommeil, vous pourrez toujours vous lever, même après une nuit de très mauvaise qualité. Mettez votre réveil, même les jours où vous ne travaillez pas. Fuyez les grasses matinées et les siestes. Ces fragments de sommeil sont de faux amis : vous serez plus las(se) après qu'avant, et ils désorganisent vos rythmes.

5. **Dormez dans votre lit**. Évitez de dormir sur le canapé, devant la télé, ou de vous laisser surprendre par le sommeil n'importe où. Votre lit est le meilleur endroit pour dormir et il doit être réservé à cette seule activité (et à l'activité sexuelle, bien entendu). Ne prenez pas l'habitude d'y manger, par exemple, ou d'en faire le lieu où vous vous occupez, où vous travaillez (c'est souvent le cas des étudiants).

6. **N'insistez pas**. Si le sommeil ne vient pas rapidement, relevez-vous et faites autre chose. Ne restez pas dans votre lit si vous constatez que le sommeil vous fuit. Le pire serait de vous agacer, de tourner sur vous-même et de prendre en horreur cet endroit. Votre lit doit rester associé à l'idée de détente et de bien-être, autant que faire se peut.

Réguler ses activités

Votre santé et votre forme peuvent être entretenues par l'activité, vous le savez bien. Le problème est de savoir les organiser et les répartir de façon adaptée. Beaucoup de personnes souffrant de troubles des conduites alimentaires ont des rythmes d'activités désorganisés. Or, l'atteinte portée aux rythmes physiologiques et sociaux peut favoriser la permanence des crises. Ces activités sont de trois sortes : les activités physiques, sociales et intellectuelles. Nous avons vu plus haut que notre organisme n'est pas uniformément apte à fournir un effort au cours de la journée, et qu'il existe pour cela des moments plus propices. Il apparaît, donc, bien plus opportun de faire une activité importante en fin de matinée ou d'après-midi, qu'au début. Toutefois, chacun de nous est plus ou moins en phase avec cette règle, et il existe des personnes dont l'activité est meilleure le soir que le matin, et inversement.

Ce qui nous occupe plus particulièrement ici, c'est la répartition et l'intensité de ces activités. Peut-être avez-vous constaté que le niveau d'énergie varie en fonction des phases de la maladie : il est classique de se sentir plus en forme et plein(e) d'élan lors des périodes de restriction et d'amaigrissement. À l'inverse, la tonalité dépressive des périodes de crises et de reprise de poids s'accompagne d'apathie et de passivité. Lorsque vous vous sentez tonique et en forme, vous êtes naturellement tenté(e) de pousser votre avantage, en ajoutant aux restrictions une activité physique plus intense destinée à brûler des calories et à vous muscler. Pour d'autres, il peut s'agir d'une augmentation sensible de l'activité scolaire ou intellectuelle. Ces phases débouchent, tôt ou tard, sur une inversion de tendance d'autant plus pénible. Afin d'éviter ces fluctuations dangereuses et déprimantes, voici quelques conseils qui pourront vous aider :

1. **Observez votre rythme actuel d'activité.** C'est la première étape de tout changement. Servez-vous du modèle d'agenda ci-après. Dans la colonne N, précisez la nature de chaque activité : physique (P), intellectuelle (I) ou sociale (S). N'hésitez pas à mettre deux ou trois de ces symboles pour les activités qui cumulent les catégories. Prenez modèle sur le cas de Séverine. Poursuivez cette observation sur plusieurs jours, y compris le week-end.

2. **Analysez la répartition des différents types d'activités.** Vérifiez que vous avez assez d'activités de chaque catégorie, et que l'une d'elle ne domine pas trop nettement. Ainsi, une étudiante qui travaille pour ses examens risque-t-elle de négliger ses relations sociales au profit de son activité intellectuelle. Dans le cas de Séverine, elle manque globalement d'activités. Elle a surtout trop peu d'activités sportives et intellectuelles.

Fiche d'auto-observation des activités de Séverine

Heure	Activités	N
10 h 00	Je me lève.	P
10 h 00-10 h 15	Je me fais un café à la cuisine et je vais le boire sur mon lit en écoutant les infos à la radio.	P I
10 h 15-10 h 50	Je me douche et je m'habille.	P
10 h 50-11 h 35	Petit tour en ville pour faire des courses et rencontrer des amies.	P S

11h35-12h15	Retour à l'appartement et préparatifs du repas de midi.	P
12h15-12h30	Repas pris en vitesse, au salon, en regardant la télé.	P I
12h30-15h00	Je m'allonge sur le canapé et je somnole (pas de programme pour l'après-midi + fatigue).	P
15h00-16h15	J'écris à mon ex-employeur pour lui réclamer des papiers qu'ils ne m'a pas envoyés.	I
16h15-17h30	Je sors en ville. Rencontre avec un ami. Discussion autour d'une tasse de café.	S I
17h30-19h30	Retour. Un peu de ménage. Repassage. Rangements.	P
19h30-19h55	Je fais réchauffer les restes de midi en buvant une tasse de café.	P
19h55-20h05	Je mange à la cuisine.	P
20h05-23h35	Je « zappe » toute la soirée d'une chaîne à l'autre.	I
23h35-1h10	Crise.	

3. **Évitez l'excès autant que le manque d'activité.** L'hyperactivité comme la passivité sont des facteurs d'entretien de la maladie. La première consiste à être en permanence soucieux(se) de faire quelque chose. Que ce soit pour dépenser des calories ou par souci de tout faire parfaitement, cette attitude conduit à l'épuisement et n'offre pas une réponse vraiment satisfaisante à l'anxiété qui la motive. Quant à la seconde, elle est plutôt en lien avec des sentiments dépressifs et un manque d'énergie. Elle a comme principal inconvénient de renforcer cette tendance.

4. **Faites la chasse aux faux rythmes.** Les siestes inopportunes de Séverine devront être remplacées par une autre utilisation du temps. Elle veillera à la régularité de ses périodes de repos et d'activités : aussitôt qu'elle aura pu mieux remplir ses journées, elle devra être attentive, quelque temps, à faire les choses aux mêmes heures, tous les jours.

5. **Planifiez vos journées.** Dès que possible, tentez de prévoir chaque soir le contenu de la journée prochaine, en élaborant un planning qui tienne compte de vos remarques. Si vous faites des changements progressifs et cohérents, il vous sera possible de les appliquer vraiment. Soyez particulièrement attentif(ve) aux horaires, et tenez compte de

vos périodes de meilleure forme pour y placer les activités demandant le plus d'efforts. Ménagez des heures régulières, et socialement adaptées, pour les repas et le sommeil.

Check-list

Voici la liste des objectifs que vous devrez atteindre avant de passer à l'étape suivante de votre plan d'action.

Assertions	**Oui**	**Non**
1. Je mange à heures fixes.		
2. Je respecte les trois repas principaux (petit déjeuner, déjeuner, dîner).		
3. Je fais des collations pour éviter les périodes de diète trop longues.		
4. Je mange à une cadence modérée.		
5. Je prends mes repas dans un cadre adapté.		
6. Je dors suffisamment et de façon régulière.		
7. J'ai des activités physiques, intellectuelles et sociales équilibrées.		

Dominer les crises

Depuis quelques minutes, Caroline est convaincue qu'elle ne pourra plus échapper à la crise. Elle en connaît bien les signes avant-coureurs : elle s'est sentie très mal après le repas du soir ; d'emblée elle s'est dit qu'elle avait trop mangé, que le fromage blanc était inutile. Elle regrette intensément d'avoir fait cette erreur, et se sent très irritée contre elle-même. Dès le début de l'après-midi, les événements n'ont cessé de s'enchaîner pour aboutir à l'excès de ce soir. Les tensions avec une amie de la fac, autour d'une banale histoire de documents égarés, le repas de midi où elle n'a pas réussi à manger le dessert qu'elle jugeait trop sucré, et le retour à la maison dans un bus surchargé, tout a contribué à la rendre plus sensible. Maintenant, elle se sent ballonnée, son ventre est énorme, pense-t-elle. Elle ne voit pas d'autre solution que de se faire vomir. Résister à cette impulsion lui semble impossible.

Lorsque le processus de la crise est enclenché, il peut paraître bien difficile de le contrer. Il semble capable de submerger votre esprit et de dominer votre volonté. Il est donc préférable de s'occuper en premier des facteurs de déclenchement. Il vaut toujours mieux prévenir que guérir : c'est la finalité des étapes consacrées à la reconquête de la liberté de manger de tout, et à la maîtrise des rythmes de vie (voir « Reconquérir sa liberté de manger » et « Retrouver ses repères »).

Même si vous avez passé avec succès ces étapes de votre parcours, il arrivera encore que de telles crises surviennent pendant quelque temps. Il pourrait être bien utile, par conséquent, de mettre au point des stratagèmes pour les dominer. Tout ce qui pourra en réduire la fréquence ou la gravité sera donc bienvenu. Pour y parvenir, votre premier principe sera de renoncer au « tout ou rien ». Si vous trouviez votre maison mal faite ou inhabitable, vous pourriez décider de la raser et d'en refaire une neuve. Ce serait certainement la méthode la plus radicale, mais aussi la plus coûteuse. Une autre possibilité serait de la réparer entièrement, de refaire des pièces supplémentaires et de changer les tuiles du toit. Elle redeviendrait agréable, sans être parfaite pour autant, mais les frais seraient bien plus supportables. Vous pourriez également vous contenter de repeindre les pièces principales, et d'accrocher de jolis rideaux aux fenêtres. Si vous ajoutez quelques arbres dans le jardin et une balancelle, peut-être vous y sentirez-vous déjà mieux, sans vous mettre sur la paille. Selon vos moyens du moment et les objectifs poursuivis, vous pourrez choisir la solution la plus propice. De la même manière, s'il est vain d'espérer obtenir d'emblée la reprise du contrôle sur les crises de boulimie, on peut toutefois imaginer des étapes intermédiaires entre une perte de contrôle totale et une maîtrise de soi parfaite. En voici quelques-unes des plus pertinentes.

La crise retardée

Il s'agit tout simplement de reconquérir une ébauche de contrôle sur la crise, en tentant simplement de ne pas la faire aussitôt que l'impulsion apparaît. Vous pourriez craindre que cet exercice n'augmente l'intensité de la prise alimentaire suivante ; il n'en est rien, au contraire. Plus votre patience aura duré, plus elle sera récompensée. En effet, l'impulsion ne grandit guère au-delà d'un certain temps et son intensité finit par s'inverser (exactement comme l'impulsion à vomir). Chaque fois que vous ferez cet essai, vous renforcerez votre sentiment d'être capable de vous contenir. Si vous parvenez à gagner un peu de temps et à faire diversion, vous aurez repris un peu de terrain sur la maladie. Chaque parcelle reconquise vous rapproche du but, alors n'hésitez jamais à vous y engager.

1. **Lorsque la crise survient**, fixez-vous un délai réaliste pour tenter de résister. N'hésitez pas, au début, à vous donner des temps très courts. Prenez votre montre et donnez-vous trois minutes de délai, par exemple. C'est tout à fait suffisant pour tester votre aptitude. En cas d'échec, réduisez encore un peu la durée de l'exercice la fois suivante. Même une minute serait déjà intéressante à regagner !

2. **Apprenez à vous relaxer.** Vous trouverez en annexe quelques techniques simples pour y parvenir. Choisissez celle qui vous conviendra le mieux et appliquez-la. Vous pourrez ainsi augmenter sensiblement vos chances de succès.

3. **Après la crise,** notez la durée de votre résistance. Vous partirez de cette valeur la fois prochaine et vous tenterez de l'augmenter un peu. Si vous avez pu tenir cinq minutes, par exemple, tentez de tenir huit minutes la fois suivante. De proche en proche, vous pourrez allonger votre temps de latence entre l'impulsion et la crise. Vous serez plus à même d'essayer les autres méthodes.

La crise programmée

Dans ce cas, il s'agit de programmer une crise imminente, au lieu de vous contenter de la subir. Dans votre carnet alimentaire, vous aurez certainement remarqué dans quelles circonstances se déroulent les crises : à quel endroit, à quel rythme, dans quelle posture... Ces informations vous serviront ici à en modifier progressivement les modalités. Il ne s'agit pas d'un simple exercice de style, mais d'un véritable changement dans le cours habituel de la crise, dont vous parviendrez à combattre le déterminisme apparent, en changeant les rituels. C'est aussi, bien entendu, un important moyen de réaffirmer votre aptitude à reprendre le contrôle de vous-même. Il en découlera, de plus, une diminution sensible de votre mal-être consécutif, en réduisant votre sentiment de honte habituel.

1. **Choisissez le lieu.** Tentez de changer de ceux où se déroulent habituellement ces crises. Si elles se déclarent à la cuisine, devant le frigo, allez vous installer à la table. Si elles se font dans la rue, au sortir de la boulangerie, allez vous asseoir sur le banc du parc. Donnez-vous un cadre différent. Le but est de renverser les habitudes.

2. **Prenez le temps de préparer les aliments.** L'idéal serait, dans ce cas, de réussir à retarder la prise alimentaire en ayant un temps de préparation plus important. Vous aurez aussi moins de dégoût à manger des mets mieux cuisinés.

3. **Tentez de manger plus lentement.** Vous pourrez y parvenir en prenant soin d'avoir un couvert complet : assiette, couteau, fourchette... Ce faisant, vous vous rapprocherez d'une prise alimentaire normale et vous limiterez la quantité de nourriture ingérée pendant la crise.

Bien que difficile, cet exercice est possible avec un peu d'entraînement. Il procure un sentiment de maîtrise très rassurant. La perte de contrôle est partielle et les sentiments négatifs qui suivent la crise sont très atténués. Vous pourrez même en tirer une certaine fierté.

La crise détournée

Cette fois, il s'agit de reprendre le pouvoir sur le contenu des crises. C'est un pas de plus vers leur disparition, et une source d'apaisement du malaise qu'elles occasionnent. Votre auto-observation quotidienne fait probablement apparaître des aliments particuliers aux crises. Ce sont presque toujours des aliments riches. Ils sont très attirants, mais ce sont aussi ceux que vous avez de la peine à manger avec sérénité ou plaisir, dans les repas normaux. Il existe, au contraire, des aliments ayant une bonne valeur gustative, que vous appréciez pour leur parfum ou leur goût, mais qui ne présentent pas, à vos yeux, les mêmes « dangers ». Ceux-là ne vous attirent pas, dans les phases de perte de contrôle. Vous allez tenter de remplacer les uns par les autres.

1. **Repérez les aliments propices ;** ceux qui, sur votre carnet alimentaire, vous donnent du plaisir sans vous inquiéter trop. Les pommes, par exemple, sont à la fois peu caloriques et agréables au goût. Elles sont des candidates parfaites. Mais si les pommes ne vous conviennent pas, n'hésitez pas à chercher toutes les alternatives possibles. Les céréales, les

oranges, les yaourts nature, la compote de fruits sans sucre…, tout est possible.

2. **Faites-en provision.** Il est important que vous en ayez suffisamment en réserve, afin de les avoir à disposition le moment venu. Gérez votre stock, en tenant compte des quantités utiles en cas de crise, et placez-les en vue ou à portée de main.

3. **En cas d'alerte sérieuse, dirigez votre choix vers cet aliment.** Il sera plus facile ensuite de réduire les autres apports, car vous aurez un peu rempli votre estomac et obtenu un début de satiété à moindre frais.

4. **Si possible restez-en là.** Si vous avez réussi à ne manger que deux pommes au lieu de faire une crise « complète », vous aurez fait un pas majeur en direction de la solution.

5. **Mangez normalement au repas suivant.** Les crises, même partielles ou détournées, ne doivent pas désorganiser votre schéma régulier d'alimentation !

La crise esquivée

Avec un peu de pratique, il vous sera possible d'éviter carrément certaines crises. La stratégie consiste à mettre en place, dès que la crise s'annonce, une activité agréable ou prenante, et facilement réalisable. Cette activité aura comme principe d'être incompatible avec le fait de manger. Vous pouvez ainsi être amené(e) à faire un effort de concentration ou d'attention propice à vous distraire de votre envie de manger. Si vous parvenez à échapper assez vite à l'impulsion, elle pourra diminuer, voire disparaître, et vous pourrez reprendre le cours normal de vos repas.

Pour vous constituer une liste d'activités possibles, vous devez prendre soin de noter, à chaque occasion, celles qui vous sembleront répondre aux critères cités plus haut. Observez pendant plusieurs jours ce qui vous occupe le mieux, et ce qui vous intéresse au point de vous accaparer. Vous aurez bientôt un choix varié, dans lequel vous pourrez puiser une idée, le moment venu. Lorsque la situation devient critique, il est quasiment impossible de garder une lucidité telle que vous parveniez à trouver une activité alternative, c'est pourquoi il est très utile de garder cette liste à portée de main. Vous pourriez, par exemple, tout noter sur un bristol, et le mettre dans votre sac à main ou votre poche de veste. Voici, par exemple, le carton rempli par Caroline.

La liste des activités alternatives de Caroline

1. À la maison

- Prendre un bain ou une douche.
- Téléphoner à un(e) ami(e).
- Téléphoner à ma sœur pour prendre de ses nouvelles.
- Appeler Marie-Céline (elle est au courant et sait me réconforter).
- Me préparer une tasse de thé au jasmin et la boire au salon.
- Regarder les photos des dernières vacances.
- Écouter un air d'opéra en mettant le volume assez fort.
- Reprendre la lecture de mon livre en cours.
- Écrire une lettre à la famille de Bretagne.
- Me laver les cheveux.

2. Dehors

- Partir pour une marche un peu rapide.
- Faire une demi-heure de jogging.
- Aller à la piscine avec Fanny.
- Proposer une sortie à une amie (cinéma, boire un café en ville, faire les boutiques...).
- Faire les courses.
- Aller faire un tour à vélo.

3. En toutes circonstances

- Réfléchir au planning des prochains jours.
- Chercher un endroit pour les vacances.
- Faire les exercices de relaxation que j'ai appris.
- Écrire dans mon journal intime.

Ces exemples peuvent vous convenir en partie. N'hésitez pas à vous en inspirer, mais ils ne sont ni exhaustifs, ni universels. La pratique de cette méthode enrichira progressivement votre catalogue d'alternatives. Aussitôt qu'une menace de crise apparaîtra désormais, vous noterez les circonstances (heure, endroit, pensées, émotions...) sur votre feuille d'auto-observation. Immédiatement après, vous sortirez votre liste afin de la parcourir point par point. Vous chercherez laquelle de ces activités est la plus adaptée à la situation, et vous la mettrez en œuvre aussitôt.

Si vous parvenez à appliquer régulièrement cette stratégie, il vous sera de plus en plus facile d'y recourir. Son efficacité augmente avec le temps.

Check-list

Voici la liste des objectifs que vous devrez atteindre avant de passer à l'étape suivante de votre plan d'action. (Pour les quatre premiers de la liste, vous pouvez vous contenter d'un seul ou de deux.)

Assertions	**Oui**	**Non**
1. Je parviens à retarder certaines crises.		
2. Je parviens à programmer certaines crises.		
3. Je parviens à détourner certaines crises.		
4. Je parviens à esquiver certaines crises.		
5. Le nombre de mes crises a diminué nettement.		

Reconquérir sa liberté de manger

Isabelle a toujours été « trop gourmande », d'après elle. Très tôt, elle a appris à se méfier de son goût excessif pour les bonnes choses, auquel elle attribue son embonpoint. De même, son entourage, depuis sa petite enfance, se moque de sa gourmandise. Les sucreries ont été les premières « cochonneries » qu'elle s'est promis de bannir de ses habitudes : il lui arrive fréquemment de prétexter avoir trop mangé pour échapper à un dessert très appétissant, ou de fuir une réunion où quelqu'un a apporté des gâteaux. Cette rigueur excessive s'est étendue, par la suite, à d'autres sources de calories dangereuses. Elle redoute les plats en sauce et refuse de manger des frites en toutes circonstances ! Elle sait bien qu'il faut manger suffisamment pour ne pas être épuisé, et elle se fait des assiettes copieuses de salades variées suivies de plats de viandes et de légumes. Elle est convaincue de se nourrir correctement et ne comprend pas pourquoi, de temps à autre, elle se rue sur des bonbons et des barres chocolatées, « comme une gamine de 6 ans ». Ces épisodes la désespèrent, et lui font douter de sa capacité à tenir un régime qu'elle croit parfaitement rationnel.

La sélection de certains aliments, en fonction de leur caractère plus ou moins désagréable ou inquiétant, est un facteur notable d'entretien de la maladie. Elle est liée à plusieurs causes possibles que nous allons détailler ici, afin de combattre plus efficacement les croyances discutables qui en découlent.

Les graisses

Il est dit partout que nous devons réduire la part de matières grasses de notre alimentation, au risque de souffrir de maladies cardio-vasculaires. Ces recommandations sont nées de l'observation des habitudes alimentaires de personnes atteintes de ces troubles. Elles ont rapidement conduit à des campagnes de prévention et à des mises en garde au sujet des « mauvaises graisses » et de leur abus. Il est vrai que les hommes d'âge moyen, sédentaires et « stressés », sont des candidats à l'infarctus du myocarde. S'ils aiment la bonne chère et les plats en sauce, ils aggravent leur risque d'en être victime. À partir d'une telle évidence, s'est développée une crainte excessive envers les aliments réputés riches en graisses. La charcuterie, les laitages, certaines viandes, etc. ont été, tour à tour, désignés à la vindicte populaire et bannis de nos assiettes. Cette prévention a largement dépassé son but. Elle a même généré des effets pervers, en poussant les sujets les plus inquiets à se priver sévèrement de lipides. Or, il s'agit de nutriments nécessaires à notre équilibre métabolique, et s'en priver est au moins aussi dangereux que d'en abuser. Ils entrent, pour une très grande part, dans la constitution de la paroi des cellules de notre organisme. Ils sont surtout présents dans des organes nobles comme le cerveau, par exemple, qui en est le plus riche. Ainsi, lorsqu'une jeune fille anorexique atteint un état de grande maigreur, constate-t-on que le volume de son cerveau diminue sensiblement. Son organisme puise dans les réserves dont il dispose, afin de couvrir ses besoins les plus urgents.

Cet exemple illustre bien les dangers d'une vision en « tout ou rien » : les graisses ne sont ni la pire ni la meilleure des choses. Leur excès menace notre équilibre autant que leur carence. C'est dans une proportion intermédiaire que se trouve la solution. Manger des matières grasses quotidiennement, mais en évitant les régimes de « gourmets », permet un apport nécessaire et suffisant. Notre organisme est capable d'éliminer un excès ponctuel, et ne « stocke » pas systématiquement les surplus dans les parois de nos artères, pas plus qu'il ne surcharge nos rondeurs. Une autre croyance tenace concerne la nature des lipides incriminés. S'il est clair que les graisses animales cuites sont moins « nobles » que certaines huiles (olive, noix, etc.), elles n'en sont pas moins présentes dans bon nombre de nos plats de prédilection. Les éviter nous contraint à renoncer à un patrimoine culturel culinaire majeur, autant qu'à nous frustrer du plaisir que peuvent donner des aliments plus modernes (je pense, par exemple, aux *fast-foods* dont seul l'abus est critiquable).

Les sucres

Les autres classes d'aliments suspectés de nous mettre en péril sont les produits sucrés et les féculents. Il s'agit, en fait, d'une seule catégorie : les sucres rapides et lents. Ils sont présents dans toutes sortes de produits, et doivent être soigneusement évités en cas de diabète, par exemple. Là encore, les campagnes de prévention et la connaissance imparfaite de leurs effets sur l'organisme en ont fait des ennemis majeurs de tout candidat au régime. Leur goût agréable les rend encore plus séduisants, et donc prétendument dangereux. Quant aux féculents, qu'on retrouve dans les pâtes, les pommes de terre, le riz, le pain et d'autres aliments réputés trop riches, ils sont l'objet d'une véritable terreur. Ces croyances sont parfaitement erronées. La valeur calorique de ces aliments est en fait très réduite, et leur consommation serait plutôt recommandable à toute personne voulant perdre du poids. Ils reconstituent, en effet, les réserves énergétiques de notre organisme, sans se stocker dans les tissus graisseux. Ils sont rapidement libérables et nous protègent de l'hypoglycémie. Ce faisant, ils nous évitent les fringales et... les excès alimentaires ! Ils sont donc des alliés précieux dans la prévention des crises boulimiques.

Et cætera

Les protéines, à leur tour, sont devenues inquiétantes depuis les événements qui ont terni leur image (la « vache folle », le poulet à la dioxine ou le soja transgénique, par exemple). Un individu vivant dans notre société actuelle, se disant bien informé et soucieux de manger « sainement », se trouve dans l'impossibilité de se nourrir s'il suit l'ensemble de ces préceptes. Voilà un curieux paradoxe, mais il ne s'arrête pas là. Pour préserver sa santé et son équilibre, il pense devoir surveiller avec vigilance ses choix alimentaires, et se priver le plus souvent de tout ce qui lui fait envie. Le hasard (mais est-ce le hasard seulement ?) fait qu'il doit supprimer les aliments les plus agréables. N'est-il pas vrai que les graisses sont les vecteurs des parfums les plus subtils, et que le sucré est une saveur agréable, si on ne la redoute pas ? Le voilà donc frustré de beaucoup de ses plaisirs et enfermé dans une kyrielle de règles de conduite dignes d'un univers carcéral. Il a perdu une grande partie de ses droits au bien-être, et presque toute sa liberté de choisir. Il ne lui restera bientôt plus que les fibres (légumes et fruits, par exemple) et les produits allégés.

Une telle situation est bien proche de ce que vit une personne souffrant de troubles des conduites alimentaires, tels que la boulimie ou l'hyperphagie boulimique. À la frustration de son plaisir, cette personne voit s'ajouter des carences en lipides et en glucides qui provoquent un état de tension intérieure insidieux et pénible. De là survient parfois une fringale irrépressible et, dans certains cas, une véritable crise boulimique. Cette réaction de compensation de l'organisme a pour fonction de rééquilibrer, en catastrophe, la souffrance induite par le manque. Elle s'apparente, de ce point de vue, à la consommation impulsive liée aux phénomènes de sevrage.

Ce tableau peut paraître dramatisant, mais il ressemble bien à la réalité dans certains cas. La fréquence et la sévérité des crises boulimiques dépendent aussi clairement de ces privations délibérées que des facteurs de tension psychologique. C'est pourquoi il peut être essentiel, pour dominer ce trouble, de se donner les moyens de réduire ces carences et leurs conséquences. L'objet de ces lignes est donc la reconquête de la liberté de manger : retrouver la faculté de s'alimenter avec plaisir et sérénité, tout en ne courant aucun risque pour sa santé.

La « caloriphobie »

Il y a pourtant une autre croyance qui pourrait vous barrer la route et que nous devons critiquer avant de passer à l'action. Je veux parler de celle qui consiste à se dire que toutes les calories ne sont pas équivalentes. Les carottes râpées, par exemple, n'auraient pas le même effet sur nous (et sur notre organisme) qu'une tranche de pâté de canard. S'il est vrai que ces deux aliments sont de compositions très différentes, il est abusif d'en conclure que l'un nous fera plus grossir que l'autre, ou qu'il aura plus ou moins tendance à se stocker ici ou là. Ce qui compte surtout, c'est la valeur calorique des rations alimentaires et bien peu leur contenu. Si notre apport quotidien est adapté, notre poids aura tendance à se stabiliser, quelle que soit la nature des nutriments qui le composent. Un petit exercice de logique peut nous aider à débusquer cette erreur commune. Posez la question suivante à un enfant : « Qu'est-ce qui est le plus lourd ? Un kilo de plumes ou un kilo de plomb ? » Vous risquez bien d'entendre dire que c'est le kilo de plomb, évidemment, et vous seriez prêt(e) à en sourire. Maintenant demandez-vous : « Qu'est-ce qui fait le plus grossir ? 200 calories de carottes râpées ou 200 calories de pâté de canard ? » Vous voilà tout à coup moins sûr de vous. Il vous semble que ce n'est pas pareil, que la logique n'est pas la même. Et pourtant rien ne distingue ces deux exercices, à part le fait que les erreurs de logique des enfants sont induites par des préjugés plus naïfs que ceux des adultes. Nous savons rétablir la réalité dans le premier cas, mais pas toujours dans le second. Tout compte fait, il est possible de dire qu'on pourrait grossir en mangeant 3 000 calories de salade par jour, ou maigrir en ne mangeant que 1500 calories de foie gras... Mais cette idée est surprenante au premier abord et, quoi qu'il en soit, personne n'a probablement jamais fait cette expérience, heureusement !

Retrouver sa liberté

Parvenu(e) à ce point, vous avez peut-être enfin pris la résolution de partir à la reconquête de votre plaisir escamoté et de votre liberté perdue. Mais votre motivation va se heurter à un nouvel écueil : vous serez probablement dans l'impossibilité de manger absolument de tout, sans vous en soucier. Voilà qui est bien normal. Vous avez passé un temps et dépensé une énergie considérables à vous défier de certains aliments, et leur simple vue est devenue une source d'horreur ou de méfiance. Votre meilleure chance de réussite passe par une reprise très progressive, et prudente, d'habitudes alimentaires différentes. Une fois de plus, vous devez vous défendre de votre envie de résoudre tout tout de suite et d'obtenir des résultats dès les premiers efforts. À l'image d'une personne qui voudrait entrer dans une piscine un peu trop fraîche, le premier danger serait qu'elle se jette à l'eau sans précaution. Il est presque certain qu'elle ressortira immédiatement, sans avoir eu le temps de s'y habituer, et avec la conviction d'être bien incapable d'y retourner. Si elle choisit de mettre un orteil à la fois, d'entrer une jambe puis l'autre, etc., il est probable qu'elle puisse se tremper sans dommage et, pourquoi pas, y trouver du plaisir.

Nous nous inspirerons de cette image pour atteindre notre objectif. En voici les étapes successives :

1. **Observer les sélections que vous avez l'habitude de pratiquer :** pendant quelques jours il vous faudra être attentif(ve) à toute votre nour-

riture et noter avec soin ce que vous avez évité de manger. Il n'est pas inutile de repérer aussi les plats choisis par d'autres personnes autour de vous, et de vous interroger sur votre aptitude à les manger. Chaque aliment pourra être ainsi classé, grossièrement, selon deux catégories : ceux qui ne posent pas de problème et ceux qui sont difficiles ou impossibles à avaler. En cas de doute pour l'un d'eux, notez-le à part, dans la catégorie des aliments intermédiaires.

2. **Lorsque votre liste vous semblera assez complète,** contenant la plupart des aliments qui reviennent régulièrement, vous pourrez passer à l'étape suivante. Elle consiste à ordonner cette liste en plaçant, tout en haut, les plats ou les produits les plus difficiles à manger (0 à 5 % d'aptitude), et en bas ceux posant le moins de problèmes (90 à 95 % d'aptitude). Cette feuille ne fera donc pas état de ceux que vous mangez sans aucune peine (100 % d'aptitude). Quant à la forme, inspirez-vous du modèle d'Isabelle proposé ci-après.

Après avoir observé quelque temps les aliments qu'elle a de la peine à manger, Isabelle les a ordonnés dans ce tableau par ordre d'aptitude croissante. Elle a ajouté le degré de plaisir qu'elle aurait pour chacun, si elle parvenait à le manger en dehors d'une crise, c'est-à-dire à un rythme et dans une proportion normale.

Aliments, plats ou produits	**Aptitude (0-100 %)**	**Plaisir (0-100 %)**
Charcuteries (saucisson sec, lard, certains pâtés)	0 %	40 %
Frites, chips	0 %	55 %
Chocolat, pâte à tartiner	2 %	90 %
Jambon cru, farce	5 %	40 %
Bonbons, barres chocolatées	5 %	85 %
Beurre	5 %	75 %
Cacahuètes, noix, noisettes	5 %	45 %
Fromages gras (brie, camembert, bleu, etc.)	10 %	60 %
Viandes en sauce (porc, agneau, mouton...)	10 %	30 %
Abats (foie, rognons, paupiettes)	10 %	20 %
Sauces et jus de viandes	10 %	55 %
Gratins	15 %	60 %
Crèmes glacées	15 %	90 %

Sauces de salade (vinaigrette, mayonnaise)	20 %	40 %
Avocats	25 %	60 %
Pizzas	25 %	75 %
Pâtisseries au beurre (gâteaux, croissants, tartes)	25 %	65 %
Tourtes, quiches et soufflés au fromage ou à la viande	25 %	45 %
Tartes aux fruits	25 %	55 %
Chocolat chaud, sodas	30 %	65 %
Pâtes et pommes de terre	35 %	70 %
Viandes blanches (volaille, veau)	40 %	60 %
Pain	50 %	80 %
Œufs, omelettes	50 %	50 %
Poissons	55 %	40 %
Céréales	60 %	35 %
Sorbets	65 %	55 %
Bananes, raisins	70 %	65 %
Fromages maigres et fromage blanc à 0 %	80 %	30 %
Pommes, fraises, framboises, ananas...	95 %	40 %

3. **Prenez le temps de noter,** dans la colonne suivante, le degré de plaisir que vous auriez si vous parveniez à les manger (en dehors d'une crise, bien entendu). Cette précision vous permettra peut-être de mesurer la perte notoire que vous occasionne cette maladie, et vous aidera ensuite à mieux la combattre. Il n'est pas inutile de redire, toutefois, que des restrictions très anciennes détruisent souvent cette aptitude à prendre du plaisir en mangeant. Il se peut, à l'inverse, que le plaisir provoqué par certains aliments dont vous vous privez habituellement devienne démesuré lorsque vous y cédez. Votre impulsion se dirigera souvent vers ces aliments-là lors des crises.

4. **Commencez par le bas de la liste.** L'aliment posant le moins de problèmes sera le premier à reconquérir. Vous devez programmer le jour et la circonstance, et vous y préparer. Vous observerez alors, précisément, les sensations et les pensées occasionnées. Attachez-vous à retrouver tout le plaisir possible[38]. Recommencez plusieurs fois afin de faire disparaître

38. Rappelez-vous que le plaisir n'est pas dangereux, au contraire. Il est bien plus facile de manger « raisonnablement » un aliment dont on a repris l'habitude, et dont on connaît la saveur.

la peur, l'aversion ou l'excès d'envie que vous ressentiez au départ. Dès lors qu'il ne vous posera plus de problème, passez à l'aliment suivant et ainsi de suite, jusqu'au haut de la liste. Il est tout à fait possible de laisser quelques aliments « à jamais immangeables », mais vos chances de succès dépendent aussi du degré de liberté que vous aurez pu retrouver. Si une étape vous semble démesurément difficile à franchir, utilisez le moyen décrit à l'étape n° 5.

5. **Il se peut qu'un jour, vous soyez face à un écueil trop grand :** un aliment que vous ne parvenez pas à « affronter ». Vous pourriez être tenté(e) de renoncer et compromettre ainsi une bonne partie de vos chances. Une étape intermédiaire s'offre à vous : l'exposition en imagination[39]. Il s'agit, avant même de faire l'effort de manger cet aliment trop angoissant ou aversif, de vous contenter de le faire virtuellement. Cette simulation permet de se mettre en situation sans se mettre en difficulté. Vous aurez effectué au préalable une séance de relaxation (voir en annexe le chapitre consacré à ce sujet : « Éléments de relaxation »). Lorsque vous vous sentez détendu(e), imaginez l'aliment en question : visualisez-le sur une table ou dans une assiette. Imaginez que vous vous approchez et que vous allez le manger. Prenez à nouveau le temps de vous relaxer, puis imaginez-vous le porter à votre bouche. Représentez-vous son parfum et sa saveur ainsi que sa consistance. Là encore, attardez-vous à repérer les sensations et les pensées qui accompagnent cet exercice. Veillez à ce que l'anxiété ou le dégoût éventuel diminue progressivement grâce à cette habituation[40]. Répétez cet exercice autant de fois qu'il le faudra pour y parvenir. Il ne vous restera plus alors qu'à passer à la réalité et revenir à l'étape n° 4 (et n'hésitez pas à vous servir de votre nouvelle compétence pour vous relaxer avant les repas).

6. **Vous pouvez aussi être arrêté(e) par un doute pénible sur la possibilité de franchir telle ou telle étape.** Au premier abord, il vous semble que des motivations profondes vous empêchent d'avancer. Vous pensez que votre crainte est fondée, par exemple, ou que cet aliment est inutile, voire dangereux. Votre réticence prenant l'aspect d'une conviction, il vous sera difficile de vous contenter de le manger « sans réfléchir ». Vous ne trouveriez pas la motivation de le faire dans la simple détermination acquise au début de ce chapitre. Je vous invite alors à utiliser la méthode de la restructuration cognitive décrite en annexe (voir

39. Ne vous laissez pas rebuter par le caractère surprenant de cet exercice : essayez, ça marche !

40. L'habituation est un phénomène général de réduction des réactions pénibles, lors de l'exposition répétée ou prolongée à une situation désagréable.

le chapitre « La restructuration cognitive »). Vous y trouverez une méthode tout à fait efficace pour faire évoluer vos convictions premières vers une pensée plus rationnelle. Une telle démarche aura le mérite de réduire vos inquiétudes inutiles ou gênantes et constitue un bon modèle de réflexion pour de nombreuses autres situations.

7. **Consolidez vos acquis en revenant régulièrement à ce chapitre.** Vérifiez que vous n'êtes pas en train de retomber dans une attitude d'évitement par rapport aux aliments les plus délicats. Au moindre doute, refaites le tableau « aptitude-plaisir ». Plus vous interviendrez vite sur ce problème, moins vous aurez de mal à vous en défaire à nouveau.

En suivant ces principes vous pourrez regagner un bon équilibre de votre régime, et passer d'une sélection excessive et dangereuse à une diversification salutaire. Il se peut, également, que vous y retrouviez, au passage, un certain plaisir. N'espérez pas toutefois qu'il revienne très vite. Sachez qu'il faut, en principe, d'autant plus de temps pour le retrouver que vous en avez été privé(e) longtemps. Mais quand il reviendra, ce que je vous souhaite rapidement, il constituera, à n'en pas douter, une récompense légitime de vos efforts. Ce sera la cerise sur le gâteau que vous aurez réappris à manger !

Manger à sa faim

Cette question est très complémentaire de la précédente. Lorsqu'une personne cherche à perdre du poids, elle dispose de deux solutions effectives : sélectionner ses aliments pour ne retenir que ceux qui ne font pas grossir, ou réduire globalement sa ration quotidienne. Après quelque temps de pratique et l'habitude aidant, il devient bien difficile de faire marche arrière. Vous venez de voir comment vous y prendre pour retrouver l'aptitude à manger plus librement de tout. Nous allons voir ici comment reconquérir votre aptitude à manger à votre faim.

La dénutrition peut apparaître quotidiennement, même chez une personne de poids normal, voire en surpoids. Cela tient au fait que nos réserves immédiatement disponibles pour couvrir nos besoins d'énergie sont limitées, et ne nous garantissent que quelques heures d'autonomie. Si nous ne mangeons pas assez souvent, notre organisme crie famine : le danger de crise devient considérable. Cette question est traitée dans le chapitre « Retrouver ses repères ».

Si vous mangez de tout et suffisamment régulièrement, le danger de faire des « attaques de fringale » est très sérieusement écarté. Il vous reste, pourtant, un facteur de risque à prendre en compte : la dénutrition par défaut de quantité. C'est ce qui peut arriver si vous ne vous autorisez que de faibles portions de chaque plat, ou si vos repas se résument à un seul plat insuffisamment copieux. Pour combattre cette tendance, vous êtes gêné(e) par un phénomène bien compréhensible et lié à l'ancienneté des troubles : vos sensations de faim et de satiété sont déréglées et vous ne savez plus ce qu'est une portion normale. Lorsque vous devez acheter de la nourriture, vous avez de la peine à évaluer les proportions adéquates. Lorsque vous devez vous servir, vous ne savez plus ce que vous devez mettre dans votre assiette. Si on vous sert, vous ne savez pas davantage quand il est bon de finir votre assiette ou de vous arrêter. Les occasions et les exemples ne manquent pas, et vous allez devoir consacrer un peu de temps et d'attention à cette question.

Voici quelques idées pour vous y aider :

1. **Observez les autres**. Quand vous êtes en compagnie ou que vous mangez hors de chez vous, soyez attentif(ve) à ce que les autres mettent dans leurs assiettes. Regardez surtout comment se nourrissent les personnes de votre taille et de votre génération. Ce sont, en principe, de bons modèles s'ils ont une corpulence moyenne. Vous pourrez tenter de vous conformer à ces exemples en comparant avec ce que vous auriez fait habituellement.

2. **Si vous prenez souvent vos repas en famille**, demandez à l'un de vos proches de vous aider, mais cette situation est délicate. N'ayez recours à ce moyen que si votre relation avec la personne concernée est facile et sans conflit, et que vous avez bien su lui faire comprendre la nature et le fonctionnement de votre trouble. Demandez-lui alors de vous servir des rations moyennes que vous mangerez sans discuter. Vous observerez, après une semaine, les résultats sur vos crises et votre poids. Si la méthode marche, poursuivez quelque temps puis passez à l'étape suivante. Si vous ne parvenez pas à vous entendre et que vous vous retrouvez régulièrement en conflit avec la personne concernée, abandonnez la méthode. Votre relation est plus précieuse, ne la gâchez pas pour ça.

3. **Faites-vous aider par un(e) ami(e)** en qui vous avez suffisamment confiance pour lui parler de votre difficulté. Assurez-vous, tout d'abord, qu'il (ou elle) n'a pas le même problème et demandez-lui de vous guider quand vous mangerez ensemble. La méthode la plus efficace consiste à vous servir, en tentant d'évaluer la quantité adaptée, puis de lui demander de vous corriger. Vous verrez vite si vous avez tendance à bien gérer cette question, ou si vous tendez plutôt à augmenter ou à réduire vos rations. Répétez cet exercice régulièrement, et jouez le jeu en mangeant vraiment ce qui aura été décidé.

4. **Observez les contenus des repas préconditionnés des grandes surfaces**. Faites, de temps en temps, l'expérience d'en manger un en entier, et habituez-vous au volume standard proposé pour les rations individuelles. Il en va de même lorsque vous allez au restaurant : le contenu de votre assiette correspond à une valeur moyenne normale.

5. **Quand vous faites des courses**, laissez le commerçant déterminer la quantité nécessaire pour le nombre de personnes voulues. Il sait mieux que vous ce qui se fait en général.

6. **Renoncez à compter les calories!** Cet exercice, dans lequel vous excellez peut-être, est un faux ami. Il finira toujours par encourager les restrictions, en remplaçant la sensation de satiété par un calcul théorique de ce que vous devez manger. Il conduit à vouloir réduire ses apports par peur de grossir (la « caloriphobie ») et débouche invariablement sur des restrictions. Pour prendre un exemple d'actualité, les personnes qui vont tenter de s'adapter à la nouvelle monnaie, l'euro, en apprenant à calculer la valeur en francs de chaque article, seront encore obligées de le faire dans dix ans. Celles qui accepteront de payer la somme en euros auront tôt fait de s'y habituer et d'oublier la monnaie précédente. Cultivez votre esprit de synthèse plus que d'analyse.

L'ensemble de ces moyens devrait vous permettre, à moyen terme, de retrouver une autonomie d'alimentation sans risque de crises. Si vous y parvenez, vous retrouverez aussi une part du plaisir perdu, et des sensations de faim et de satiété plus normales. Si tout va bien, la faim qui précède un repas doit être sensible mais tolérable. Si vous êtes trop affamé(e) vous risquez de perdre le contrôle, et de voir ce repas dégénérer en crise. De même, à la fin d'un repas, si vous avez encore envie de manger, vous serez frustré(e) et mal à l'aise dans les heures qui suivront. À l'inverse, une satiété trop grande, proche du dégoût, vous donnera un pénible sentiment de honte ou de regret, dont vous connaissez les dangers. Le délai entre le moment où vous engagerez ces changements et celui où vous en tirerez vraiment profit peut atteindre plusieurs semaines. Ceci est dû au fait que votre organisme a besoin de temps pour reprendre les rythmes et les fonctions habituels que votre trouble a déstabilisés. Soyez tenace, et n'abandonnez pas en route sous prétexte que les résultats tardent un peu.

Check-list

Voici la liste des objectifs que vous devrez atteindre avant de passer à l'étape suivante de votre plan d'action.

Assertions	Oui	Non
1. Je suis capable de manger de tout sans anxiété excessive.		
2. Mes repas sont suffisamment complets et variés.		
3. Je suis capable d'évaluer correctement les quantités dont j'ai besoin.		
4. Je peux manger sans compter les calories de mes repas.		
5. J'ai un certain plaisir à manger des aliments que je m'interdisais.		
6. Je retrouve des sensations de faim et de satiété « normales ».		

Savoir résoudre ses problèmes

Émilie revient du lycée vers 17h30. Elle a été plusieurs fois bousculée aujourd'hui, mais par-dessus tout le cours de maths lui a paru d'une difficulté insurmontable, et elle voit arriver avec inquiétude le prochain contrôle. Elle se dit que travailler ce sujet et tenter d'y comprendre quelque chose en relisant ses notes ne servirait à rien. Elle a du vague à l'âme, et une boule dans la gorge comme dans les mauvais jours. Elle aimerait se calmer au plus vite et se remettre au travail, mais son mal-être est si fort qu'elle reste paralysée. Elle ne sait pas par quel bout attaquer son problème. Seule chez elle, en attendant le retour du reste de la famille, elle se dirige, sans y penser, vers la cuisine et ouvre le réfrigérateur machinalement. Sa mère a fait les courses récemment, et il est rempli de toute sorte de choses qu'elle aime. Préoccupée par son histoire de cours de maths, elle ouvre une barquette de crème dessert à la vanille et l'entame « distraitement », debout dans la cuisine… 50 minutes plus tard, elle se retrouve effondrée sur son lit, après avoir fait une nouvelle crise très sévère. Elle se trouve stupide et ne comprend pas comment elle a pu tomber dans ce piège. Elle repense aussi à son contrôle et se dit que rien n'est réglé pour autant. Non seulement elle est moralement défaite, mais l'angoissante question reste entière : comment rattraper son retard en maths ?

Dans l'arsenal des moyens pour lutter contre l'apparition de ses crises, il a manqué à Émilie l'un des plus efficaces. Confrontée à un problème difficile, elle n'a pas réussi à l'aborder de façon concrète et réaliste. Son inquiétude l'a submergée avant qu'elle ait pu se donner les moyens d'en sortir. La crise s'est trouvée justifiée, à la fois comme une mesure d'urgence pour estomper son malaise et comme un réflexe conditionné[41]. Si elle avait eu le temps et les moyens de résoudre sa difficulté, elle aurait certainement pu échapper à la crise et se serait donné des solutions bien plus adéquates. Au lieu de ça, elle cumule désormais une inquiétante question scolaire et les suites déprimantes de sa crise.

Nous allons voir plus loin comment il est possible d'adopter une méthode plus fructueuse pour faire face aux problèmes quotidiens. Le modèle présenté ici est inspiré de ceux décrits dans divers ouvrages, mais il est directement dérivé de celui de D'Zurilla et Goldfried[42]. Quelles en sont les étapes ?

Identifier le problème clairement

Pour avoir une chance sérieuse de trouver la solution d'un problème, la première nécessité tombe sous le sens : il faut en avoir pris conscience. Cela signifie non seulement avoir perçu la gêne ou la souffrance qu'il génère, mais de le percevoir comme un problème à résoudre et non comme une fatalité incontournable. Il est très important de le cerner le plus tôt possible : il sera contenu d'autant plus aisément. L'idéal, avec un peu d'auto-observation et d'entraînement, est de savoir repérer très en amont les situations à risques. Votre carnet alimentaire, en effet, contient probablement une mine de renseignements sur les circonstances le plus souvent associées aux crises. Savoir les reconnaître et les prévenir par des actions adaptées sera une excellente méthode pour réduire leur fréquence. Voici, à titre d'exemple, une liste de situations habituellement propices à la crise, sous la forme d'un petit questionnaire.

41. Ce terme est issu des recherches du Russe Pavlov, au début du siècle dernier. Il a pu démontrer qu'il était possible de déclencher un réflexe de salivation chez un animal en associant le son d'une clochette à sa prise de nourriture.

42. D'Zurilla T. J., Goldfried M. R., « Problem Solving and Behavior Modification », *J. Abnormal Psychol.*, 78 : 107-126, 1971.

Questionnaire des situations déclenchant les crises

	Très rarement		Parfois	Très souvent	
Situations relationnelles					
1. Une discussion ou un débat difficile avec quelqu'un.	1	2	3	4	5
2. Être à table avec d'autres personnes.	1	2	3	4	5
3. Être bousculé(e) par quelqu'un pour manger.	1	2	3	4	5
4. Me sentir mal parmi les autres.	1	2	3	4	5
Situations émotionnelles					
5. Me sentir mal, inquiet(ète) ou déprimé(e).	1	2	3	4	5
6. Me sentir bien, heureux(se) ou détendu(e).	1	2	3	4	5
7. Les moments de vide et d'ennui.	1	2	3	4	5
8. Me sentir tendu(e) ou irrité(e).	1	2	3	4	5
Situations sociales					
9. Voir une publicité pour des aliments attractifs.	1	2	3	4	5
10. Passer près d'une boulangerie ou d'une pâtisserie.	1	2	3	4	5
11. Être invité(e) à un repas de fête, à un cocktail, etc.	1	2	3	4	5
12. Manger dehors.	1	2	3	4	5
Cognitions					
13. Me trouver de bonnes raisons de manger.	1	2	3	4	5
14. Me faire des reproches sur mon poids ou mon incapacité à me contrôler.	1	2	3	4	5
15. Me faire du souci pour les autres ou au sujet de mes propres difficultés.	1	2	3	4	5
16. Réfléchir sur tout ce qui ne va pas.	1	2	3	4	5
Situations physiologiques					
17. Avoir une douleur ou une gêne physique.	1	2	3	4	5
18. Ressentir des tremblements, des maux de tête ou un vertige en relation avec une dénutrition ou un abus de café.	1	2	3	4	5
19. Me sentir las(se) ou épuisé(e).	1	2	3	4	5
20. Ressentir une fringale alors que je viens de manger.	1	2	3	4	5

La plupart de ces circonstances sont prévisibles, et pourraient faire l'objet d'une recherche de solution plus adaptée. Toutes sont caractérisées par la coexistence d'un état de dénutrition, d'un mal-être quelconque et d'un accès facile à la nourriture. Si tous ces facteurs sont associés, les chances d'échapper à la crise sont quasiment nulles : évitez de vous y trouver confronté(e).

En faire l'analyse

Servez-vous ici du modèle de l'analyse fonctionnelle. Ce temps de réflexion permet de trouver les pensées et les émotions en lien avec la situation-problème, les comportements que vous seriez tenté(e) d'adopter et leurs conséquences possibles. L'exemple de l'analyse d'Émilie vous servira de modèle.

Analyse fonctionnelle du problème d'Émilie

Situation :
Au retour du lycée, je me retrouve seule chez moi. Je suis tracassée par un cours de maths qui m'a paru incompréhensible. J'ai bientôt un contrôle.

Réactions

Pensées	Émotions
• Je vais échouer à ce contrôle. • Je suis nulle, j'aurais dû réussir à suivre ce cours. • Décidément, tout va de plus en plus mal en ce moment.	• Anxiété (6/8) • Dépression (3/8) • Désespoir (4/8)

Comportements
- Tourner en rond dans l'appartement.
- Ouvrir la porte du réfrigérateur.

Conséquences (+/–)
- Crise. (–)
- Soulagement passager. (+)
- Honte et angoisse après coup. (–)
- Problème scolaire non résolu. (–)

Dès l'énoncé des circonstances, Émilie peut voir qu'elle est dans une situation à fort potentiel de crise. Tous les ingrédients sont réunis, la moindre étincelle peut mettre le feu aux poudres : solitude, contrariété et nourriture aisément accessible. Peut-être aurait-elle pu anticiper ce problème sur le chemin du retour à la maison et y apporter une réponse différente. Lorsqu'elle met en évidence ses pensées et ses sentiments, elle voit aussitôt qu'il existe une certaine démesure entre la nature de ses difficultés et l'intensité de sa réaction. Sa sensibilité est exacerbée par la dénutrition et par les crises précédentes qui ont ébranlé son moral et sa confiance en elle.

Les comportements qu'elle adopte et leurs conséquences sont très peu favorables. Elle peut, tout au plus, reconnaître que la crise lui procure un bref moment de soulagement, en calmant sa fringale et en la distrayant de son problème, mais pour le reste, le bilan est bien négatif.

Définir ses objectifs

Cette étape consiste à chercher les vrais buts qu'Émilie voudrait atteindre. La crise ne résoudra rien, bien entendu, mais encore faut-il s'entendre sur ce que serait cette résolution, dans l'idéal. Pour la définir, elle peut s'aider de l'analyse des conséquences qu'elle vient d'effectuer. En règle générale, les objectifs y sont tous contenus. Ils se définissent comme étant conformes aux conséquences positives attendues des comportements, et comme le contraire des conséquences négatives redoutées.

On peut dire qu'Émilie a pour objectifs :

1. Obtenir un soulagement durable.
2. Résoudre son problème scolaire.
3. Ne pas faire de crise, pour ne pas aggraver son mal-être.

Faire la liste des moyens possibles

L'originalité de la méthode tient au fait que cette étape autorise toutes les idées possibles et imaginables. Il est très important de l'aborder sans préjugé inhibant. Elle sert à mettre en évidence la richesse des alternatives. Ne retenir que les solutions habituelles ou celles qui n'ont pas marché jusque-là serait inopérant. À ce stade, il est très important de savoir reconsidérer tous les moyens à notre disposition, sans faire de tri. C'est à la fois un exercice de souplesse de l'esprit et une réelle chance de voir le problème autrement.

Dans le cas qui nous occupe ici, Émilie ne semble voir qu'une seule solution : relire ses notes. Elle sait pourtant qu'elle n'a pas pu prendre un cours satisfaisant, tant elle s'est sentie dépassée. À peine l'a-t-elle énoncée, qu'elle balaye cette idée du revers de la main. Elle est envahie aussitôt par un sentiment d'impuissance et de désespoir. Voici, en fait, la liste des options qu'elle aurait pu noter si elle s'était donné les moyens de les envisager :

1. Relire ses notes.
2. Demander les notes d'une autre élève.
3. Reprendre ce chapitre dans son manuel.

4. Demander de l'aide à une amie plus « douée » qu'elle.
5. Attendre le retour de son père pour lui demander son avis.
6. Faire l'impasse sur cette question et prendre le risque d'un échec à son contrôle.
7. Aller revoir le prof de maths, dès le lendemain, et lui demander conseil.
8. Prendre des cours supplémentaires en privé.
9. Relâcher son effort en maths et se consacrer totalement au français du bac.
10. Aller faire un tour pour se détendre, et reprendre le problème à tête reposée.
11. Manger.

Cette liste une fois terminée, Émilie peut passer à l'analyse de chacune des propositions inscrites. Elle s'attardera à évaluer la pertinence de chacune, en faisant le bilan entre ses avantages et ses inconvénients. Une solution peut s'avérer séduisante, mais nécessiter trop d'effort pour être mise en œuvre. C'est le cas, par exemple, des stratagèmes qu'invente régulièrement le « Coyote » de Tex Avery pour attraper « Bip Bip », le *roadrunner.* Il faut aussi savoir écarter les moyens trop risqués ou peu efficaces. Au total, il s'agit de mettre au jour le bilan « qualité/prix » de chaque idée et de pouvoir les classer par ordre de préférence. Voici comment Émilie établit son choix.

La grille de solutions d'Émilie

Idée	Avantages	Inconvénients	/10
1. Demander de l'aide auprès d'une amie plus « douée » qu'elle.	*Réaliste et bien adaptée.*	*Oser demander.*	8
2. Aller faire un tour pour se détendre, et reprendre le problème à tête reposée.	*Souvent efficace en cas de panique. Retrouver toutes ses capacités.*	*Perte de temps discrète.*	7
3. Reprendre ce chapitre dans son manuel.	*Solution autonome et assez efficace.*	*Beaucoup de travail en plus et échec possible.*	6
4. Demander les notes d'une autre élève.	*Complémentaires des siennes ou plus complètes.*	*À qui demander ?*	4

5. Attendre le retour de son père pour lui demander son avis.	*Facile à mettre en œuvre.*	*Risque de rentrer tard. Peut ne pas connaître cette question.*	4
6. Relire ses notes.	*Une autre chance de comprendre par elle-même.*	*Déjà essayée et peu convaincante.*	3
7. Faire l'impasse sur cette question et prendre le risque d'un échec à son contrôle.	*Application immédiate et aisée.*	*Beaucoup trop risquée. Mauvaise conscience.*	2
8. Aller revoir le prof de maths, dès le lendemain, et lui demander conseil.	*Il est le mieux informé, par définition.*	*Paraître trop nulle. Disponibilité faible du prof. Réactions des autres.*	2
9. Relâcher son effort en maths et se consacrer totalement au français du bac.	*Bonne stratégie pour réussir le bac de français.*	*Échec assuré en maths. Mauvaise image. Répercussions en terminale.*	1
10. Manger.	*Soulagement à très court terme.*	*Catastrophe ensuite.*	0

Passer à l'action

La meilleure des réflexions et le plus inventif des stratagèmes pour sortir d'un problème ne peuvent être efficaces que s'ils sont mis en œuvre. Plusieurs propositions peuvent être associées pour augmenter les chances de succès, en ayant recours, par exemple, à toutes celles qui ont dépassé la moyenne. Un effet de synergie peut se produire entre elles. Ainsi, dans le cas d'Émilie, les trois premières idées sont à retenir. Elle va donc se donner le temps de faire un tour avec le chien, et de le faire jouer dans le parc du lotissement. Lorsqu'elle revient, elle se sent nettement plus détendue et peut reprendre sereinement la lecture de son manuel de maths. Elle comprend quelques petites choses qui lui avaient échappé, mais elle reste incertaine pour d'autres. Quand elle se décide à appeler cette amie dont elle connaît les bons résultats dans la matière, elle a une idée précise de ce qu'elle veut lui demander, et elle est déjà plus apte à suivre ses explications.

Évaluer les résultats

En choisissant de faire les choses dans cet ordre, et en vérifiant qu'elle a bien le temps nécessaire, Émilie réussit à faire avancer considérablement la situation. Lorsque sa mère l'appelle pour le repas du soir, elle a réussi à retrouver son calme et sa confiance en elle. En outre, elle est très fière d'être parvenue à éviter la crise boulimique qu'elle pressentait deux heures plus tôt. Elle revient à ses objectifs et les compare à ses résultats. Quel pourcentage lui semble atteint pour chaque proposition ?

1. Obtenir un soulagement durable.	75 %
2. Résoudre son problème scolaire.	70 %
3. Ne pas faire de crise pour ne pas aggraver son mal-être.	100 %

Elle peut raisonnablement considérer qu'elle a bien réussi dans cette situation. Elle a appris quelque chose en maths, mais elle a aussi (et surtout) appris quelque chose sur elle et ses capacités à réagir dans l'adversité. Elle a désormais des moyens supplémentaires pour résister aux difficultés de la vie quotidienne, et elle pourra s'en souvenir dans une occasion similaire.

Quelques exemples d'applications pratiques

Dans le questionnaire des situations déclenchant les crises, les différentes catégories regroupent des problèmes pouvant déboucher sur des solutions de même nature. Ainsi en est-il des situations relationnelles, par exemple, qui peuvent nécessiter de recourir aux techniques d'affirmation de soi. Savoir se faire conseiller ou repérer une aide possible autour de soi peut avoir un effet décisif sur la solution. Les situations à forte charge émotionnelle sont prioritairement concernées par les techniques de relaxation (voir le chapitre correspondant en annexe).

Les situations de vide et d'ennui

C'est une des circonstances les plus souvent impliquées dans le déclenchement de crises. Il est bien difficile, en effet, de résister à l'impulsion quand on se retrouve face à une longue soirée de désœuvrement, voire de solitude, avec une réserve de nourriture à proximité.

Si une telle circonstance se présente, vous auriez intérêt à prévoir un programme d'activités incompatibles avec la crise. Plus vous disposez de temps, plus vos solutions pourront être adaptées et réalisables. Soyez prévoyant(e).

Exemple :

On est vendredi matin et Émilie voit venir le dimanche après-midi comme une « zone » à très haut risque. Elle ne sait pas bien ce qu'elle va faire, et la dernière fois qu'elle s'est trouvée dans ce cas, elle a fait une crise énorme. Le temps est incertain, et elle sait que ses projets de balades en ville peuvent tomber à l'eau, si ses copines décident qu'il ne fait pas assez beau pour ça. Face à ce problème, elle décide de battre le rappel de tous ceux de sa classe qui pourraient être intéressés par une sortie ciné. Elle trouve assez vite des candidats et leur donne rendez-vous vers 14 heures, au Rex. Forte de ce projet sympathique, elle se sent maintenant bien plus détendue pour aborder ce week-end.

La gestion des stocks

Si vous souffrez de boulimie, alors vous connaissez la peur de manquer! Un tel comportement peut être critiqué aisément, mais il est présent, et vous pousse parfois à stocker dans vos placards de nombreuses victuailles. Or, à chaque fois que vous allez ouvrir un de ces placards, vous serez tenté(e) par son contenu et vous aurez de plus en plus de peine à lui opposer une résistance efficace. Par ailleurs, lorsqu'une impulsion de crise va se produire, elle sera bien plus difficile à contenir si les produits sont à portée de main, et faciles à avaler[43].

Quelques solutions peuvent être envisagées :

• N'ayez pas trop de réserves. Donnez-vous les moyens de faire vos courses plus souvent, et en moindres quantités. S'il vous arrive de vous dire que c'est moins avantageux, souvenez-vous que vos crises vous coûtent, à coup sûr, bien plus cher.

• Pour éviter d'acheter trop et de choisir des aliments « dangereux », faites plutôt vos courses au début de la matinée ou de l'après-midi, à un moment où vous avez l'estomac plein, et où le calme ambiant est propice à la maîtrise de soi.

43. C'est la technique de contrôle du stimulus issue des thérapies comportementales. Elle consiste à éviter les confrontations fortuites avec les facteurs de déclenchement d'un comportement-problème.

• Préférez les aliments nécessitant une préparation. Il est bien plus habile d'avoir des stocks de pâtes crues que d'empiler les boîtes de conserve, par exemple.

• Faites vos achats en compagnie d'une amie ou d'un proche, qui connaît votre problème, et sur qui vous pourrez compter en cas de débordement.

• Avant de partir, faites des listes circonstanciées des produits utiles et sans danger, et tenez-vous y strictement.

• Lorsque vous êtes hors de tout risque de faire une crise, faites le tour de vos réserves et ôtez tout ce qui vous paraît susceptible de vous mettre en difficulté ultérieurement.

Les invitations

Vous vous êtes parfois senti(e) pris(e) au piège dans ces situations. Une invitation à l'improviste, impossible à refuser, devient une source de stress majeure. À tous les coups, elles vous font courir le risque d'enfreindre trop gravement vos règles de régime. Les solutions, qui consistent à inventer une histoire en dernière minute pour vous décommander, vous donnent une bien piètre image et ne marchent pas toujours. Exemple :

Émilie est conviée à aller dans une pizzeria avec une bande de copains et à se rendre, ensuite, à une fête en ville. Elle accepte dans un premier temps, ne sachant pas comment refuser. Elle rappelle ensuite celle du groupe qui a eu cette idée.

« – Virginie, je suis très embêtée mais je ne vais pas pouvoir venir ce soir, comme prévu.

– Ha non ! Tu peux pas nous faire ça. Tu vas pas nous lâcher. Viens, ça promet d'être très marrant, il y aura Franck et Samir.

– C'est vraiment gentil de ta part d'insister, mais j'avais oublié que ma cousine devait venir ce soir à la maison.

– Mais au contraire, c'est génial ! Dis-lui de venir aussi. Plus on est de fous plus on rit.

– Le problème, c'est qu'elle est très timide et elle refuse toujours de faire ce genre de sortie en groupe.

– Passe-la moi ! Je suis sûre que je peux la convaincre de nous accompagner.

– ...*Biiiip*... »

Prise de court et incapable d'aller plus loin, Émilie a préféré raccrocher. Et demain elle sera quitte pour raconter une autre histoire sur les raisons de cette coupure de communication. De plus, elle risque bien de faire une crise chez elle ce soir-là, tant sa réaction l'a contrariée, face à cette circonstance. Quelles autres solutions avait-elle ?

• Prendre le risque d'aller à ce restaurant, en se donnant les moyens de connaître d'avance les choix de la carte permettant d'éviter un écart : salades, pâtes sans trop de garniture, etc.

• Y aller, en ayant déjà décidé son menu et s'y tenir. Choisir un aliment compatible avec son degré de « liberté » (voir le chapitre « Reconquérir sa liberté de manger »).

• Informer un(e) des ami(e)s concerné(e)s, et lui demander de jouer un rôle de cadrage et de contrôle au cours du repas.

• Refuser de façon affirmée cette invitation (voir le chapitre « Savoir s'affirmer »). Rester sincère et se contenter de redire qu'elle ne veut pas venir ce soir-là, sans chercher à se justifier à tout prix.

Check-list

Voici la liste des objectifs que vous devrez atteindre avant de passer à l'étape suivante de votre plan d'action.

Assertions	**Oui**	**Non**
1. Je sais repérer les situations à hauts risques.		
2. Je résous le plus souvent mes problèmes en suivant le modèle *ad hoc*.		
3. Je fais l'évaluation après coup, et je note les solutions pertinentes.		

Savoir s'affirmer[44]

Isabelle vient de faire une crise. À la sortie de son travail, elle est entrée dans une petite pâtisserie qu'elle connaît bien, et elle a acheté plusieurs brioches au sucre et deux pains au chocolat. Elle s'est sentie très mal, après une conversation pénible avec son chef de service, et l'envie de manger lui est venue peu après. Elle s'est imposée rapidement, et s'est transformée en une impérieuse nécessité. Quand elle repense à cette

44. C'est le titre du livre du Dr Charly Cungi, chez le même éditeur. Il contient, en détail, l'ensemble des points abordés dans ce chapitre. Si ce thème vous intéresse, vous tirerez grand profit de sa lecture.

discussion, elle se rend compte qu'elle s'en est très mal sortie, et qu'elle aurait dû se défendre bien mieux, mais elle se sait trop émotive et très peu sûre d'elle : elle a préféré faire le « dos rond » plutôt que de risquer un conflit et, pire, de craquer devant tout le monde. Une telle idée la fait aussitôt blêmir d'effroi. En fait, son supérieur lui a adressé un bien petit reproche, et elle a conscience qu'il ne lui en voulait pas vraiment, mais elle n'a pas supporté que cette remarque arrive après tout le travail qu'elle avait fourni la semaine précédente, sans qu'on ne lui en fasse le moindre compliment. Son sentiment de révolte face à une telle injustice est profond. Elle ressent un dépit démesuré. Il lui semble impossible de contenir une telle émotion. La crise qu'elle vient de faire l'a finalement soulagée de cette tension. Elle ressent désormais un tout autre malaise, bien connu d'elle, parce qu'il fait suite à chacune de ses crises. Elle est à la fois anxieuse et honteuse. Décidément, se dit-elle, elle est aussi faible avec les autres qu'avec elle-même.

Plusieurs études ont clairement démontré que les personnes souffrant de troubles des conduites alimentaires manquent généralement d'aptitude à s'affirmer dans leurs relations avec les autres[45]. Il n'est, pour autant, pas possible d'établir un lien direct de cause à effet entre ces deux types de problèmes psychologiques. Ce qui permet de mieux le comprendre, c'est une interaction possible entre le manque de confiance en soi, l'inhibition et le besoin d'être conforme aux attentes des autres. Il est concevable, en effet, qu'une personne doutant d'elle-même ait plus de difficulté qu'une autre à faire valoir ses droits et ses désirs propres. Elle sera aussi plus inquiète à l'idée de déplaire à son entourage ou d'être rejetée. Elle tentera d'être irréprochable et discrète, le pire étant, à ses yeux, de déclencher la colère ou la réprobation. Pour éviter ou fuir les conflits, elle adoptera une attitude de soumission. Pour être agréable et satisfaire les autres, elle sera très attentive à leurs besoins et à leurs exigences. Une telle manière d'être la conduira progressivement à nier ses sentiments et ses attentes personnelles au profit de ceux des autres. Elle pourrait même finir par ne plus bien savoir ce qu'elle veut elle-même, par ne plus savoir reconnaître ses propres émotions. Elle pourrait perdre sa capacité à identifier et à exprimer ce qui se passe en elle. On comprend l'effet désastreux que ce mode de relation avec les autres peut avoir sur l'estime personnelle et la confiance en soi de cette personne.

45. Voici une des plus récentes : WILLIAMS R. J., TAYLOR J., RICCIARDELLI L. A., « Sex-Role Traits and Self-Monitoring as Dimensions of Control : Women with Bulimia Nervosa vs Controls », *Br. J. Clin. Psychol.*, 2000 Sep. 39 (Pt 3) : 317-20.

Ce tableau peut paraître exagérément négatif, mais il m'est souvent donné de le retrouver chez les personnes que je soigne pour des troubles des conduites alimentaires, de quelque nature qu'ils soient. Comment expliquer la relation avec les crises ? L'encadré suivant en résume les mécanismes et les cercles vicieux, dans le cas d'Isabelle.

Les cercles vicieux de l'inhibition et des crises boulimiques

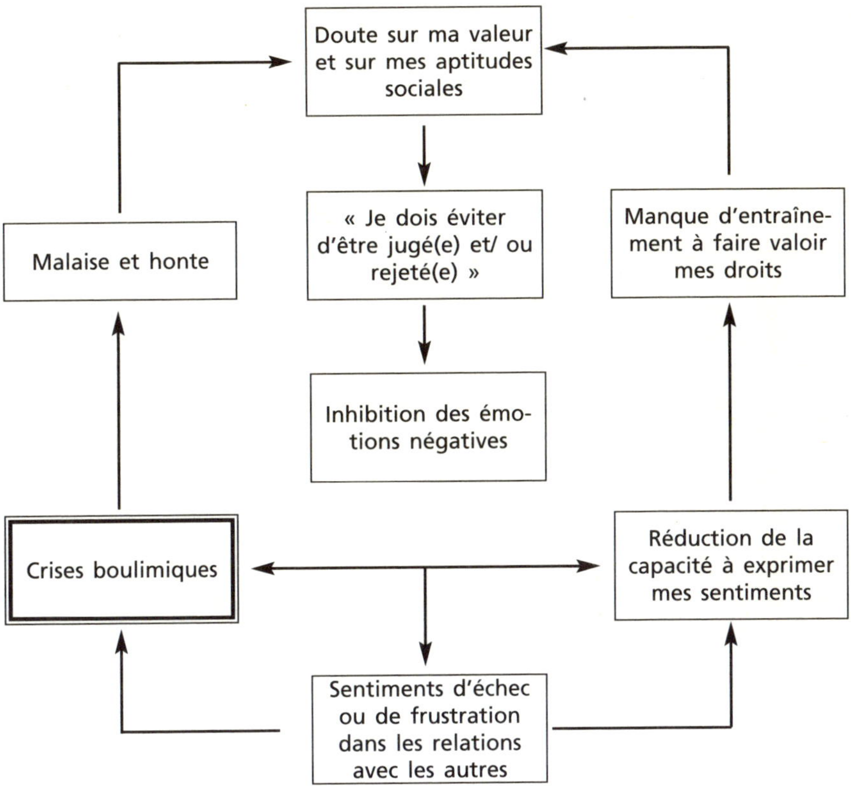

Peut-on changer ?

Que doit faire Isabelle ? Elle est tentée de se résigner. Elle est faite comme ça et elle ne pourra jamais changer, pense-t-elle. Cette idée est assez répandue, mais elle n'est pas réaliste. Les relations qu'elle entretient avec son entourage, ses capacités ou ses limites, Isabelle les a construites au fil du temps. Elle a parfois été influencée par telle ou telle personne de son entourage, dont elle a imité les manières. D'autres fois, elle a adopté une attitude d'inhibition, après certains échecs. Elle a pu, encore, apprendre d'une autre personne ce qu'il est bon de faire dans une situation donnée. La pratique régulière de ces comportements envers ses semblables l'a conduite à en faire des habitudes ou des réflexes : ce sont, pour elle, des traits de sa personnalité, tant ils sont anciens et familiers, pour la plupart.

Il n'en est rien. Elle doit considérer son aptitude à établir une relation adaptée et confortable avec ses proches comme le résultat d'un apprentissage au long cours. Ce qu'elle a appris peut donc être désappris. Elle peut aussi développer de nouvelles compétences. Elle peut remplacer, progressivement, certaines de ses habitudes anciennes par d'autres, qui lui conviendront mieux.

Faut-il changer ?

Si l'analyse fonctionnelle d'Isabelle vous paraît proche de ce que vous trouveriez pour vous-même, alors il serait bien utile de vous engager dans cette étape de changement dès vos premiers pas dans cette thérapie. Vous y trouverez une aide précieuse dans la prévention des situations pouvant déclencher des crises. Ce sera aussi un excellent moyen pour améliorer votre qualité de vie et votre estime personnelle, en apprenant à mieux faire valoir vos droits et vos besoins. C'est, enfin, une façon réaliste de faire baisser votre niveau de stress quotidien, en apprenant à sortir sans dommage des conflits.

Voilà bien des motifs de s'intéresser à cette question. Mais il existe aussi des motifs d'hésitation. Nous allons les parcourir et tenter de les critiquer, afin qu'ils ne soient pas une entrave, le moment venu :

1. Le premier de tous tient à cette impression bizarre d'avoir à modifier, du jour au lendemain, sa façon de se comporter en société. Les autres vont s'en étonner et pourraient mal réagir ou vous critiquer. Il est vrai qu'ils ont des habitudes et qu'ils devront s'adapter, mais ce cap est vite franchi, pourvu que vous persistiez.

2. Il peut y avoir aussi une certaine difficulté à trouver le ton juste, au début. Vous aurez un peu le sentiment de jouer un rôle, de réciter une leçon. Ne vous en faites pas, là encore l'entraînement vous donnera vite une aisance suffisante. Si vous appreniez à parler une nouvelle langue, il est probable que votre accent serait très mauvais au début, mais il s'améliorerait d'autant plus que vous oseriez vous lancer et parler.

3. Bien des gens pensent que changer de comportement, c'est, en quelque sorte, changer de personnalité. Nous avons vu qu'il n'en est rien. Il s'agit surtout d'améliorer vos compétences en modifiant progressivement les habitudes qui vous gênent le plus. Surtout ne changez rien si, dans un domaine donné, vous êtes satisfait(e) de ce que vous savez faire !

4. D'autres sont enclins à penser qu'on ne peut pas réussir à faire valoir ses droits sans réduire symétriquement ceux des autres, sans les pénaliser. C'est tout à fait faux dans les faits : l'affirmation de soi consiste à se faire respecter, tout en respectant les autres. En fait, chacun a tout à y gagner. Même une situation de conflit, dans ce modèle, devient une occasion de résoudre des problèmes et d'améliorer une relation.

5. Certains jugent dangereux d'adopter ce comportement par crainte de se dévoiler en se révélant. Penser que les autres pourraient nous juger autrement en nous connaissant « vraiment » incite à contenir ses émotions et ses pensées intimes. Cette idée est étayée, en général, par un doute sur sa valeur personnelle. S'affirmer voudra alors dire s'assumer, ce qui a de bonnes chances de renforcer l'estime de soi. Par ailleurs, ce que nous donnons à voir aux autres, quand nous sommes inhibés, n'est pas si flatteur.

6. Il reste encore à faire l'anti-éloge de la fuite. L'absence de réaction dans une situation sans grande importance traduit, bien souvent, une attitude d'évitement. Combien de fois êtes-vous tenté(e) de renoncer à vous exprimer plutôt que de courir le risque d'un conflit ou d'une situation malaisée ? Peut-être pensez-vous que le jeu n'en vaut pas la chandelle et vous laissez tomber. Si vous en tirez un avantage immédiat, en vous épargnant cette contrainte, il est certain aussi que vous aurez obtenu ce soulagement au détriment de vos droits ou de vos besoins. Vous y aurez perdu, au passage, une bonne occasion de vous entraîner.

Que doit-on changer ?

Il existe seulement trois catégories de comportements possibles dans les relations entre les personnes. Le plus fréquent, chez les personnes souffrant de boulimie ou d'hyperphagie boulimique, est l'inhibition. Le comportement symétriquement opposé est l'agressivité. L'affirmation de soi consiste à éviter ces deux écueils, en adoptant une attitude sans agressivité ni excès de retenue envers les autres.

L'inhibition

C'est l'attitude le plus souvent adoptée par Isabelle. Elle consiste à fuir les conflits ou les relations difficiles en évitant de faire du tort aux autres. Elle est commandée autant par le souci de ne pas nuire ou déplaire que par la crainte de conséquences désagréables. Il s'agit souvent d'une manière de se comporter très ancienne. Elle a pu être apprise dans l'enfance, et s'associe généralement à une faible estime de soi ou un manque de confiance dans ses capacités. Elle pourrait se résumer en une formule : « Je respecte les droits et les besoins des autres, mais je ne fais pas respecter les miens. »

Cette attitude est entretenue par le fait qu'elle comporte des avantages certains. Elle a aussi de sérieux inconvénients, mais les personnes qui en souffrent ne les voient pas ou pensent qu'ils ne valent pas la peine d'être contestés.

Avantages	Inconvénients
– J'évite les conflits avec mes proches. – Je pense qu'ils m'apprécieront et m'en seront reconnaissants. – J'évite l'anxiété liée aux confrontations.	– J'ai de la peine à faire respecter mes droits et mes besoins. – Je risque d'être exploité(e) par les gens les moins scrupuleux. – Je perds ma faculté d'expression en adoptant une attitude discrète et réservée. – Je dépends de l'avis et des décisions des autres. – Je n'ai plus confiance en moi et en mes jugements. – Je me sens souvent déçu(e) et frustré(e) par l'attitude des autres en retour.

L'agressivité

Elle peut paraître totalement opposée à l'inhibition, mais elle en est bien souvent le pendant. Finalement, lorsqu'elle se sent trop injustement traitée, Isabelle passe parfois d'un excès de tolérance à un accès de colère et d'emportement. Elle peut alors adopter une attitude agressive, mais la regrette aussitôt après. Dans ces moments-là, elle a un ton et un discours bien différents. Elle peut chercher à toucher l'autre et à le blesser, pour lui faire payer le tort qu'il lui a fait. Elle cherche alors à se faire respecter, mais son comportement la disqualifie. Elle pourrait se résumer en une formule : « Je fais respecter mes droits et mes besoins, sans tenir compte de ceux de l'autre. »

Là encore, il existe du pour et du contre.

Avantages	Inconvénients
– Je me fais entendre et je crois être mieux respecté(e). – Je me soulage de ma colère en la faisant paraître clairement. – J'obtiens parfois des choses que l'autre n'aurait pas voulu m'accorder autrement.	– Mes scrupules, par la suite, peuvent augmenter mon inhibition. – Je remplace la colère par des regrets, voire des remords. – Ce que j'obtiens ainsi est au détriment de la qualité de ma relation. – J'ai plus de conflits avec mon entourage et je les fais fuir. – Je donne une mauvaise image de moi.

Il semble bien que ni l'agressivité ni l'inhibition ne soient des comportements durablement profitables. L'affirmation de soi se traduirait plutôt de la manière suivante : « Je fais valoir mes droits et mes besoins tout en respectant ceux de l'autre. » Bien appliquée, cette formule doit conduire à des relations harmonieuses avec les proches. Elle permet une expression libre et complète de part et d'autre, et contribue à préserver la qualité des liens affectifs. Bien entendu, il n'existe personne capable de se conduire de cette manière idéale en permanence, et il serait absurde de vouloir atteindre une telle perfection. Ce qui compte, c'est de tendre régulièrement vers cet objectif afin de s'améliorer progressivement.

Les grands principes

Quelques règles générales sont à connaître afin de vous donner toutes les chances de réussir dans votre projet.

1. **Dites le plus souvent « je ».** C'est bien plus respectueux des autres et pas du tout prétentieux ou égocentrique. Si, par exemple, vous avez beaucoup admiré un tableau d'une exposition, vous pourriez dire : « C'est une œuvre superbe et inoubliable. » Qu'adviendrait-il si votre interlocuteur ne l'a pas apprécié ? Il pourrait se sentir embarrassé pour vous donner son opinion. Si, à l'inverse, vous avez dit : « J'ai adoré cette œuvre et je ne suis pas prêt(e) de l'oublier », il pourra vous répondre : « Il ne m'a pas marqué, et pour ma part, j'ai préféré les œuvres plus récentes de ce peintre. » Bien que divergents, vos avis peuvent s'échanger, sans que per-

sonne ne soit disqualifié ou blessé. Chacun pourra s'enrichir de l'avis et des motivations de l'autre, et la relation en sera améliorée.

2. **Dites toujours vos sentiments.** C'est une des notions les plus importantes de ce chapitre. La plupart des personnes souffrant de troubles des conduites alimentaires ont une difficulté sérieuse dans cet exercice. Elles auraient toutes un profit évident à travailler ce point précis. La crainte de se montrer faible ou mièvre, de faire étalage de son intimité, ou d'ennuyer ses proches avec des questions qui ne les concernent pas sont autant de raisons de ne pas dire ce qu'elles ressentent. Il en résulte que leur discours est bien trop intellectuel, puisqu'il ne s'appuie que sur les idées et leur argumentation. Voici ce que dit Isabelle, par exemple, quand une personne lui fait perdre du temps : « Je suis en retard maintenant, mais ça ne fait rien, je m'arrangerai avec les rendez-vous suivants. Ils ont l'habitude. » Elle aurait pu dire : « Je suis contrariée par ce contre-temps. Je vais devoir retarder mes prochains rendez-vous. » Dans les deux cas, son interlocuteur est légitimement mal à l'aise, mais dans le second, il aura la liberté de s'excuser et/ou de s'expliquer, afin de préserver sa relation avec Isabelle.

3. **Soyez sincère.** Cela signifie que vous aurez à cœur de formuler ce que vous pensez et ressentez vraiment, et non ce que vous pensez que l'autre attend de vous, ou ce que vous aimeriez qu'il croie de vous. Ceci n'est pas une question d'ordre moral, mais bien une des règles qui vous permettront de préserver la qualité de vos relations. C'est aussi un moyen sûr d'être amené à assumer, voire à revendiquer, ses idées et ses sentiments personnels. Cette question est essentielle, quand on sait combien la boulimie suscite des doutes sur la validité de ce que ressent ou croit la personne. Une collègue dit à Isabelle : « J'ai réussi à permuter mon jeudi avec ton vendredi. Je sais que ça t'arrange bien et moi ça me permet d'avoir un week-end de trois jours. C'est sympa, non ? » Isabelle se dit que cet arrangement n'est plus du tout de son goût. Elle répond : « C'est une bonne idée, et de toute façon je n'avais rien de bien important à faire ce vendredi. » Elle pense faire ainsi plaisir à cette personne et qu'un pieux mensonge vaut mieux que de gâcher son projet et risquer un conflit. Elle aurait dû dire : « Je suis désolée, mais je préférerais garder ce vendredi ; j'espère que ça ne te déçoit pas trop. La prochaine fois, je te suggère de m'en parler avant, de sorte que je m'organise : je serais très contente de pouvoir te rendre ce service. » Après cette réponse, sa collègue devrait, vraisemblablement, mieux respecter Isabelle. À l'avenir, elle saura lui demander son avis avant de prendre une décision la concernant.

4. **Soyez concis(e).** Lorsque l'on veut se faire comprendre et accepter par ses proches, on est tenté de vouloir trop bien expliquer. Cet effort louable pour ne laisser aucun détail dans l'ombre risque de lasser votre auditeur, plutôt que de l'aider à vous comprendre. Faites simple et ne délivrez qu'une idée à la fois. Laissez l'autre répondre, et prenez le temps de l'écouter. Ne cherchez pas à convaincre par le flot de vos arguments. Il est bien plus efficace de dire toujours l'essentiel. Isabelle, embarrassée par une demande difficile, avait tendance à dire : « Je suis vraiment désolée de devoir vous déranger pendant votre pause, mais c'est une chose importante. J'ai pensé que vous pourriez être plus disponible pour en parler maintenant, mais je suis tout à fait disposée à vous voir à un autre moment si vous n'avez pas le temps tout de suite. Je ne voudrais pas être inopportune en vous demandant de discuter d'un sujet sérieux au moment où vous avez probablement plus envie de vous détendre… » À la fin de cette tirade, son interlocuteur sera certainement un peu agacé, et moins disposé à discuter avec elle. En voulant lui témoigner des égards, elle lui a pris plus de temps qu'il ne lui en aurait fallu pour traiter le sujet en question. Elle aurait pu tenter une formule directe du type : « Puis-je vous parler un instant ? » – « Oui, je vous en prie. » – « Merci. Il s'agit d'une question importante à mes yeux. J'aimerais vous demander la copie d'un document. » – « Ça ne me pose aucun problème. Lequel vous faut-il ? »

5. **Soyez direct(e).** Il s'agit de déjouer un des pièges les plus embarrassants de la communication au sein des groupes. Qu'il s'agisse de la famille ou du monde du travail, ou encore d'un cercle d'intimes, il peut nous arriver de faire passer un message par un tiers au lieu de le dire à la personne concernée. Nous avons parfois du mal, par exemple, à garder pour nous nos querelles et nos ressentiments. Il est bien tentant d'en faire part à une autre personne pour se soulager, ou pour faire passer le message sans affronter directement l'autre. Ceci est une fausse bonne idée. Le résultat est presque toujours plus mauvais ensuite. De toute façon, c'est une manière de communiquer dangereuse pour le groupe. Elle implique des risques de disqualification et de mauvaise transmission de l'information. Elle est le creuset des rumeurs les plus solides et les plus dévastatrices. Elle augmente les risques de conflits entre les membres d'une communauté, et transforme des broutilles en problèmes insolubles. Dites ce que vous avez à dire à la personne concernée, et à elle seule, si possible !

6. **Insistez autant qu'il le faudra.** C'est la technique du « disque rayé ». Elle consiste à répéter calmement, mais sans fléchir, sa position.

En restant attentif aux arguments de l'autre, et en acceptant de ne pas être d'accord d'emblée, il est possible de faire valoir son idée sans donner toujours plus d'explications. Il est alors probable que vous vous orienterez vers un compromis. Dans ce cas, chacun des partenaires du débat aura le sentiment d'avoir obtenu le meilleur accord possible, et la relation sera préservée.

D'autres règles peuvent s'avérer utiles pour bien communiquer avec ses semblables, mais vous obtiendrez déjà un grand bénéfice à vous familiariser avec celles-là. Pour y parvenir, entraînez-vous régulièrement.

L'auto-observation

C'est toujours une étape utile. Avant de faire un effort pour modifier un comportement, il est très intéressant de savoir ce que vous avez comme base et comme acquis. Choisissez plusieurs situations simples au cours desquelles vous avez eu un échange avec une personne. Notez, juste après, ce qui vient de se passer entre vous, en étant tout particulièrement attentif(ve) aux points mentionnés sur la fiche dont vous avez ici le modèle.

Fiche d'auto-observation des interactions sociales

Décrire brièvement la situation : Où ? Quand ? Avec qui ? etc.

Nature de l'interaction : demande, refus, compliment, critique, débat d'opinion, etc.

Résultat :

J'ai fait valoir mes droits ou mes besoins	oui ☐	non ☐
J'ai respecté ceux de mon interlocuteur	oui ☐	non ☐
Notre relation est préservée	oui ☐	non ☐

Comment l'ai-je dit ?

J'ai dit « je »	jamais ☐	parfois ☐	souvent ☐	toujours ☐
J'ai parlé de mes sentiments	jamais ☐	parfois ☐	souvent ☐	toujours ☐
J'ai été sincère	jamais ☐	parfois ☐	souvent ☐	toujours ☐
J'ai été direct(e)	jamais ☐	parfois ☐	souvent ☐	toujours ☐

Qu'est-ce que j'aurais aimé dire dans l'idéal ?

Quels effets ai-je ressentis ?

Positifs	Négatifs

En relevant ainsi vos réactions dans les diverses situations de la vie quotidienne, vous apprendrez vite lesquelles sont faciles à affronter, et celles sur lesquelles vous allez devoir vous attarder un peu.

Les grandes catégories de situations

Du point de vue de l'affirmation de soi, il n'existe pas tellement de situations différentes possibles. Nous allons les parcourir toutes, dans l'ordre de leur difficulté croissante.

Faire une demande

C'est un comportement très banal en apparence, mais il peut poser de grands problèmes à certaines personnes. Il n'est pas toujours évident de savoir si nous faisons vraiment toutes les demandes que nous aimerions.

Beaucoup d'entre elles sont en fait omises ou évitées, plus par manque d'habitude que de motivation. Par exemple, il nous arrive bien souvent de ne pas oser demander un service à un proche, de ne pas nous aventurer à discuter un prix dans un magasin, de ne pas nous permettre de poser certaines questions, proposer une invitation, etc. Une telle compétence requiert, en premier lieu, de savoir identifier ce que nous voulons vraiment. Elle nécessite aussi de savoir résister à certaines pensées inhibitrices : « On va me trouver bien audacieuse. » – « S'il refusait, je serais mortifié. » – « Ça ne se fait pas. »

En fait, nous sommes les premiers à être flattés quand une personne nous demande un service, ou nous propose quelque chose. Nous apprécions les gens directs et ouverts qui osent nous dire les choses. Pourquoi croyons-nous que les autres ne réagiront pas avec la même indulgence ou bienveillance ? En fait, la seule règle qui doit être respectée dans cette situation se résume à :

J'ai le droit de demander tout ce que je veux, pourvu que je laisse à l'autre la possibilité et le droit de refuser.

Exemple :

Isabelle veut inviter une collègue à déjeuner, au self. Elle la trouve sympathique et voudrait la connaître mieux. Elle dit :

« – À quelle heure vas-tu déjeuner ?

– Je ne sais pas bien. Ça va dépendre de l'heure à laquelle j'aurai fini ce classement.

– Bon, alors peut-être à tout à l'heure.

– Oui, c'est ça. Bonne matinée. »

Sur sa fiche d'auto-observation, elle voit ce qui n'a pas marché. Elle n'a pas dit « je », elle ne s'est pas montrée assez directe. Elle a bien respecté cette collègue, en ne la contraignant en rien, mais elle sort de cette discussion insatisfaite.

Dans l'idéal, elle aurait aimé dire :

« – J'aimerais t'inviter à prendre le repas de midi ensemble. Serais-tu d'accord ?

– Oui, ça me ferait plaisir, bien entendu. J'ai juste un petit doute sur l'heure à laquelle j'aurai fini ce classement.

– Préviens-moi dès que tu peux y aller, je suis libre à n'importe quelle heure.

– D'accord, à tout à l'heure. »

Dans ce deuxième cas de figure, Isabelle se sent bien mieux après. Elle a dit vraiment ce qu'elle voulait, et son invitation a été très claire et directe. Cette nouvelle relation amicale est bien engagée.

Refuser

Voilà qui pourrait s'avérer plus difficile pour certains. Les pensées inhibitrices sont nombreuses : « Je vais le vexer. » – « Elle va m'en vouloir. » – « Je peux bien rendre ce service. » – « Elle saura me renvoyer l'ascenseur. » Nous acceptons bien des choses à contre-cœur pour éviter un conflit ou par goût du sacrifice. Or, ces refus que nous n'avons pas osé faire peuvent se transformer en regrets, parfois même en rancœur, jusqu'à nous faire perdre la qualité d'une relation : « Décidément, elle exagère. » – « Il ne m'a pas laissé le choix. » – « Je lui passe tout, et elle ne fait jamais de cadeaux. »

Exemple :

La sœur d'Isabelle lui demande de garder sa fille pour lui permettre d'aller au cinéma.

« J'aimerais que tu me prennes Camille et que tu la fasses manger. On reviendra vers 22h30.

– Oui, bien sûr, il n'y a aucun problème. Je n'ai rien de prévu pour ce soir.

– Merci beaucoup. »

Sur sa fiche d'auto-observation, elle est bien obligée de constater qu'elle n'a pas été vraiment sincère. Elle aurait eu envie de voir une émission qui l'intéresse, et au lieu de ça, elle va devoir s'occuper de sa nièce avant de la coucher. Elle a bien su reconnaître les droits de sa sœur, mais elle n'a pas fait valoir les siens.

Dans l'idéal, elle aurait aimé dire :

« ... On reviendra vers 22h30.

– J'aurais bien aimé te rendre ce service, mais ce soir j'ai un autre projet. Désolée.

– Je suis bien embêtée. Je ne sais pas à qui demander, à part toi.

– Je peux te proposer de repousser cette sortie à demain soir. Là je serai tout à fait libre de te garder ta fille.

– Oui, c'est aussi bien comme ça. Nous irons voir ce film demain. Merci beaucoup. »

Voilà une issue bien plus conforme à ses besoins, et qui ne ternit pas du tout ses relations avec sa sœur.

Faire un compliment (ou un cadeau)

Il n'est pas si facile de faire un compliment ou un cadeau. Dans ce genre de situation, nous avons parfois la crainte de paraître ridicules ou intéressé(e)s. « Il va croire que je le drague. » – « Je n'ai pas l'habitude, je ne sais pas comment le dire. » – « Elle va se sentir obligée d'en faire autant, et je serai mal à l'aise. »

Ce sont autant de raisons de garder pour nous des sentiments pourtant très positifs. Nous perdons ainsi bien des occasions de faire plaisir et d'améliorer encore les liens que nous entretenons avec nos proches. Un compliment est pourtant agréable à faire et à recevoir. Il faut toutefois y mettre les formes. Il est souvent difficile de faire un compliment portant sur les traits physiques ou l'identité d'une personne. À tout bien réfléchir, elle n'est pas responsable d'avoir les yeux verts ou d'être née à San Francisco. Finalement, les compliments les plus « recevables » pour une personne sont ceux qui portent sur ses comportements. La formule générale d'une telle éloge sera : « J'ai ressenti *tel sentiment* quand vous avez fait *telle chose.* »

Exemple :

Isabelle a beaucoup aimé ce qu'a dit son responsable, lors de la réunion de service. Elle lui dit :

« C'était une réunion très utile et pleine de remarques intéressantes.

– Oui, j'ai bien apprécié, en particulier, les propositions faites par le service comptable pour nous aider dans notre travail. »

Lorsqu'elle regarde sa fiche, Isabelle constate l'écart entre ses intentions et sa manière de dire les choses.

Elle aurait bien préféré dire :

« J'aimerais vous remercier pour ce que vous avez dit au responsable de la comptabilité. Sans votre soutien il ne nous aurait pas fait cette proposition.

– Merci. Je suis soucieux aussi de notre qualité de travail, et j'apprécie que vous le remarquiez. »

Cet échange est resté tout à fait professionnel, mais la qualité des relations entre Isabelle et son chef de service a changé favorablement.

Recevoir un compliment (ou un cadeau)

Ç'est une situation dans laquelle nous pouvons être mis mal à l'aise tant nous avons de peine à nous reconnaître ce droit élémentaire. Nos pensées sont du genre : « Elle exagère, je n'ai pas autant de mérite. » – « Il en fait trop, ça cache quelque chose. » – « Si j'accepte, j'aurai l'air prétentieuse. » – « Elle fait les choses tellement mieux que moi… » Savoir recevoir des compliments permet aussi aux autres d'oser vous en faire davantage. C'est une excellente source de « détoxication » de votre éternel doute sur vous-même et sur vos capacités.

Exemple :

Son mari dit à Isabelle :

« J'ai passé un dimanche très agréable. Je me sens si bien avec toi et j'adore ces balades ensemble.

– C'est vrai que tu as été bien inspiré de nous emmener voir ce village médiéval. C'était vraiment très intéressant. »

Elle vient de refuser le compliment de son mari et il risque d'hésiter à en refaire. Il a bien senti qu'elle esquivait la situation et paraissait gênée. Il pourrait craindre de l'embarrasser.

Elle aurait aimé dire :

« ... j'adore ces balades ensemble.

– Merci. Je suis très touchée que tu me le dises. »

Il n'y avait rien de plus à dire. Elle aurait pu être tentée de renvoyer un compliment, mais il pourrait être perçu comme l'effet d'un simple souci de symétrie. Il perdrait de sa valeur et de son impact. Elle pourra le dire un peu plus tard.

Faire une critique

Voilà qui peut paraître très risqué, et beaucoup ne s'y aventureraient qu'en cas d'extrême nécessité. Une critique agressive est une source de conflits assurée, et il est bien tentant de garder pour soi ses récriminations. Pourtant, un examen plus soigneux montre vite que savoir adresser des critiques affirmées est une source évidente de détente et de paix entre les personnes. En effet, toute situation qui génère une insatisfaction dont nous ne sommes pas parvenu à parler débouche sur un cumul de griefs difficiles à évacuer. Plus ou moins à notre insu, ils finissent par nous conduire vers des attitudes d'hostilité ou de rejet, voire un éclat démesuré ou une rupture.

Exemple :

Après quelques semaines durant lesquelles Isabelle a constaté combien la chambre de son fils est en désordre, elle se dit qu'il sait pourtant combien c'est important pour elle, mais elle attend qu'il fasse de lui-même le nécessaire. Plus tard, il lui demande un peu plus d'argent de poche pour acheter un disque.

« Maman, j'aimerais avoir 50 francs de plus cette semaine pour acheter un disque.

– Il n'en est pas question. Tu n'as qu'à économiser sur ce qu'on te donne, au lieu de tout dépenser pour des bêtises. »

Peu après cet échange, elle fait le bilan et se rend compte de l'écart entre ses motivations et ce qui s'est passé. Elle était en colère et n'a pas su le dire assez tôt, ce qui l'a amenée à punir son fils indirectement, en le privant et en lui faisant un reproche hors de propos.

Elle se dit qu'il aurait mieux valu s'y prendre autrement. Quelques jours plus tôt, elle aurait pu dire :

« Fabien, je n'aime pas du tout voir l'état dans lequel se trouve ta chambre.

– C'est promis, maman, je vais la ranger. »

Un peu plus tard, constatant que rien n'est fait :

« Je commence à être fâchée, Fabien. Ta chambre est de plus en plus désordonnée. »

Lorsqu'il fait sa demande pour de l'argent de poche, elle peut dire :

« Je ne suis pas d'accord pour te faire ce cadeau alors que ta chambre est restée en complet désordre depuis une semaine. »

Son refus est explicite et compréhensible pour Fabien. Il respectera davantage ses demandes à l'avenir, et sera moins fâché d'une décision qu'il comprend que d'une réaction agressive et inattendue.

Remarquez, au passage, que pour être utile et bien reçue, une critique devra être précise et porter sur un comportement. Il serait tout à fait absurde, en effet, de vouloir critiquer une personne sur ce qu'elle est, sauf à chercher simplement à lui faire du mal (exemple : « Je suis sûre qu'une fille serait plus ordonnée que toi. »).

Recevoir une critique

C'est l'attitude symétrique de la situation précédente, probablement tout aussi difficile à avoir de façon affirmée, mais aussi utile au maintien de bonnes relations sociales. La difficulté vient de ce que le vis-à-vis n'est pas toujours affirmé lui-même et qu'il est fréquent d'avoir des préjugés sur la situation. « Il cherche à me culpabiliser ou à m'humilier. » – « Je dois être irréprochable, toute critique est un échec terrible. » – « Elle n'est pas bien placée pour me dire ça, elle aussi fait des erreurs. »

Le premier danger est de répondre à une critique en se justifiant. Exemple :

Une amie téléphone à Isabelle pour régler un problème entre elles.

« J'ai été gênée, l'autre jour, par ton attitude lors de la soirée chez les Durand.

– Oh, tu sais, on n'est pas toujours en forme et cette soirée était un peu ennuyeuse. »

À y regarder de plus près, Isabelle constate après coup qu'elle s'est expliquée sans avoir pris le soin de bien connaître la raison de cette remarque. Elle aurait été bien mieux inspirée de dire :

« Je me souviens bien de cette soirée. Je ne comprends pas ce qui te fait dire ça.

– Tu n'avais visiblement pas l'air dans ton assiette. »

Isabelle ne voit toujours pas ce que son amie veut lui dire précisément.

« Je suis perplexe, j'aimerais que tu me dises ce que tu as remarqué.

– Tu es restée le plus souvent en retrait des discussions, et quand j'ai voulu parler avec toi tu as eu l'air très agacé. J'ai vraiment eu l'impression que je t'ennuyais. »

En insistant pour que son amie soit précise dans ce qu'elle lui reproche, Isabelle a pu se déterminer plus clairement : elle seule peut dire si cette critique est justifiée ou non à ses yeux.

« Je suis désolée si j'ai pu te donner des raisons de penser ça. Je me souviens que je n'étais pas bien dans l'ambiance, mais j'ai été très contente, au contraire, quand tu es venue me parler.

– C'est curieux. J'ai pourtant ressenti de l'agacement chez toi.

– Je t'assure que ce n'est pas du tout le cas, et je m'excuse si j'ai pu te donner cette impression malgré moi.

– Alors me voilà rassurée. Je suis contente de t'en avoir parlé. Je n'aurais pas pu rester plus longtemps dans cette équivoque. »

Dans cet échange, Isabelle et son amie ont su éviter le pire. Ni l'une ni l'autre n'en ressort blessée ou incomprise. Leur relation n'en est que meilleure, après coup. Ce qui a permis d'arriver à ce résultat peut se résumer ainsi :

– Face à une critique floue, évitez de vous justifier et tentez d'obtenir des précisions.

– Ne donnez votre réponse que lorsqu'il vous est possible de décider si cette critique vous semble justifiée ou non.

– Dès que nécessaire, exprimez votre sentiment et donnez votre avis.

– Insistez pour être bien compris(e). N'hésitez pas à vous répéter, afin que votre message soit entendu.

– Restez calme et ouvert(e) à la discussion. Même si elle est mal formulée ou agressive, une critique peut cacher une véritable intention de dialoguer.

Établir et entretenir des relations

Bien des personnes souffrant de troubles des conduites alimentaires se retrouvent rapidement isolées. Cette situation s'explique de diverses manières. Elles ont souvent une piètre estime d'elles-mêmes, ce qui les rend peu sûres d'elles dans les relations sociales. Elles n'acceptent pas volontiers de partager leur intimité, tant elles sont gênées par leurs crises et leurs habitudes alimentaires. Elles sont souvent irritables ou déprimées, et n'ont pas de goût pour les amitiés et la vie amoureuse. La conséquence est que leur isolement facilite leurs troubles et inversement. C'est un parfait cercle vicieux, dont il sera nécessaire de sortir si elles veulent traiter leur problème.

Aller vers les autres nécessite un peu de courage, au départ, et une certaine méthode. Il n'est pas possible de vous approcher de n'importe quelle personne et d'entreprendre une discussion sur la culture des rutabagas en Sibérie orientale, même si ce sujet vous passionne. Vous risquez de lasser rapidement votre interlocuteur. Il serait bien plus juste de chercher un thème plus commun (sans tomber, pour autant, dans les poncifs de type météorologique). Si vous vous trouvez avec une ou deux personnes, et que vous voulez tenter d'initier une conversation, vous aurez intérêt à trouver un sujet plutôt agréable et adapté à la circonstance. Une solution consiste à entrer en matière en parlant de ce qui vous entoure immédiatement. Que ce soit le lieu où vous êtes ou les circonstances qui vous y ont mis(e), vous y puiserez une bonne source d'inspiration. Évitez de poser des questions trop intimes d'emblée, ce qui risquerait de mettre l'autre mal à l'aise (exemple : « Qu'allez-vous voter aux prochaines élections ? »). Ne choisissez pas non plus un thème trop vite épuisé (exemple : « J'aime bien la tapisserie de cette pièce »).

Si tout se passe bien, vous pourrez progressivement entrer dans une discussion plus personnelle et, pourquoi pas, vous découvrir de nombreux points communs. Bien des amitiés peuvent naître de circonstances fortuites, si on sait les mettre à profit.

Exemple :

Isabelle a été convoquée par son chef de service en vue d'une réunion d'équipe. Elle se retrouve à attendre dans la salle de conférence, en compagnie de deux autres employées, dont une stagiaire. On les a prévenues qu'il y aurait un peu de retard. Chacune garde le silence. Isabelle feuillette ses dossiers sans conviction, pour occuper le silence. Après un temps de réflexion, elle se tourne vers la stagiaire :

« Je crois que vous êtes nouvelle ici ?

– Oui, je fais un stage de 6 mois. Je repars en juillet prochain.

– Jusque-là ce travail vous plaît-il ?

– Ce n'est pas tout à fait ce que je cherche, mais j'aime bien l'ambiance de ce service.

– Je suis vraiment d'accord. Les gens sont détendus et l'organisation du travail me convient tout à fait.

– Je pense que cela tient pour beaucoup aux méthodes choisies par la hiérarchie. J'ai fait une expérience très différente dans mon précédent stage. C'était le désordre complet.

– Je vois ce que vous voulez dire. C'est heureux qu'on échappe à ce genre de problèmes ici... Ah ! Voilà les cadres qui arrivent. La réunion va commencer. Venez me voir à la pause de cet après-midi. Je pourrais peut-être vous donner quelques tuyaux pour vous aider à vous intégrer rapidement dans notre équipe. D'accord ?

– Oui, bien sûr. Merci pour votre accueil sympathique et à tout à l'heure. »

Échanger des opinions

Cette compétence est tout à fait importante dans le cadre du travail, par exemple. Elle peut aussi devenir bien utile quand nous entrons dans des débats d'idées avec nos proches. Échanger ses impressions ou ses sentiments sur l'actualité, la politique ou les événements culturels, est un exercice difficile quand on peine à s'affirmer. Nous sommes, là encore, en butte à des idées fausses : « S'il n'est pas convaincu par mes propos, c'est que je ne suis pas crédible. » – « Il n'y a qu'une seule bonne façon de voir les choses. On a donc nécessairement raison ou tort. » – « Je dois faire partager mes convictions à tout prix. »

Exemple :

La voisine d'Isabelle lui fait part de son émerveillement au sujet du dernier film qu'elle a vu.

« C'est un film extraordinaire. Il faut absolument aller le voir.

– En général, les films de ce cinéaste sont plutôt mauvais, pourtant.

– Oh non ! Il a fait plusieurs chefs-d'œuvre et celui-là est encore meilleur.

– J'essaierai de le voir aussi pour me faire une idée. »

Sous des apparences banales, cette discussion a un ton un peu aigre-doux. Chacune des deux se sent légèrement agacée, à la fin. Tout aurait pu être bien différent, pourtant, se dit Isabelle, après analyse.

« C'est un film extraordinaire. Il faut absolument aller le voir.

– Je vois qu'il t'a beaucoup plu. Je ne suis pas sûre d'aimer autant que toi ce cinéaste. Les autres films de lui que j'ai vus m'ont laissé un souvenir médiocre.

– Pour ma part, je l'adore. Je le trouve meilleur d'année en année.

– Je suis assez tentée d'essayer à nouveau. Si ça se trouve je passe à côté de quelque chose de bien. »

Le fait de dire « je » est encore plus important ici. En s'impliquant et en donnant son sentiment, on laisse la possibilité à l'autre de dire librement son éventuel désaccord.

Check-list

Voici la liste des objectifs que vous devrez atteindre avant de passer à l'étape suivante de votre plan d'action.

Assertions	**Oui**	**Non**
1. Je dis plus facilement « je ».		
2. J'exprime plus souvent et plus aisément mes sentiments.		
3. Je cherche à être sincère dans l'énoncé de mes idées.		
4. Je fais l'effort d'écouter.		
5. Je suis plus concis(e) et concret(ète) dans mes propos.		
6. Je cherche à faire valoir mes droits, mes besoins, mes limites, etc.		
7. Je respecte les droits, les besoins et les limites des autres.		

Réduire sa peur des kilos

Après avoir fait un solide travail de réflexion sur sa motivation à s'engager dans cette démarche de soin, Caroline a pressenti que le premier écueil qu'elle allait rencontrer viendrait de ce que son poids allait probablement augmenter. Elle se bat depuis si longtemps pour le maintenir au plus bas. Cette exigence est, pour elle, au-delà de ce qu'elle peut accepter. Elle conçoit bien que ses crises sont la rançon de sa minceur, et que le prix à payer lui semble chaque jour plus démesuré. Il lui est pourtant bien difficile de renoncer si vite à ce qu'elle a si longtemps voulu conquérir.

La théorie de l'engagement

Cette notion est essentielle à connaître pour qui veut tenter un changement important. Or, sortir de la boulimie implique certains bouleversements et son inertie tient aussi à ce phénomène. Les psychosociologues se sont beaucoup intéressés à ce concept, qu'ils ont baptisé « l'engagement ». Il fonde une partie importante des comportements humains et a été bien décrit dans de nombreuses études[46]. Lorsqu'on souffre d'une maladie au long cours (et c'est le cas de la boulimie), on est soumis à ce type de facteurs d'entretien. Les efforts pour trouver une solution ou un équilibre ne donnent pas de réels résultats, mais il est bien difficile de changer de direction. Cette difficulté s'explique, entre autre, par le besoin de cohérence qui nous anime et nous pousse à adopter un comportement stable. Quelques exemples permettront de mieux cerner ces concepts :

• **Le joueur.** S'il vous est arrivé de voir un joueur, dans un casino, vous avez certainement été frappé(e) par sa conduite souvent irrationnelle. Il peut, par exemple, décider de placer ses mises sur un numéro, plusieurs fois de suite, sans succès. Cela ne l'empêche pas de poursuivre, bien au contraire. Il est persuadé de toucher le gros lot au prochain coup. Sa réserve de jetons s'épuise et il n'a rien gagné, mais il poursuit jusqu'au bout, et perd tout ce qu'il avait. Les motivations d'une telle attitude sont très nombreuses, mais l'une d'elles nous intéresse particulièrement, la logique de l'engagement, traduite par l'idée : « J'ai déjà misé tant de fois sur le 12 que je ne conçois pas de m'arrêter au moment où il va peut-être enfin sortir ! » Une telle pensée ne peut que le conduire à la ruine. Quand on la transpose sur le plan de la boulimie, elle devient quelque chose comme : « J'ai tellement misé sur mon régime pour atteindre le poids idéal que je ne vais pas abandonner si près du but. »

• **Le choix politique.** Une autre forme de cet engagement peut être associée aux choix idéologiques que nous faisons. Il arrive que nous nous sentions des affinités pour un courant de pensée ou une théorie sociale. Nous sommes prêts à nous investir et à en défendre les principes. Nous débattons avec fougue et conviction de ce sujet avec nos proches. S'il advient alors que ce courant change de style et s'éloigne de notre credo, nous sommes bien en peine de renoncer à ce que nous avons si ardemment défendu. Nous sommes tentés de nous dire : « Si je change de position, je vais avoir l'air idiot ou versatile. » Nous risquons bien alors de

46. Pour en savoir plus sur ce sujet, lire le *Petit traité de manipulation à l'usage des honnêtes gens*, de JOULÉ R.V. et BAUVOIS J.-L., Presses universitaires de Grenoble, 1987.

nous sentir obligés de défendre des idées de plus en plus étrangères aux nôtres, par souci de cohérence intellectuelle. Dans le cas de la boulimie, ce serait : « Je dis à qui veut l'entendre que la minceur, ça se mérite ; je ne peux pas dire le contraire maintenant. »

Peut-être vous êtes-vous un peu reconnu(e) dans ces discours. En ce qui concerne la peur de grossir, ils s'appliquent avec la même constance, et peuvent vous obliger à garder une ligne de conduite aggravante alors que vous êtes parvenu(e) à critiquer les fondements de vos troubles.

La théorie du « pondérostat »

Il s'agit là d'une des notions essentielles dans le traitement des troubles des conduites alimentaires. Elle pourrait se résumer ainsi de manière lapidaire : *notre poids ne dépend pas de notre volonté*. Cette idée peut choquer bien des personnes qui tentent de faire un régime en espérant que leurs efforts finiront par les conduire vers le poids idéal et le bonheur attendu, mais elle repose sur des arguments médicaux et biologiques attestés.

Tout d'abord, il est important de rappeler que bon nombre de nos données personnelles sont déterminées par plusieurs facteurs. En ce qui concerne le poids que nous atteignons à l'âge adulte, ils sont nombreux. En voici quelques-uns des plus importants.

• **L'héritage génétique.** Ce sont nos gènes, issus de notre histoire familiale ancestrale. Ils commandent un ensemble de prédispositions biologiques. Notre poids est très fortement prédéterminé par eux, et notre marge de manœuvre bien plus étroite qu'il n'y paraît.

• **Les habitudes familiales.** Appartenir à telle ou telle famille nous donne très tôt des habitudes alimentaires variées. Il sera difficile d'en changer par la suite, quand notre goût sera formé. De plus, une bonne part de notre « capital » en cellules chargées de stocker nos réserves de graisse se constitue dès la première enfance, et ne peut plus être modifié ensuite.

• **La société à laquelle nous appartenons.** Elle conditionne autant nos goûts que nos habitudes alimentaires, et nous donne accès à plus ou moins d'aliments riches et variés. Cette notion permet de comprendre comment, sous des longitudes différentes, des individus issus de la même vieille Europe peuvent avoir une corpulence moyenne en Irlande et une obésité fréquente en Amérique du Nord.

• **Les événements de la vie.** Ils sont tout aussi déterminants, et laissent une trace physiologique et psychologique durable. Une rupture amoureuse peut précipiter une jeune fille dans une phase anorexique qui lui donnera, une fois passée cette étape, le regret définitif de sa minceur facile et agréable.

• **Le sexe.** Il compte assez peu, finalement, en ce qui concerne l'indice de masse corporelle. Il joue surtout un rôle dans la répartition entre masse maigre et masse graisseuse. Cette dernière est évidemment sensiblement plus importante chez les femmes, mais sa répartition ne peut pas être modifiée sans risque. Pour une femme, vouloir une peau « sèche » et fine oblige à de sévères restrictions et fait courir le risque de carence.

• **L'âge.** L'indice de masse corporelle varie beaucoup au début de la vie. Il devient beaucoup plus stable après 16 ans. Il s'établit alors entre 19 et 23 pour la très grande majorité de la population. Il augmente ensuite lentement au cours de la maturité. On peut extrapoler son indice de masse corporelle idéal en prolongeant sa courbe de poids au cours de la croissance, par exemple. Si les crises de boulimie vous ont fait prendre du poids, vous pourrez ainsi évaluer le chiffre vers lequel vous tendrez quand vous n'en ferez plus.

D'autres facteurs sont possibles, mais ceux-ci permettent déjà de comprendre pourquoi il est bien souvent vain de vouloir commander à son organisme un poids pour lequel il n'est pas vraiment « programmé ». Si nous tentons de le faire varier, dans un sens comme dans l'autre, nous devons produire un effort proportionnel à la quantité de kilos que nous voulons perdre (ou gagner !). Cet effort aboutira à un retour au poids antérieur dès qu'il sera relâché. Si nous voulons perdre du poids en faisant un régime, le corps entre rapidement dans une phase d'économie d'énergie, il abaisse ses dépenses et épargne ses réserves (ralentissement du cœur et de la respiration, baisse de la température interne, amélioration de l'absorption des aliments, etc.). À l'inverse, il est tout aussi difficile de grossir en augmentant simplement ses rations alimentaires.

On peut véritablement parler d'une régulation physiologique du poids, comme il en existe une pour la température interne du corps. Si celle-ci est commandée par une sorte de thermostat biologique, celle-là semble répondre à un « pondérostat » tout aussi efficace.

Les théories de Caroline

En s'appuyant sur la restructuration cognitive[47], Caroline entreprend de faire évoluer ses convictions concernant son poids et sa peur de grossir.

47. Voir le chapitre « La restructuration cognitive », en annexe.

Elle pèse 52,5 kg pour 1,67 m, ce qui correspond à un indice de masse corporelle de 18,8. Elle sait maintenant que son poids est inférieur à la moyenne, mais cela ne l'empêche pas de se trouver bien souvent trop grosse. Elle constate que cette sensation est au centre de son trouble alimentaire et qu'elle l'entraîne à se restreindre, alors même qu'elle devrait prendre 3 kg pour se situer autour d'un indice de 20, propice à la disparition de ses crises. Après une période d'auto-observation, elle note quelques-unes de ses idées les plus fréquentes, en rapport avec ce thème.

« Si je grossis, je ne serai pas bien dans ma peau. »

Lorsqu'elle s'interroge au sujet de sa réticence à prendre du poids, Caroline se sent soumise à la conviction que ces kilos la plongeraient dans un mal-être terrible. Elle ne comprend pas vraiment d'où vient une telle idée, mais elle décide de la passer au crible de son analyse. Voici ce qu'elle écrit :

Situation	Émotions, sensations	Pensées (croyance de 0 à 100 %)
Lorsque je m'imagine avec 3 kg de plus	Angoisse (6/8)	• À ce poids, je serai mal dans ma peau. (90 %) • Je ne m'aimerai pas. (80 %) • Je ne pourrai pas m'y habituer. (85 %)

Face à ce flot de pensées négatives, elle décide de travailler particulièrement la première. Elle note, tout d'abord, les arguments pour et contre.

Pour	Contre
• Quand je faisais ce poids-là, je n'allais pas bien du tout. *(abstraction sélective)* • Quand j'ai maigri, je me suis sentie beaucoup mieux. C'est la solution. *(surgénéralisation)*	• J'avais alors 15 ans. Les raisons d'être mal dans ma peau étaient nombreuses. L'adolescence, le lycée, l'ironie des copains de classe... • Le mieux-être n'a pas duré. Depuis, je dois faire attention à tout ce que je mange. • Je suis plus maigre, mais je reste mal dans ma peau. Le problème est ailleurs.

À l'énoncé de ces réflexions, elle se sent encouragée à aborder l'étape suivante. Elle remplit le tableau des avantages et des inconvénients.

Avantages	Inconvénients
• Il vaut mieux se préparer au pire, pour s'y habituer. • Je dois bien réfléchir avant de m'engager dans une telle voie.	• En m'effrayant ainsi, je recule le moment de ma guérison. • Tant que je réfléchis, je n'affronte pas ma peur… et je ne la dépasse pas !

À partir de ces éléments, Caroline va pouvoir tenter une nouvelle évaluation de sa première idée. Elle lui semble désormais moins réaliste, et ne lui accorde plus que 30 % de crédit. Son angoisse de grossir chute sensiblement et ne dépasse pas 3/8. Si elle devait reformuler maintenant cette idée, elle serait plutôt tentée de dire :

Être mal dans ma peau dépend assez peu de mon poids, et maigrir n'a été qu'une solution transitoire pour en sortir. Être bien dans ma peau aujourd'hui serait plutôt de ne plus faire de crises, ce qui nécessite que j'ose atteindre mon poids d'équilibre.

Cette façon de voir les choses lui paraît très rationnelle, et sa conviction est proche de 100 %. Elle se sent bien plus motivée pour tenter de faire les efforts nécessaires au dépassement de sa maigreur actuelle. Elle voit naître un sérieux espoir en elle.

« Mon poids idéal est en dessous de mon poids de santé. »

À plusieurs reprises, quand elle a voulu s'attaquer à cette peur de grossir, Caroline s'est heurtée à l'idée qu'elle n'a peut-être pas besoin de grossir pour aller bien. Elle s'est longtemps battue pour rester mince, tout en se maîtrisant. Elle aurait tellement voulu qu'il soit possible de faire 50 kg sans subir de crises boulimiques. Elle note alors ce qui suit :

Situation	Émotions, sensations	Pensées (croyance de 0 à 100 %)
Mon poids de santé est à environ 56 kg (indice de masse corporelle = 20).	Regrets (6/8) Anxiété (7/8) Révolte (4/8)	• Je devrais tenter de rester à mon poids actuel, et de me contrôler. (40 %) • Il est inutile de grossir autant. (80 %) • C'est trop injuste ! (90 %)

Elle sent bien que cette manière de se représenter les choses est un piège, mais il lui est difficile de le déjouer. Pour critiquer sa deuxième pensée, elle est obligée de mener une réflexion plus approfondie et rigoureuse. Le détail de ses arguments est le suivant :

Pour	Contre
• D'autres que moi sont plus maigres et n'ont pas tous mes problèmes. *(abstraction sélective)*	• Leur poids de santé n'est pas le même que le mien. Si j'étais faite pour peser 50 kg, je le supporterais sans crises.
• 54 kg, c'est le maximum que je puisse accepter. Plus serait intolérable. *(maximalisation)*	• Si 56 kg sont nécessaires, ça ne fait que 4 % de poids en plus... et 100 % de guérison possible !
• Si je me sens trop grosse, je ne vais plus penser qu'à ça. *(prédiction négative)*	• Je ne pense qu'à ça de toute façon. Si les crises disparaissent, peut-être que mon obsession du poids disparaîtra aussi.

Elle peut désormais faire le point sur les avantages et les inconvénients de cette façon de penser. Elle les résume ainsi :

Avantages	Inconvénients
• Cette pensée me permet de chercher d'autres alternatives, et de les trouver, si elles existent.	• Elle m'enferme dans un dilemme qui n'a pas d'autre solution que de me résigner à la réalité.
• Je soulage un peu mon anxiété de grossir, en me disant qu'il y a peut-être une chance d'y échapper.	• J'aggrave mes réticences et je me dupe moi-même.

Sa réflexion est ici simplifiée, mais elle a nécessité un assez long questionnement de son problème vis-à-vis de la prise de poids. En s'y consacrant pendant quelque temps, elle a pu en atténuer l'importance et elle estime sa croyance passée de 80 à 30 %. Son anxiété a diminué d'autant (3/8). Elle peut enfin apporter une réponse plus rationnelle :

Atteindre ce poids d'équilibre m'est pénible, mais je ne gagne rien à en retarder l'échéance. Tant que je serai en dessous, je n'ai aucune chance de voir mes crises disparaître.

Dans cette nouvelle formulation, elle peut avoir confiance à 100 %. Elle tient vraiment compte de l'ensemble de ses idées rationnelles. Elle en conçoit un peu plus de confiance et de sérénité. Elle va pouvoir avancer progressivement vers cet objectif de 56 kg. Elle pourra certainement constater alors que sa peur diminue avec l'approche de l'objectif. En effet, confrontés à la réalité, la plupart des préjugés au sujet de sa corpulence seront fortement atténués.

« Je grossis toujours là où je ne voudrais pas »

Caroline n'a pas une très bonne opinion de son corps et de sa silhouette. Elle critique surtout sévèrement son ventre et ses cuisses. Son ventre lui semble toujours trop rond, proéminent. Elle redoute son image de profil qui le fait ressortir péniblement à ses yeux. Ses cuisses lui semblent disproportionnées et d'une forme peu harmonieuse. Face à la nécessité où elle se trouve de devoir prendre quelques kilos, elle est en grande difficulté. Son auto-observation donne ceci.

Situation	Émotions, sensations	Pensées (croyance de 0 à 100 %)
Pour guérir de la boulimie, je vais devoir prendre 4 kg.	Angoisse (7/8) Dépit (7/8)	• Je vais avoir des cuisses énormes. (90 %) • Mon ventre sera distendu. (100 %) • Je ne grossis jamais là où il faudrait. (85 %)

L'idée que ses seins, qu'elle trouve trop petits, ne grossiront pas, alors que toutes les parties de son corps qu'elle n'aime pas vont prendre de l'ampleur, lui est très désagréable. Elle accepterait volontiers que ses bras s'étoffent un peu ou que ses épaules s'arrondissent, mais elle sait que ces parties ne changeront guère, en prenant du poids. Elle tente de faire la critique de cette conviction grâce à une analyse plus détaillée.

Pour	Contre
• Si je grossis, je vais stocker des graisses dans ces parties de mon corps. *(abstraction sélective)*	• S'il est vrai que ces parties de mon corps sont riches en cellules graisseuses, grossir signifie aussi prendre des muscles partout ailleurs.
• Je suis déjà difforme, monstrueuse. *(étiquetage)*	• C'est ce que je me dis quand je suis angoissée. Les autres me disent le contraire, et je suis capable de les croire, quand je suis moins mal.
• Avec moi, c'est toujours le pire qui arrive. *(personnalisation)*	• Je ne suis pas obligée de subir ce changement, je peux aussi améliorer ma silhouette en faisant du sport, par exemple.

Caroline peut ébaucher une critique de sa conviction et réduire son inquiétude envers les effets de sa prise de poids sur ses formes. Elle passe à l'étape suivante de la restructuration cognitive.

Avantages	Inconvénients
• C'est une manière de me montrer réaliste.	• C'est une source de stress avant tout. • En portant une telle attention à ces parties de mon corps, j'exacerbe mes tendances à l'abstraction sélective. Je ne vois plus que ce qui me déplaît.

Finalement, ce réalisme semble bien discutable et Caroline comprend qu'elle doit traiter ce sujet sensible avec nuance. Elle attribue désormais un crédit nettement plus faible à cette conviction (60 %). Elle est moins anxieuse à ce sujet (4/8), mais surtout elle se sent déterminée à lui accorder moins d'importance. Elle pourrait y être aidée par le travail proposé en annexe, sur l'image du corps. Elle arrive à une nouvelle estimation de cette question :

Mon poids n'a pas autant d'importance dans mon appréciation sur moi-même. Réussir à m'aimer dépend aussi de mon humeur, de ce que je fais pour m'améliorer et de ce que les autres me renvoient. Je n'ai pas vraiment le pouvoir de changer de corps en maigrissant. J'ai plutôt intérêt à en accepter les éventuels défauts et en valoriser les qualités.

Cette autre façon de voir les choses lui permet de bien mieux se motiver pour sa démarche de soin. Elle voit aussi l'intérêt de tout ce qu'elle pourrait faire pour améliorer son image d'elle-même. Elle peut adhérer en grande partie à ces principes (95 %) et ressent d'emblée un élan positif et un espoir de solution.

« Prendre 1 kg, c'est en prendre 10 »

Le plus inquiétant, pour Caroline, est de devoir relâcher son effort de restriction alimentaire. Elle redoute de perdre totalement le contrôle de la suite des événements. Elle se voit atteindre rapidement 56 kg, puis les dépasser inexorablement… Voici ce qu'elle note sur son tableau en 3 colonnes :

Situation	Émotions, sensations	Pensées (croyance de 0 à 100 %)
Je reprends une alimentation variée, sans restrictions.	Angoisse (7/8) Désespoir (4/8)	• Je vais grossir rapidement, et je ne pourrai pas m'arrêter. (75 %) • Si je prends 1 kg, je prendrai tous les autres. (80 %)

À cette dernière assertion, elle tente d'opposer une logique plus rationnelle, issue de sa réflexion. Elle examine le pour et le contre :

Pour	Contre
• Si je change ma façon de manger, je perdrai totalement le contrôle de mon alimentation. *(surgénéralisation)* • Grossir un peu ou beaucoup, c'est pareil. *(tout ou rien)*	• Ma façon de manger induit des crises et une certaine prise de poids. • Je peux me nourrir autrement, tout en préservant mon équilibre. • Prendre 4 kg me conduira à mon poids de santé, celui auquel mon organisme a tendance à se stabiliser.

Elle s'engage ensuite dans une réflexion sur ses motivations à formuler les choses de cette manière. Elle note alors :

Avantages	Inconvénients
• J'exprime ainsi mon inquiétude et mon dépit. • Les demi-mesures ne me conviennent pas.	• C'est un handicap, si je m'en tiens à ça. Je dois aussi rester rationnelle. • Le « tout ou rien » m'a pourtant coûté bien assez cher.

À la lueur de ces considérations, Caroline parvient à atténuer fortement sa conviction première. Elle n'y croit plus guère qu'à 15 %. Elle se sent bien moins inquiète (2/8). Une autre formulation de ce thème pourrait être :

Prendre du poids me rapprocherait d'un équilibre dont je n'ai pas de raison de m'éloigner ensuite. Je peux faire confiance à mon organisme pour maintenir ce compromis entre boulimie et obésité.

Cette nouvelle interprétation lui permet d'espérer faire disparaître des troubles qui lui gâchent la vie depuis longtemps, sans payer un prix trop lourd. Elle est en mesure d'attribuer une validité de 90 % à cette idée. Elle en conçoit un certain soulagement et une dose importante d'espoir (5/8) dans son aptitude à s'en sortir.

Check-list

Voici la liste des objectifs que vous devrez atteindre avant de passer à l'étape suivante de votre plan d'action.

Assertions	Oui	Non
1. Je sais à quel poids se situera mon équilibre (IMC entre 20 et 22).		
2. Je suis en mesure d'appliquer la restructuration cognitive.		
3. Je parviens à critiquer mes pensées sur ce sujet.		
4. J'accepte et je comprends l'intérêt d'avoir un poids suffisant.		

Adapter ses objectifs de vie

La boulimie est une maladie. Cette évidence demande, toutefois, qu'on explique pourquoi elle n'est pas un simple style de vie ou une fâcheuse habitude. Si elle mérite de figurer dans la liste des pathologies possibles, c'est qu'elle répond à deux critères : elle entraîne des dommages physiques et une souffrance morale chez ceux qui en sont les victimes. Une lecture trop hâtive de leur comportement pourrait laisser penser pourtant que leur maladie est entièrement sous leur responsabilité et dépend de leur volonté. Il vous est peut-être arrivé de lire, ou d'entendre ici ou là, que les troubles des conduites alimentaires sont des comportements masochistes ou suicidaires; qu'ils sont animés par une volonté négative d'autodestruction. Vous savez bien qu'il n'en est rien. C'est même tout le contraire. La boulimie (comme l'anorexie) est liée à une recherche d'épanouissement personnel, une quête de réussite et de perfection. C'est parce qu'on voudrait atteindre un idéal de minceur, et améliorer son image et son estime personnelle, qu'on est tenté de restreindre son alimentation. L'intention est louable, c'est le moyen choisi qui conduit à la catastrophe.

Dès lors, il serait utile de réfléchir à la finalité de ce comportement, et aux alternatives possibles pour en sortir. Si vous parvenez à critiquer l'idée que vous êtes responsable de votre maladie (voir « La restructuration cognitive », en annexe), vous avez déjà fait un pas. Mais il serait intéressant, maintenant, de trouver les moyens de mieux maîtriser votre vie : aujourd'hui, c'est votre trouble qui commande la plus grande part de vos actions et de vos pensées. Ce chapitre est destiné à vous y aider. Vous n'êtes certainement pas responsable de votre maladie, mais vous demeurez responsable des moyens mis en œuvre pour en sortir !

Éléments de philosophie

La boulimie résulte donc d'un effort pour atteindre le bonheur ou la réussite[48]. Toute personne qui en souffre est doublement flouée : elle n'atteint pas ses objectifs premiers et, de plus, aveuglée par la maladie, s'en éloigne pour longtemps. Plus elle tente de contrôler sa vie en contraignant son corps, plus elle en perd le sens et la gouverne. Revenir à son point de départ nécessite de réfléchir à l'idée qu'on se fait du bonheur ou de l'épanouissement personnel.

Les philosophes se sont tous intéressés de près à cette question. Elle a été le premier objet de la philosophie : la sagesse, *sophia* en grec, désigne au départ la méthode du bonheur, la connaissance de l'art de conduire sa vie[49]. Certains ont considéré que, le bonheur résultant de la satisfaction de tous les désirs, la richesse et le pouvoir étaient nécessairement les moyens d'y parvenir. Ce sont les sophistes qui ont initié cette voie et ont fait l'objet de la critique de Platon. Plus près de nous, un auteur comme Friedrich Nietzsche (1844-1900) en a tiré une philosophie fondée sur la domination du plus fort. Il prône l'abandon du bonheur tranquille au profit de grandes joies obtenues après de grandes souffrances. Cette attitude peut paraître très romantique, et un peu dépassée, mais elle a quelques points communs avec ce que vivent les personnes souffrant de boulimie.

À l'inverse de ce courant de pensée, se situe la morale religieuse qui subordonne le bonheur de l'homme au respect des lois divines. Le renoncement aux biens et plaisirs d'ici-bas conduira plus sûrement à une récompense dans l'au-delà. Le bonheur terrestre est possible, mais non pas à l'encontre de la morale. C'est le message d'Emmanuel Kant (1724-1804), pour qui le devoir doit primer sur les désirs; seuls les actes accomplis par devoir et non par plaisir ont une valeur. Ce genre d'attitude se retrouve, avec une étrange constance, dans les mesures de restrictions sévères que s'imposent les personnes souffrant de troubles des conduites alimentaires. C'est dans l'anorexie qu'elle s'exprime le plus clairement, et il n'est pas rare de voir une jeune femme se culpabiliser gravement d'avoir pris du plaisir à manger. Cette même personne sera extrêmement fière si elle parvient à se priver de ce que tout le monde aime et désire. On est aussi frappé de la ressemblance entre ces patientes et les ascètes, ou les ermites, qui renonçaient à tout, même à se nourrir, pour atteindre cet état de perfection et d'abnégation.

48. À lire : *À dix kilos du bonheur,* de Danielle Bourque, Éditions de l'Homme, 1991.

49. Propos tirés de *La Philosophie et le Bonheur*, Pierre Van den Bosch, Flammarion, 1997.

Une troisième voie est représentée par les épicuriens et le bouddhisme. Dans ces philosophies, la recherche du bonheur est présentée comme vaine et source d'insatisfaction et de souffrance. Pour atteindre l'état idéal, « l'ataraxie » d'Épicure ou le « nirvâna » de Bouddha, il faut faire taire tous ses désirs. C'est la négation de toute espérance et de toute ambition au profit d'une paix intérieure ou d'un retour dans l'Absolu impersonnel.

Les stoïciens, quant à eux, nous proposent de réfléchir sur nos désirs et de savoir les orienter vers des objets accessibles. La plupart des hommes désirent ce qui ne dépend pas d'eux, mais des autres et de la nature. À l'extrême de cette logique, on peut affirmer qu'il suffit de vouloir ce qui arrive pour être comblé. Un esclave, Epictète (50-125 ou 130 ap. J.-C.), et un empereur, Marc Aurèle (121-180 ap. J.-C.), en ont été les porte–paroles les plus convaincus, preuve d'un rayonnement auprès de tous les individus de la société. Renouant avec cette pensée, des siècles plus tard, Descartes dira qu'il vaut mieux « changer ses désirs plutôt que l'ordre du monde ». Rapporté à notre propos, ce courant dénonce un des phénomènes les plus constants dans la boulimie : le désir de contrôler son poids et la forme de son corps, en s'opposant, s'il le faut, à la nature et à la génétique. Le désespoir en est la conséquence logique, et il vaudrait mieux apprendre à aimer ce que l'on a ou ce que l'on est.

Pour Platon, le bonheur peut procéder d'une élévation de nos désirs vers des objets graduellement plus nobles. Nous devons passer de l'amour commun des beaux corps à l'amour de la beauté des âmes et des sciences, ou encore à celui des idées. Aristote, puis Spinoza, en ont fait la trame de leur discours. Ce dernier propose de considérer le désir comme une force vitale positive et toute joie comme bonne en soi.

Dans le monde moderne, les désirs des sujets sont largement commandés par les événements sociaux et leur diffusion. Depuis les années 70, la « libération de la femme » a contribué à lui faire espérer une autorité sur elle-même et sur sa vie. Elle peut désormais choisir le nombre et les dates de ses grossesses. Elle doit revendiquer son autonomie au même titre que les hommes. Elle doit maîtriser son corps et ses formes pour être une femme respectée et admirée. En lui commandant d'atteindre ce niveau extrême d'autocontrôle pour prétendre au bonheur, notre société impose à la femme des exigences telles qu'elle ne peut être qu'exceptionnelle ou malheureuse. Une récente publicité pour des produits cosmétiques étalait sur ses affiches une formule « coup de poing » qui résume bien cette idée : *Seules quelques dizaines de femmes sont des « top models », trois milliards ne le sont pas !*

Éléments de physiologie

Le plaisir et le bonheur ne concernent pas seulement la philosophie. Ces sujets alimentent les réflexions des neurophysiologues et des biologistes. Il est troublant de constater qu'une des manières les plus sûres d'atteindre le plaisir suprême et le bonheur absolu est de le provoquer directement en agissant sur la zone du cerveau concernée. Il existe, en effet, une région de notre encéphale qui détient la fonction de produire ces émotions agréables. Elle appartient à notre cerveau reptilien, celui que nous partageons avec la quasi-totalité des espèces animales. Sa fonction semble être de nous procurer du plaisir quand nos désirs sont satisfaits. Elle a une finalité dans la survie des espèces. On peut clairement suspecter que ce système de récompense des actes profitables à l'individu ou à son groupe vise à renforcer nos comportements de survie. Sa bonne utilisation consiste donc à nous faire reconnaître ce qui nous fait du bien et nous convient, afin d'avoir envie de le reproduire. Ainsi, un animal qui mange un corps gras ressent-il un plaisir intense qui l'encouragera à rechercher les aliments de cette catégorie, afin de se mettre à l'abri de la disette et de la dénutrition. Ce n'est pas par hasard si les graisses sont les vecteurs des parfums agréables.

Il est possible de tromper ce système de récompense en le stimulant artificiellement. Une expérience, conduite avec des rats de laboratoire, a consisté à leur implanter une minuscule électrode dans cette zone, reliée à une pédale servant d'interrupteur. Lorsque les rats actionnent la pédale, ils provoquent une stimulation électrique de leur cerveau, et une profonde sensation de plaisir en découle. Or ces rats, qui disposaient de deux pédales, une pour distribuer de la nourriture et l'autre du plaisir, finissaient tous par préférer cette dernière, au point de cesser de s'alimenter et de mourir de faim. Cette expérience montre à quel point ce type de comportement n'est pas une aberration propre à l'humanité. On retrouve probablement le même type de motivation dans le plaisir intense, mais bref, du début de la crise boulimique. On comprend mieux qu'il puisse générer des comportements apparemment absurdes.

De ce point de vue, la boulimie peut ressembler à certaines formes de toxicomanie. Ces dernières agissent aussi par le biais du système de récompense, lequel fonctionne en partie avec un médiateur proche de la morphine. Le fait de se restreindre, puis de « craquer », équivaut à un *shoot* et peut induire une dépendance à ce plaisir particulier[50].

Notion de valeur personnelle

Les plaisirs ne sont pas tous physiologiques, et les philosophes nous ont appris à distinguer ceux de l'esprit. Parmi eux, il en existe un qui nous intéresse tout particulièrement : le plaisir lié à la valeur personnelle. Ce concept recouvre plusieurs composants, tels que le sentiment d'être aimé et d'être compétent[51]. Comme nous l'avons vu dans l'analyse fonctionnelle, cette notion est au cœur du cercle vicieux de la boulimie. Les personnes qui en souffrent ont une faible estime d'elles-mêmes, en général, et leur trouble contribue à la réduire encore. Être aimé(e) devient impensable quand on le fait dépendre essentiellement de son aspect physique et que cet aspect est perçu comme décevant. Se sentir compétent(e) est mis en doute, dès lors que la maladie est émaillée de perpétuelles pertes de contrôle, vécues comme des échecs.

À la conquête de cette source de bonheur, vous êtes peut-être tenté(e) de chercher une solution radicale et définitive qui passerait par la maîtrise de votre poids, de votre appétit et de vos crises. Vous avez de bonnes raisons de penser que vous vous sentiriez alors valorisé(e) jusqu'à ressentir une légitime fierté. Sur votre échelle de mesure, ces facteurs sont très importants, et ils conditionnent votre appréciation sur vous-même. Si vous parvenez à vous dire que cette vision est fortement impliquée dans votre souffrance, il vous semblera raisonnable de tenter d'en faire la critique et de vous en affranchir. Voici deux manières d'y parvenir.

La technique des continuums

Elle consiste à rechercher l'ensemble des facteurs qui conditionnent, à vos yeux, la valeur des personnes qui vous entourent, et de vous y situer. Elle a pour mérite de vous permettre d'élargir le regard que vous portez sur vous-même vers des points importants que votre trouble masque. Elle permet, le cas échéant, de chercher les autres directions vers lesquelles pourront porter vos efforts pour vous améliorer.

50. Holderness C.C., Brooks-Gunn J., Warren M.P., « Co-Morbidity of Eating Disorders and Substance Abuse, Review of the Litterature », *Int. J. Eating Disorders*, 1994, 16 : 1-34.
51. À lire : C. André et F. Lelord, *L'Estime de soi*, Odile Jacob, 1999.

1. Faites un trait horizontal en haut d'une feuille de papier. Inscrivez 0 à gauche et 100 à droite. Faites une croix à l'endroit où vous vous situez, quant à votre valeur personnelle. Essayez de vous situer le plus honnêtement possible sur ce graphique en suivant votre intuition. Faites-le dès à présent, avant de continuer la lecture de ce chapitre.

2. Repérez les personnes qui vous inspirent de l'affection et de l'estime. Puisez les exemples parmi vos proches et vos relations sociales. Pensez aussi bien aux personnes de votre sexe et de votre âge qu'aux autres.

3. Notez tout ce qui vous plaît chez elles. Leur attitude face à la vie, leur discours, leurs actes quotidiens, leurs actions passées, leur aspect physique bien sûr, mais aussi leur style et leurs expressions, etc. Tout est à prendre en compte, pourvu qu'à vos yeux ce soit une dimension de leur attrait.

4. Reportez ces dimensions sur une feuille de papier. Pour chacune vous tracerez un trait horizontal allant de 0 à 100 %.

5. Faites une marque pour vous situer sur cette échelle analogique. Faites-le pour chacune des dimensions reportées sur votre feuille, en essayant de vous situer entre 0 (absence totale de cette qualité) et 100 (qualité parfaite).

6. Faites la moyenne de vos notes pour chaque item. Reportez-la sur le premier trait de votre feuille et comparez avec votre première intuition.

Quels enseignements tirer de cet exercice ? Le plus probable, si vous l'avez fait avec sincérité, sera de constater que la moyenne des composantes de votre valeur personnelle est nettement meilleure que la note intuitive établie au début. En vous attachant à vous comparer sur d'autres critères que ceux que vous utilisez pour vous juger habituellement, vous pouvez constater que vous êtes plus près de la moyenne, voire mieux que bien des gens.

Si vous n'êtes pas content(e) de vous dans d'autres domaines que vos qualités physiques, vous aurez mis au jour un ensemble de secteurs sur lesquels faire porter vos efforts pour progresser. Autant il est illusoire de vouloir modifier son poids de santé, autant il est possible d'amender ses comportements sur de nombreux autres points, avec un réel profit.

Voici l'exemple des continuums d'Isabelle.

Les continuums d'Isabelle

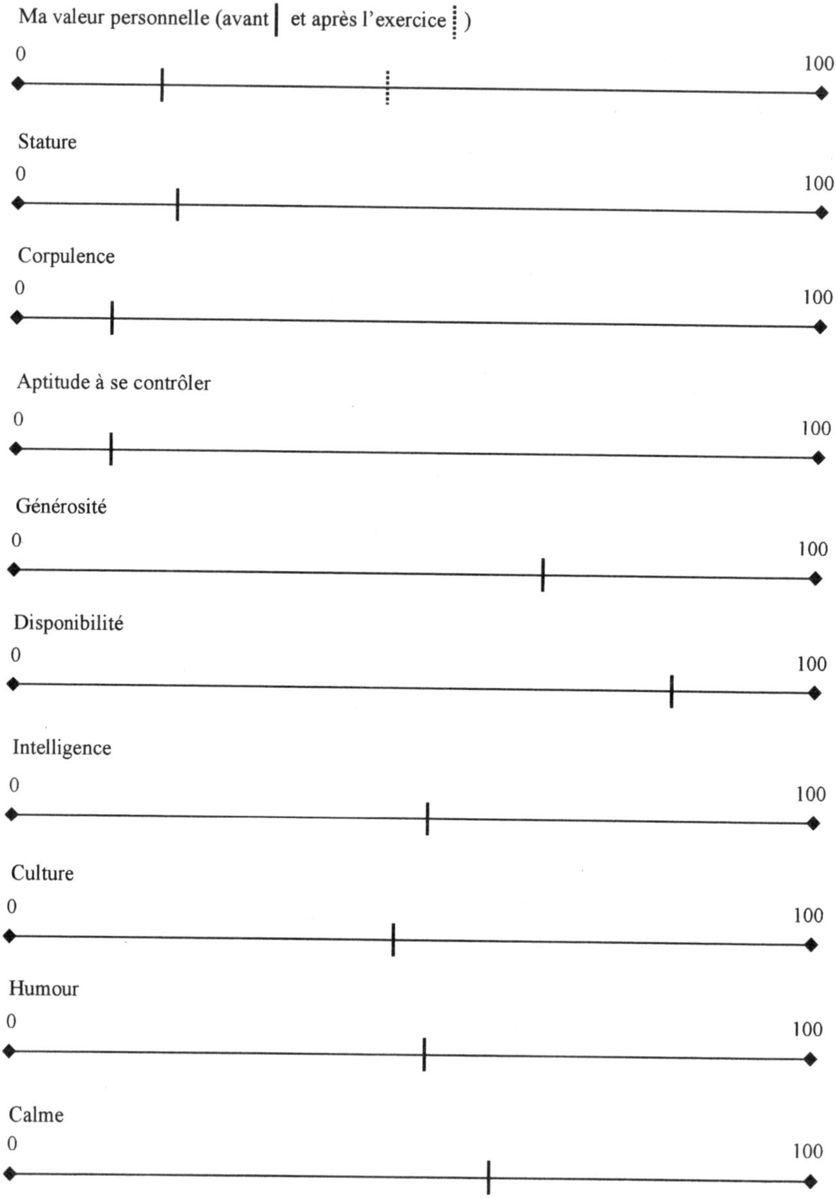

La critique de la valeur absolue

Qu'est-ce qui a le plus de valeur à vos yeux, le dernier roman primé au Goncourt ou une bouteille d'eau tiède ? Cette question semble absurde, tant le choix vous paraît facile. Vous êtes tenté(e) de prendre, naturellement, le bouquin. Imaginez maintenant que vous êtes perdu(e) quelque part dans le désert depuis plusieurs jours, que vos réserves sont épuisées depuis longtemps, et que votre gorge est extrêmement sèche. Que répondriez-vous au bédouin qui vous proposerait le même choix ? L'eau tiède a pris tout à coup beaucoup de valeur.

Il en va de même pour nous. Notre valeur dépend bien plus des circonstances que de qualités intrinsèques et définitives. Nous sommes très souvent tentés de l'oublier quand il s'agit de nous représenter notre valeur personnelle ou celle des gens qui nous entourent. Par exemple, un récent sondage a fait apparaître que parmi les personnes ayant le plus de valeur aux yeux des Français, on trouvait, presque à égalité, Zinedine Zidane et l'abbé Pierre. Chacun, pour des raisons très différentes, paraissait pouvoir symboliser une sorte d'idéal social très partagé. Vous pourriez être tenté de mettre l'un et l'autre au sommet de cette pyramide des gens valeureux, et leur prêter de nombreuses qualités enviables. Imaginez, maintenant, que vous ayez besoin d'un simple coup de main pour réparer votre voiture ; quelle serait la valeur de ces deux personnages à côté de celle de votre garagiste habituel ? Dans la circonstance, ce dernier serait promu au sommet de la hiérarchie, loin devant ces héros des médias.

La conclusion de ce propos, c'est que la valeur des personnes dépend surtout des circonstances. Avoir la compétence qu'il faut au moment où elle est utile. Que serait un monde peuplé seulement de « Zizous » et d'abbés Pierre ? Ce qui compte c'est notre diversité. Chacun de nous est unique et irremplaçable. Nous composons tous une mosaïque d'individus, dont les différences et les particularités font la richesse du monde où nous vivons.

Si nous rapportons ces principes à votre situation, on peut en conclure que pour vous « valoriser » ou vous « apprécier », vous auriez intérêt à considérer les secteurs de la vie où vous êtes le plus compétent(e). Or, vous êtes poussé(e) à attacher beaucoup de valeur aux qualités physiques, et ce n'est pas, de votre propre avis, le domaine où vous excellez. C'est un peu comme si l'abbé Pierre se mettait à fréquenter les salles de sport et qu'il soit tenté de concurrencer « Monsieur muscles » sur son terrain… nul doute qu'il serait vite déprimé ! Son sentiment dépressif pourrait, de surcroît, gagner progressivement toutes les autres dimensions de son estime personnelle, par simple diffusion. En consacrant tout son temps et toute son énergie à sa nouvelle passion, il n'en tirerait que des déceptions, et il pourrait bien finir par mettre en doute l'ensemble des actions qu'il a conduites, et se sentir nul et sans valeur. Surprenant paradoxe !

Les domaines à reconquérir

Quelles directions choisir dès lors que l'on souhaite développer ses compétences ? Un principe peut vous guider et tient en une formule simple mais universelle : *J'aime faire ce que je sais faire.* Autrement dit, si nous avons du plaisir à faire quelque chose, c'est parce que nous avons la compétence nécessaire. Une variante de cet aphorisme serait de dire que nous n'aimons pas faire ce que nous ne savons pas faire. Elle est compensée par l'idée que nous aimons apprendre et nous améliorer. Dans ce cas, le plaisir vient du fait que je fais ce que je dois, je fais ce qu'il faut. Cette sorte de plaisir est prioritaire dans la pensée des personnes souffrant de troubles des conduites alimentaires. C'est le même type de plaisir que vous ressentez quand vous parvenez à vous contrôler face à de la nourriture. Imaginez que vous assistiez à un repas de fête, entouré(e) de gens qui dévorent sans retenue, et que vous réussissiez à ne manger que trois feuilles de salade et un yaourt maigre, votre plaisir serait probablement intense. Le plaisir du devoir accompli.

Faites le bilan de vos secteurs de plaisir

En faisant le tour de tout ce que vous faites au fil du temps, vous pourriez distinguer chaque activité en fonction de ce critère. Il y a ce que vous faites par devoir, et ce que vous faites par envie. L'un et l'autre peuvent procurer du plaisir, mais vous devrez tenter d'en trouver l'origine.

1. Reprenez la fiche d'auto-observation des activités[52]. Remplissez-la sur 4 jours dont un week-end.

2. Répertoriez les types d'activités en fonction de leur motivation. Dans la dernière colonne (« N »), vous noterez désormais s'il s'agit d'une activité guidée par le devoir (inscrivez un « D ») ou par l'envie (inscrivez un « E »).

3. Faites le bilan. Les « D » dominent-ils nettement ? Les « E » sont-ils surtout en lien avec l'alimentation ?

52. Voir « Réguler ses activités », page 105.

4. Amorcez le changement. Mettez-vous à la recherche des activités en lien avec vos envies et indépendantes de la nourriture.

Vous voici en possession d'une liste de plaisirs potentiels à redéployer. Commencez par ceux-là, et tentez de résister à vos scrupules qui ne manqueront pas de vous gêner. Si besoin, servez-vous de la « restructuration cognitive », telle que décrite en annexe, pour repérer et combattre ces pensées susceptibles de vous gâcher le plaisir.

Partez à la reconquête du paradis perdu

Si votre trouble est ancien, il est probable qu'il a pris beaucoup de place dans votre vie. Il a progressivement contribué à vous faire perdre l'habitude de certaines activités qui vous plaisaient. S'il en est ainsi, votre auto-observation risque bien de se borner à un triste constat : « Je n'ai plus aucun moment de plaisir guidé par mon envie ». Pourtant, il fut un temps où vous saviez faire les choses de cette façon. Au moins dans votre enfance, lorsque vous pensiez plus à jouer qu'à faire votre devoir. Heureuse époque !

Vos loisirs actuels sont les vestiges de cette période, où le jeu et la satisfaction des besoins étaient suffisants pour remplir votre vie. Ils peuvent être relancés. Voici quelques pistes pour y parvenir.

1. Retrouvez le souvenir de vos loisirs. Servez-vous de votre mémoire ou de discussions avec votre entourage pour retrouver les loisirs que vous aviez avant de faire des crises. Ils ne sont peut-être plus adaptés à votre situation actuelle, mais ils sont une indication précieuse de ce que vous êtes susceptible d'aimer.

2. Observez les loisirs des personnes qui vous entourent. Choisissez surtout celles qui vous ressemblent en terme d'âge, de situation sociale ou de goût en général. Elles sont de meilleurs modèles, en principe.

3. Demandez de l'aide. Il peut s'agir de conseils de la part d'une personne suffisamment proche, et capable de vous comprendre. Les personnes avec qui vous vivez peuvent peut-être vous décharger de certaines de vos « corvées ». Cet aspect est très important dans la vie de couple ou au travail : sachez demander plus de temps libre pour vous, sans mettre la relation en péril. Si besoin, travaillez votre aptitude à faire valoir vos droits et vos besoins en vous reportant au chapitre « Savoir s'affirmer ».

4. Goûtez à tout. Dès que vous aurez quelques idées, passez à l'action vraiment. Tentez plusieurs variantes de loisirs, et pratiquez-les assez longtemps pour vous faire une idée. Il est possible que pour certains le plaisir ne soit pas immédiat, mais les loisirs de qualité sont souvent moins faciles d'accès. C'est en les pratiquant que vous y trouverez votre compte. Faites plusieurs essais avant d'arrêter votre choix.

5. Variez les plaisirs. Faites des choix en fonction des secteurs d'activités (sociales, physiques et intellectuelles) et répartissez-les harmonieusement, si possible. Tentez d'avoir quelques loisirs solitaires, si votre vie sociale « obligatoire » est intense. Tentez, au contraire, d'avoir des loisirs en groupe si votre quotidien vous impose plutôt la solitude.

Inspirez-vous de l'histoire d'Isabelle.

À 28 ans, Isabelle avait parfois le sentiment que sa vie ne correspondait plus tout à fait à celle qu'elle s'était imaginée. Elle était, certes, la mère comblée d'un adorable petit garçon, Kevin, et se sentait toujours très amoureuse de son mari. Ce qui lui déplaisait, c'est qu'elle avait de moins en moins de temps pour s'occuper d'elle, depuis ces dernières années. Entre son travail, qui l'occupe fatalement beaucoup, et la vie familiale où elle se doit d'être une bonne mère et une bonne épouse, elle avait l'impression de n'être là que pour satisfaire les attentes des autres. Ses crises, par ailleurs, contribuaient à lui gâcher ses seuls moments de répit possibles. Quand elle était étudiante, elle avait la possibilité de faire toutes sortes d'expériences et de découvrir les charmes de certains loisirs. C'est comme ça qu'elle avait été initiée par une amie à la photographie. Avec l'argent gagné en gardant des enfants, elle avait pu s'acheter un appareil réflex de bonne qualité. Les soirées entre copains au club d'amateurs où elle s'était inscrite, les nuits passées dans son labo à tenter de sortir l'image techniquement parfaite, les longues balades en ville à la recherche de l'image originale ou émouvante, tout dans cette activité lui avait procuré un intense plaisir. Elle avait même réussi à monter une petite expo avec deux copines. Elles avaient eu un réel succès d'estime de la part du public, et elle y repense encore avec beaucoup d'émotion. Il lui semble qu'elle n'a rien oublié de tout ce qu'elle avait appris alors, et elle sait encore bien analyser une image et en faire la critique.

Elle a décidé de s'y remettre pour tenter de retrouver ces plaisirs si forts. Elle a maintenant les moyens de s'offrir un nouvel appareil photo, mais elle a renoncé à remonter son labo dans la salle de bains. Elle préfère travailler en couleur, désormais, et s'est acheté une optique « macro » pour saisir et agrandir les images de la nature. Elle a fait une série sur les fleurs des champs, au printemps dernier, dont elle tire une réelle fierté : en les agrandissant ou en les nimbant d'un flou délicat, elle a réussi à montrer toute l'étonnante délicatesse de ces plantes sans prétention. Son mari a accepté de la décharger de certaines tâches pour qu'elle trouve le temps de se rendre dans la campagne environnante. Il est ravi de la voir retrouver ce goût pour la créativité qui l'avait séduit chez elle quand ils s'étaient rencontrés.

Check-list

Voici la liste des objectifs que vous devrez atteindre avant de passer à l'étape suivante de votre plan d'action.

Assertions	**Oui**	**Non**
1. J'ai établi ma liste de critères de valeur personnelle.		
2. Je sais dans quels domaines réalistes je peux m'améliorer.		
3. J'ai dressé la liste de mes activités sources de plaisir.		
4. J'ai repris des loisirs adaptés à mes goûts et à mes besoins.		

Maintenir ses acquis

Au fil du temps, et grâce à la qualité de son travail et de sa démarche de soin, Émilie a vu ses crises disparaître progressivement. Parfois, sur son bilan hebdomadaire, elle a pu noter triomphalement l'absence de toute crise pendant une semaine entière. Elle a aussi constaté que tout n'était pas gagné pour autant et elle a vu, la semaine suivante, revenir les problèmes. Elle aurait pu se laisser gagner par le découragement ou la « déprime », mais elle a toujours tenu son cap et continue à progresser. Aujourd'hui, elle se sent parvenue au point où elle peut considérer avoir vaincu son trouble. Elle se sent assez fière d'elle et presque étonnée d'avoir pris le dessus sur une maladie dont elle croyait devoir être la victime toute sa vie. Elle entre désormais dans la phase de stabilisation de ses résultats si chèrement acquis, et elle se demande si elle peut relâcher complètement ses efforts, ou si elle est encore en danger. Émilie vient d'aborder l'ultime étape de sa démarche, celle du maintien des acquis et de la prévention des rechutes.

Cette étape est, par définition, la dernière que vous aurez placée dans votre programme de soins. Elle vous permettra de faire face à cette période, parfois longue, entre fin des crises régulières et guérison. Pour considérer être guéri(e) d'une telle maladie, il faut avoir passé plusieurs mois sans rechute, c'est-à-dire sans période où les crises se succèdent à raison de deux, ou plus, par semaine.

Cette assertion pose quelques problèmes de définition, et nous allons les parcourir maintenant. La notion de guérison, par exemple, est un peu floue dans le cas présent, malgré son apparente simplicité. Contrairement à des maladies plus banales, comme l'angine ou une jambe cassée, la boulimie a un début et une fin moins faciles à cerner. Ainsi, une personne faisant moins d'une crise par semaine, même pendant une longue période, ne peut-elle pas être considérée comme malade. Cette définition est moins évidente en ce qui concerne la fin des troubles. On pourrait dire tout au plus que la maladie est fortement atténuée dans ce cas, mais le risque de reprise serait possible à tout moment. À l'inverse, une définition stricte de la guérison pourrait être l'absence de crise à tout jamais ! Il faudrait alors attendre la fin de sa vie pour savoir si l'on est guéri. Une définition intermédiaire paraît préférable, et nous retiendrons la suivante :

Une personne peut être considérée comme guérie de la boulimie dès lors qu'elle ne présente que des crises espacées de plus d'une semaine en moyenne, ou si elle n'a pas plus de trois crises successives lors d'une phase aiguë.

À cette définition minimale, il faudrait ajouter quelques précisions pour dire que la souffrance liée à cette maladie a bien régressé. Le questionnaire d'évaluation de la boulimie que vous avez rempli dès le début vous permettra de vérifier ces aspects :

- Y a-t-il encore des vomissements ?
- Faites-vous toujours trop de restrictions ?
- Gardez-vous une hyperactivité physique ?
- Êtes-vous encore trop attentif(ve) à votre silhouette ou à votre poids ?
- Gardez-vous des problèmes physiques en lien avec les troubles ?
- Gardez-vous des problèmes psychologiques en lien avec les troubles ?
- Gardez-vous des problèmes sociaux en lien avec les troubles ?

En y répondant régulièrement, vous avez pu constater vos progrès tout au long de votre démarche. Aujourd'hui, les chiffres sont très sensiblement plus faibles qu'au début, et vous pouvez coter 0 sur les items suivants :

- Fréquence des crises.
- Durée de la phase aiguë actuelle.

Si vous remplissez ces critères, vous pouvez engager cette ultime étape de votre démarche. En voici les différents points, destinés à vous garantir de garder le bénéfice de votre travail à très long terme. Ils sont largement inspirés des écrits de Alan Marlatt et Judith Gordon, qui ont bien codifié la prévention de la rechute[53].

Accepter les accidents de parcours

Cette attitude ne consiste pas, contrairement aux apparences, à se résigner à l'échec. Il s'agit plutôt d'une vision réaliste du risque de voir se produire, désormais, de nouvelles crises. Ce risque est évident, et vous y serez probablement un jour soumis(e). N'oubliez pas que votre trouble est apparu il y a bien longtemps, et que vous ne pouvez pas espérer le voir disparaître d'emblée définitivement. Il a pris une place considérable dans votre vie et a créé des réflexes solides et bien ancrés. Le danger d'une attente de guérison totale et définitive est évident. Une simple crise, et vous risquez d'être précipité(e) dans un profond mouvement de désespoir. Une telle disposition d'esprit vous inciterait à considérer votre trouble passé comme une fragilité définitive, un talon d'Achille. La réalité est tout autre. Plus le temps va passer, désormais, plus vous pourrez vous sentir fort(e) face à ce risque. Ce réflexe de crise (qui remplaçait, à un certain moment, toutes les autres réponses aux problèmes de votre vie) ayant disparu, vous allez prendre l'habitude de faire autrement. Avec le recul, vous serez capable de faire face aux situations difficiles en étant mieux armé(e). Vous allez y gagner en confiance et en estime personnelle. Rappelez-vous que la boulimie est fondée sur un cercle vicieux. L'absence de crises fréquentes réduira progressivement les facteurs d'entretien. L'objectif, donc, est de limiter les crises au maximum, et non qu'elles disparaissent d'emblée.

Pour résumer à l'extrême, si une crise se produit, acceptez-la ! Refaire des crises, même après un long moment de stabilité, est habituel et non exceptionnel.

Distinguer chute et rechute

Un des dangers qui menacent toute personne ayant atteint ce stade de la maintenance est de voir s'installer une rechute plus ou moins complète, à la suite d'une nouvelle période difficile. Il pourrait alors vous arriver de qualifier de rechute une simple crise accidentelle. Cette façon de penser s'apparente au mode dichotomique. C'est la pensée du « tout ou rien » qui accompagne si souvent les troubles de ce type. Dans ce

53. Marlatt G.A., Gordon J.R., *Relapse Prevention : A Self-Control Strategy for the Maintenance of Behavior Change,* New York, Guilford Press, 1984.

contexte, il peut être difficile de résister à l'idée qu'une crise est la marque d'un échec complet de tout ce qui avait été acquis précédemment.

Apprêtez-vous à résister à ce mouvement. Vous devrez apprendre à reconnaître une chute. Il s'agit d'un faux pas, d'une simple glissade, et non du retour au point de départ. Sans cette prévention, vous en viendrez à vous dire des choses du genre : « Tout ça pour rien. » – « C'était trop beau pour durer. » – « Avec moi c'est toujours pareil. » – « J'ai encore craqué, je suis incapable de m'en sortir. » – « Je suis trop fragile, je rechuterai toujours. »

Si vous êtes parvenu(e) à ce point de la démarche, il vous a bien fallu pourtant vaincre de nombreuses difficultés. Vous avez montré une aptitude à dominer cette maladie. De toute façon, rien ne peut plus être vraiment comme avant, désormais, car vous avez acquis beaucoup de compétences supplémentaires. Vous avez les moyens de vous battre bien plus efficacement. Même si vous êtes retourné(e) à un stade de boulimie active et avérée, vous aurez infiniment moins de peine à refaire le parcours. Vous ne pouvez plus revenir au point où vous étiez avant de commencer ce travail. Votre démarche vous a rendu(e) différent(e). On pourrait reprendre cette métaphore du philosophe grec Héraclite : « Un homme ne peut pas se baigner deux fois dans le même fleuve, car ce n'est plus le même fleuve et ce n'est plus le même homme. » Gageons qu'entretemps vous aurez appris à nager !

Réagir efficacement

Lors d'un faux pas éventuel, il vous sera utile de savoir rapidement quoi faire et de vous prémunir du risque de voir s'installer une période de rechute plus durable et sévère. Moins vous tarderez à mettre en œuvre des réponses adaptées, plus vite vous quitterez la zone à haut risque. Pour cela, vous retiendrez la méthode mnémotechnique des « 5 A ».

Anticiper les périodes à risque

Lorsque vous aurez vécu une assez longue période sans crise, vous ne pourrez plus être mis(e) en difficulté que par des circonstances importantes. Sachez les reconnaître et les voir venir, afin d'en éviter les éventuelles conséquences. Il vous sera loisible, le cas échéant, de leur trouver des palliatifs ou de les éviter. Ces circonstances ne sont pas fatalement liées à des événements pénibles ou désagréables, mais elles ont toutes en commun de susciter un plus haut niveau de stress. Voici quelques exemples :

• Les périodes fastes. Promotion sociale, succès personnel, rencontre agréable, etc., elles ont en commun la faculté d'abaisser exagérément la vigilance et de faciliter le retour des restrictions alimentaires.

• Les périodes néfastes. Elles peuvent être associées à des conflits avec les proches, à des revers personnels, des deuils et des séparations, etc. Elles agissent négativement sur l'estime et la confiance en soi, réduisent la motivation et affaiblissent votre engagement.

• Les périodes de troubles intercurrents. Il s'agit de tout ce qui peut affecter la santé en général. Les petites maladies saisonnières, un trouble du sommeil, un état de fatigue physiologique, etc. Tout peut y conduire.

Chacune de ces circonstances est détectable avant d'apparaître. De plus loin vous les verrez venir, mieux vous vous en protégerez.

Appeler un chat un chat

... et une crise une crise ! il s'agit d'identifier clairement l'événement, et d'échapper à deux écueils fréquents lorsqu'une crise se produit isolément, dans une période de stabilité assez durable. Le premier consiste à minimiser le problème :

– « Ce n'est rien. Tout ça n'est pas si grave. Je ne dois pas me faire trop de souci. Tout va s'arranger rapidement. »

– « Une fois n'est pas coutume. Tout va bien par ailleurs. »

Le second consiste à se tromper de problème :

– « Je perds la raison, je fais n'importe quoi. »

– « Ce n'est qu'un excès de table. Je vais compenser en faisant plus attention lors de mes prochains repas. »

Le danger de l'une ou l'autre de ces réactions est de vous engager vers une réponse inadéquate. Attentisme excessif, réaction dépressive ou restrictions comporteraient autant de risques d'aggravation.

Analyser le contexte

Il s'agit de tenter de retrouver les facteurs déclencheurs de la crise, en remontant la chaîne des événements qui l'ont précédée. Cette technique s'inspire de celle proposée par Marsha Linehan dans un tout autre domaine[54]. Elle est bien adaptée au traitement des conduites impulsives et donne un guide très utile dans le cas présent. En voici les étapes :

54. Linehan Marsha M., *Traitement cognitivo-comportemental du trouble de personnalité état-limite*, traduit de l'anglais par Dominique Page, Médecine & Hygiène, Genève, 2000.

1. Repérer l'état émotionnel qui a juste précédé la crise, et tenter de le nommer avec précision.

2. Remonter à la période juste antérieure pour y repérer le ou les événements qui ont pu se produire, en lien avec cette émotion particulière. Il peut s'agir d'une pensée qui vous a traversé l'esprit, d'une situation de solitude et d'ennui, d'un problème avec un proche, etc.

3. Posez-vous la question de votre état émotionnel préalable à cet événement. S'il y avait déjà un problème, essayez de retrouver comment vous vous sentiez, et ce qui pouvait avoir influencé ainsi votre humeur.

4. Recommencez cette démarche jusqu'à remonter au point où rien encore ne s'était manifesté. Vous aurez ainsi cerné la liste des événements qui, en vous et autour de vous, ont constitué la chaîne de causalité de cette crise.

5. Retenez chacune de ces informations et cherchez les alternatives possibles pour en interrompre l'enchaînement. Vous aurez mis au jour quelques facteurs de risque et leurs solutions éventuelles.

Cette procédure offre plusieurs avantages. Elle est une excellente méthode pour découvrir les situations à risque et les reconnaître ultérieurement. Elle souligne l'événement sans le dramatiser. Elle offre des solutions adaptées à chaque facteur de déclenchement des crises.

Agir efficacement

Dès lors que vous aurez rassemblé ces informations sur les facteurs déclenchants de cette crise, vous pourrez décider de la meilleure façon d'y apporter une réponse. Le but de cette étape est de choisir l'attitude la plus adaptée aux circonstances, celle qui aura le maximum de chance de vous sortir de ce mauvais pas, sans vous engager dans une reprise de la totalité de la démarche.

Cette recherche d'une réaction graduée peut être guidée par les éléments du tableau suivant :

Tableau décisionnel en cas de faux pas

Type de problème rencontré	Mesures à prendre
Crise isolée, sans raison connue.	– Auto-observation sur une semaine. – Repérage des éventuelles restrictions. – Repérage des rythmes alimentaires. – Au besoin, reprendre le travail proposé au chapitre « Reconquérir sa liberté de manger ». – Au besoin, reprendre le travail proposé au chapitre « Retrouver ses repères ».

Crise en lien avec une période de fatigue ou de stress d'origine imprécise.	– Auto-observation sur une semaine. – Repérage des rythmes de sommeil, activités, repos... – Au besoin, reprendre le travail proposé au chapitre « Retrouver ses repères ».
Crise en lien avec un manque de qualité de vie (période de vide et d'ennui, « déprime »).	– Auto-observation sur une semaine. – Repérage des situations à haut risque. – Au besoin, reprendre le travail proposé au chapitre « Savoir résoudre ses problèmes ». – Au besoin, reprendre le travail proposé au chapitre « Adapter ses objectifs de vie ».
Crise en lien avec des conflits interpersonnels.	– Auto-observation sur une semaine. – Repérage des situations en cause. – Au besoin, reprendre le travail proposé au chapitre « Savoir s'affirmer ». – Au besoin, reprendre le travail proposé au chapitre « Dominer les crises ».
Crise accompagnée de vomissements ou vomissement isolé.	– Auto-observation sur une semaine. – Reprendre le travail proposé au chapitre « Combattre les vomissements ». – Au besoin, reprendre le travail proposé au chapitre « Réduire sa peur des kilos ».
Crise en lien avec une période faste ou de réussite personnelle.	– Auto-observation sur une semaine. – Repérage des pensées permissives ou de minimisation. – Reprendre le travail proposé en annexe, sur « La restructuration cognitive ». – Au besoin, reprendre le travail proposé au chapitre « Savoir résoudre ses problèmes ».
Crises en salve, sur plusieurs jours.	– Auto-observation sur une semaine. – Reprendre le travail proposé au chapitre « Retrouver ses repères ». – Au besoin, reprendre le travail proposé au chapitre « Reconquérir sa liberté de manger ». – Au besoin, reprendre le travail proposé au chapitre « Dominer les crises ».
Deux crises par semaine (ou plus) pendant 3 semaines.	– Reprendre l'analyse fonctionnelle en commençant d'emblée par les chapitres « Établir ses données personnelles » et « Définir son plan d'action ».

Vous pouvez constater que le premier réflexe sera presque toujours de reprendre votre feuille d'auto-observation (votre carnet alimentaire) sur une période de plusieurs jours. Cette mesure a pour but de vous documenter plus clairement sur les facteurs qui ont facilité ou déclenché cette crise (ou ces crises). Il faut ensuite réagir vite et se lancer dans une série de mesures pour contrôler le risque de récidive. En fait, évaluer le problème, son ampleur et son contexte, c'est gagner du temps car le nombre de réponses à apporter est alors plus limité. En choisissant de façon rationnelle celles qui conviennent et seulement celles-là, vous aurez davantage confiance et vous irez plus volontiers jusqu'au bout.

Apprécier le résultat

Après une à deux semaines, selon les cas, vous devrez vérifier si vos objectifs sont atteints. Pour savoir si vous êtes sorti(e) de la zone de turbulence, il vous faudra faire le bilan de votre évolution pendant cette période. Plusieurs cas de figure s'offrent à vous.

1. Tout va de plus en plus mal. Votre technique est en train d'échouer. N'hésitez pas à revenir au début de ce chapitre : « Réagir efficacement ». Reprenez le tableau décisionnel en tenant compte des éléments de gravité qui ont pu s'ajouter.

2. Rien ne change vraiment. Vous pouvez tenter de poursuivre votre effort encore une semaine. Au-delà, si rien ne va mieux, reprenez la démarche au niveau de l'analyse du contexte (voir le chapitre « Analyser le contexte »).

3. Les choses vont mieux. Poursuivez à l'identique et refaites un bilan dans une à deux semaines.

4. Tout est rentré dans l'ordre. Bravo ! vous êtes sorti(e) d'affaire pour cette fois. Remplissez votre carnet alimentaire pendant encore 2 ou 3 semaines, par sécurité.

Il n'existe pas de guérison immédiate et définitive dans cette maladie, comme dans beaucoup d'autres. Le fait d'avoir atteint un état de stabilité durant une assez longue période est un vrai succès, et vous devrez l'apprécier. Il sera votre réussite personnelle et il faudra savoir vous en attribuer le mérite.

Toutefois, si vous êtes mis(e) en danger par des facteurs extérieurs, vous risquez d'entrer dans une nouvelle période de faux pas éventuels. Il est cependant illusoire d'espérer vous tenir à l'écart de toute vicissitude et de réduire ainsi les dangers. Un évitement trop systématique des difficultés de la vie vous engagerait dans une existence si fade que ce serait un risque tout aussi grand. En revanche, dans tous les cas, si une période difficile revient, interrogez-vous sur les points suivants en toute priorité :

– Ai-je fait des restrictions ?
– Ai-je repris un régime ?
– Ai-je à nouveau peur de manger certains aliments ?

C'est le passage obligé des rechutes et des alertes ; la mauvaise réponse à de bonnes questions. C'est la pierre angulaire de votre équilibre au long cours.

Annexes

Questionnaire d'évaluation de la boulimie

Consignes : pour compléter ce questionnaire, vous devrez entourer le chiffre de la colonne de droite qui semble le mieux vous correspondre. Tenez compte de la période des quinze derniers jours.

Les critères diagnostiques et leur intensité

Ce sont les signes nécessaires et suffisants pour affirmer qu'une personne souffre de boulimie ou d'hyperphagie boulimique. Il paraît utile, de surcroît, d'ajouter une gradation en fonction de l'intensité de ces manifestations. Faire deux crises par semaine depuis trois mois (critères minimaux) ou bien deux par jour depuis trois ans n'a rien de comparable. La cotation proposée ici vous permettra de vous situer sur cette échelle.

La fréquence des crises

Moins de 2 par semaine	0
De 2 à 3 par semaine	1
De 4 à 6 par semaine	2
De 1 à 2 par jour	3
Plus de 2 par jour	4

La durée de la phase actuelle

Moins de 3 mois	0
De 3 à 6 mois	1
De 6 mois à 2 ans	3
Plus de 2 ans	4

Les comportements compensatoires

Ils ne sont pas toujours présents et marquent la différence essentielle entre boulimie et hyperphagie boulimique. Si, dans une des catégories, vous rencontrez plusieurs réponses vraies, notez-les toutes et additionnez leurs valeurs.

Les vomissements

Jamais	0
Parfois (moins d'une fois sur deux)	1
Souvent (plus d'une fois sur deux)	2
À chaque crise	3
À chaque crise et à certains repas	4

Les laxatifs

Jamais	0
Parfois	1
Souvent	2
Quotidiennement	3

Les autres produits

Aucun	0
Diurétiques	1
« Coupe-faim »	1
Autres	1

Les restrictions alimentaires*

Je ne fais aucun régime particulier	0
J'évite les graisses de mon alimentation	1
J'évite les sucres	1
J'évite les féculents	1
J'évite les viandes	1
Je compte mes calories	2
Il m'arrive parfois de sauter un repas	2
J'élimine au moins un repas chaque jour	3
Il m'arrive de jeûner 24 heures ou plus	4

* Ces questions ne concernent que les repas « normaux » et non les crises, bien entendu.

L'activité physique

Je ne fais pas d'activité physique pour éliminer les calories	0
Je fais un peu de sport pour ne pas grossir	1
Je fais beaucoup de sport et je cherche à maigrir	2
Mon activité physique est extrême et épuisante	3

Importance de la silhouette et du poids

Mon corps me convient assez bien	0
Je trouve que j'ai un trop gros ventre	1
J'ai les hanches trop larges	1
Mes cuisses sont trop grosses	1
Je trouve que ma peau est trop molle	1
Je ressens le besoin de vérifier mon poids très souvent	2
Me peser me fait peur et j'évite de le faire	2
Être mince est une question de volonté	2
Être musclé(e) est un gage de réussite personnelle	2
L'idée de prendre un kilo me bouleverse	3
Je serais incapable de sortir si j'avais 5 kg de plus	4

Les critères de sévérité

À la suite de ce questionnaire, il est possible d'évaluer les conséquences de votre trouble alimentaire sur vous-même et votre santé. Sont passées en revue, et classées par ordre de sévérité, toutes les incidences fréquemment rencontrées. Pour simplifier, on retient trois secteurs : physique, psychologique et social. Ils peuvent être affectés différemment d'une personne à l'autre, mais leur valeur globale mesure la sévérité des troubles.

L'impact physique

Les dents*

Mes dents sont en assez bon état	0
Mes dents sont ternies ou jaunies	1
J'ai des caries récentes	2
Mes dents sont très endommagées	3

* Leur état peut être endommagé par les vomissements. Ne cotez les réponses que si elles vous paraissent en lien avec votre trouble.

L'appareil digestif

Je n'ai pas particulièrement de troubles digestifs	0
J'ai des douleurs abdominales	1
J'ai un gonflement des glandes salivaires ou des parotides	1
Je souffre de brûlures digestives	2
Je suis contraint(e) de prendre un traitement	3

Les règles

Mes cycles menstruels sont normaux	0
Mes cycles sont irréguliers	1
Je n'ai plus mes règles depuis plus de 2 mois	2

Bien entendu, cette catégorie ne concerne que les femmes ayant eu leurs premières règles. Pour les plus jeunes, et pour les hommes, ce critère de sévérité ne sera donc pas pris en compte dans le total général, mais l'écart qu'il induit est mineur et ne fausse pas l'appréciation globale de la sévérité.

La fatigue

Je ne suis pas plus fatigué(e) que d'habitude	0
Je suis souvent las(se) et sans énergie	1
Je me traîne en permanence	2

L'impact psychologique

Dépression

Je ne me sens pas particulièrement triste ou déprimé(e)	0
Je suis souvent triste et sans élan	1
Je suis en permanence déprimé(e) et je ne m'en sors pas	2
Je suis désespéré(e)	3

Anxiété

Je ne me sens pas particulièrement tendu(e) ou inquiet(ète)	0
Je suis souvent angoissé(e) ou stressé(e)	1
Je suis en permanence anxieux(se) ou agité(e)	2
Il m'arrive d'être paniqué(e)	3

Estime de soi

Ces crises n'ont pas modifié mon estime personnelle	0
Souvent, je ne me sens pas à la hauteur	1
J'ai perdu ma confiance en moi	2
Je me sens nul(le), sans valeur	3

Impulsivité

Je n'ai pas particulièrement de comportements impulsifs	0
Il m'arrive de regretter ce que je viens d'acheter	1
Mes paroles dépassent souvent mes pensées	1
Je change très vite d'avis ou de projet	2
Je m'emporte trop facilement	2
Il m'arrive de me faire du mal impulsivement	3

Concentration

Je n'ai pas particulièrement de mal à me concentrer	0
Je suis souvent distrait(e)	1
Je suis incapable de fixer mon attention plus de quelques minutes	2

Sommeil

Mon sommeil est normal	0
J'ai de la peine à dormir de temps en temps	1
Mon sommeil est très perturbé	2

Abus de substances

Ne comptez que les situations qui vous semblent en lien avec le trouble alimentaire, ou qui s'en trouvent aggravées.

Je n'utilise aucun médicament	0
J'ai parfois recours à des tranquillisants	1
Il m'arrive de boire pour chercher à me détendre	2
Je prends des produits illicites	3
Je sens que je suis dépendant(e) d'un de ces produits	4

L'impact social

Le travail

Mon alimentation n'a pas de conséquence sur mon travail	0
Je suis gêné(e) par mes crises, en cours ou sur mon lieu de travail	1
Certaines tâches me sont impossibles du fait de mes troubles	2
Ma maladie m'empêche totalement de travailler	3

La famille

Il s'agit autant des parents que des frères et sœurs ou de la famille au sens large. Tenez compte du fait que vous pouvez être sensible ou irritable dans certaines périodes de vos troubles : notez les situations concernées.

Je n'ai pas de problème particulier avec mes proches	0
Il m'arrive d'être irritable avec mes proches	1
J'ai des conflits réguliers avec au moins l'un d'entre eux	2
L'ambiance à la maison est très pesante	3
J'ai rompu tout lien avec ma famille	4

Les relations avec les autres

Je n'ai pas de problème particulier dans mes relations	0
Je vois moins de monde qu'avant	1
Je suis mal à l'aise avec les autres	1
Je fuis les contacts	2
Ma relation de couple est sérieusement perturbée par mes troubles	3
Mon trouble m'empêche d'avoir une vie de couple	4

Indice personnel de sévérité

Cotez l'appréciation personnelle de votre souffrance en rapport avec cette maladie sur une échelle de 0 à 10 (0 pour une absence totale de souffrance, et 10 pour une souffrance extrême).

Travail sur l'image du corps

Le fait d'avoir une image plus ou moins bonne de son corps est un des facteurs qui conditionnent le plus l'apparition et le maintien des troubles boulimiques[55].

Historique de l'image du corps

Nous construisons la représentation que nous avons de nous-même tout au long de notre vie. Les expériences que nous traversons nous apprennent à mieux nous connaître. Elles peuvent aussi nous conduire à des conclusions erronées ou excessives. Le fait que deux personnes très comparables par leur taille, leur aspect physique et leurs traits généraux puissent s'estimer très différemment donne à réfléchir. Je suis toujours très frappé de constater que les personnes que je rencontre pour un trouble boulimique ont un indice de masse corporelle moyen tout à fait normal (IMC entre 19 et 23). Pourtant, aucune n'est satisfaite de son poids. Comment sont-elles arrivées à cette conviction d'être trop grosses, peu séduisantes, voire repoussantes ?

La réponse tient sans doute à la nature des expériences qu'elles ont vécues, et de l'interprétation qu'elles en ont faite. Il existe de nombreuses façon d'apprendre à détester son corps. Voici les plus fréquentes :

- Avoir été l'objet de critiques et de moqueries de la part de ses proches (ami(e)s, frères et sœurs, parents, camarades de classe, partenaire, etc.).
- Avoir été l'objet de compliments très fréquents sur son physique, ou appartenir à un milieu où la beauté physique est placée au premier plan.
- Avoir passé une période de surpoids manifeste (dans l'enfance, à l'adolescence, lors des premières règles, etc.).
- Avoir passé une assez longue période de maigreur, quelle que soit son origine (constitutionnelle, liée à une maladie, etc.).
- Avoir côtoyé un proche affecté d'un surpoids entraînant une gêne physique et/ou morale importante.
- Avoir été en avance sur son âge dans le développement des signes extérieurs de maturité (forte poitrine, grande taille, pilosité, etc.).
- Avoir dû faire un régime très tôt (prescription médicale, conseil d'un parent, exigence en rapport avec une activité sportive ou artistique, etc.).

55. Freeman R.J., Beach B., Davis R. & Solyom L., « The Prediction of Relapse in Bulimia Nervosa », *Journal of psychiatric research,* 1985, 19, 349-353.

• Avoir subi un problème de santé menaçant le corps (port d'un corset, opération importante, alitement prolongé, etc.).

• Avoir subi des violences physiques (de la part d'un parent ou d'autres personnes).

• Avoir subi un abus sexuel (attouchements, viol, manœuvres de séduction d'un adulte, etc.).

Chacune de ces expériences n'a pas la même gravité, ni le même impact potentiel. Toutes peuvent se retrouver parmi les facteurs de prédisposition à une mauvaise image de son corps. Deux ou trois d'entre elles peuvent se trouver associées chez une même personne.

Qu'en est-il pour vous ? Quels sont les moments marquants de votre vie, en lien avec ce problème ? Voici un moyen d'en faire le tour et de vous faire une idée précise de ces questions. Vous allez repartir de votre prime enfance, et retracer les événements importants que vous pourriez mettre en lien avec la mauvaise image que vous avez de votre corps. Faites-le en vous inspirant du modèle suivant :

Périodes de la vie	**Événements**	**Commentaires**
Maternelle		
Primaire		
Collège		
Lycée		
18-25 ans		
26 ans et plus		

Comment vous voyez-vous aujourd'hui ?

Si vous vous interrogez sur l'image que vous avez constituée de vous-même et de votre aspect physique au cours de votre vie, vous allez maintenant pouvoir y répondre. Que vous considériez votre silhouette dans son entier, ou certaines parties de votre corps, il est certain que vous n'en êtes pas satisfait(e). Voici quelques thèmes sur lesquels il serait important de faire le point.

Votre poids

Cette partie est essentiellement utile pour les femmes. Les hommes souffrant de troubles des conduites alimentaires n'ont pas de problème avec leur corpulence, en général. Ils sont plus soucieux d'avoir un aspect musculeux et « sec ». La minceur ne les concerne pas vraiment.

Avant toutes choses, vous allez prendre une feuille de papier et noter quelques données initiales à ce sujet :

• Quel est le poids *maximum* que vous ayez atteint, depuis que vous avez votre taille adulte ?

• Quel est le poids *minimum* que vous ayez atteint, depuis que vous avez votre taille adulte ?

• Quel est le poids *idéal* pour vous ?

• Quel est votre indice de masse corporelle actuel ? (IMC = Poids (en kilos) divisé par la taille (en mètres) élevée au carré).

Le poids idéal d'Émilie

Après avoir atteint 58 kg, son poids d'équilibre (IMC = 20,3), Émilie a tenté de maigrir en faisant un régime. Elle a atteint, au plus bas, 53 kg (IMC = 18,5), mais les crises sont venues sanctionner les restrictions et son poids est remonté vers 60 kg aujourd'hui (IMC = 21). Elle garde en tête le moment où elle faisait 54 kg (IMC = 19) et elle aimerait vraiment retrouver cette minceur qui lui plaisait. Voici comment elle remplit sa grille de poids.

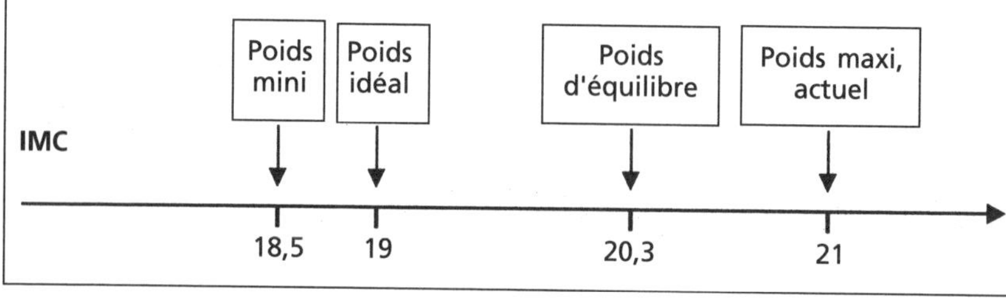

Maintenant prenez une règle et tracez une ligne horizontale sur une feuille quadrillée. Reportez-y les valeurs que vous aurez trouvées en calculant l'IMC correspondant pour chaque poids. Par exemple, pour une taille de 1,65 m avec un poids « idéal » de 50 kg, l'IMC serait de $50 / (1{,}65)^2 = 18$ environ.

Lorsque vous aurez fait ce travail, reportez-vous à l'encadré ci-dessus, en suivant le modèle d'Émilie.

À la suite de cet exercice, vous pourrez reporter sur votre ligne les données suivantes, issues d'études sociologiques récentes[56] :

• L'indice de masse corporelle moyen des femmes de notre pays s'établit à 21 (la zone de poids moyen normale se situe entre 19 et 23).

• Il augmente régulièrement avec l'âge, passant de 20 vers 18 ans à 22 vers 40 ans. Ce qui représente un poids de 57 kg pour Émilie.

• Les femmes de 15 à 25 ans surestiment leur IMC d'un point, en général. Ce qui signifie qu'Émilie se voit comme une jeune fille de près de 63 kg alors qu'elle en fait 60 !

• Elles sous-estiment, symétriquement, d'un point l'IMC idéal pour les hommes. Ainsi Émilie pense que Franck aimerait la voir peser 55 kg tout au plus, alors qu'il attend 58 à 59 kg minimum.

Après avoir comparé vos chiffres à ceux de cette échelle, vous pourrez commencer une analyse de votre perception de votre corpulence. Qu'en est-il de votre poids ? Est-il réellement trop élevé ? Votre poids idéal est-il trop irréaliste (IMC < 18,5) ?

Faites encore un petit test : Observez autour de vous les personnes qui paraissent avoir la même corpulence que vous. Sans les froisser si possible, demandez-leur quel poids et quelle taille elles font. Calculez leur IMC et évaluez l'écart entre votre perception et leur corpulence réelle. Vous risquez bien d'être surprise par le résultat.

Vos formes

Bien peu de femmes sont satisfaites de leurs formes. Elles ont, pour cela, une raison majeure : les images proposées par les médias sont d'une absolue perfection et présentées comme un idéal raisonnable. L'écart entre la silhouette des femmes « normales » et celle des mannequins de la mode n'a cessé de se creuser, depuis plusieurs décennies, dans les pays occidentaux. Ce fait accentue massivement le sentiment d'insatisfaction des nouvelles générations. Il constitue le premier facteur social de prédisposition aux troubles de l'alimentation.

56. Myers D. G., *Traité de psychologie,* Paris, Flammarion Médecine, 1998.

Pour les hommes, plus épargnés jusqu'ici, la pression commence à se faire sentir. Elle n'a toutefois pas la même valeur. Pour eux, il s'agit bien plus d'accentuer leur musculature et de faire la chasse à la graisse sous la peau. Leur IMC peut être très élevé, pourvu que leur rapport masse graisseuse/masse maigre soit infime. Cette attente est tout à fait contraire aux réels besoins physiologiques, et les pousse à modifier leur régime (alimentation hyper-protidique) et à multiplier les exercices physiques au risque de créer de graves déséquilibres.

Lorsque vous vous regardez, après avoir admiré ces images irréprochables, vous ne pouvez plus porter un regard indulgent, ni même neutre, sur votre silhouette et votre aspect général. Vous ne pouvez que vous trouver extrêmement différent(e) de ce modèle. Vous observez chaque détail de votre corps, chaque centimètre carré de votre peau, avec dédain et consternation. Je vous propose de faire un petit exercice inverse afin de « détoxiquer » ces informations frauduleuses. Prenez l'une de ces images « trop » séduisantes et placez-la devant vous pour l'observer. Posez-vous maintenant les questions suivantes :

• Sa silhouette est-elle réaliste ? N'a-t-elle pas été remaniée par un habile travail de l'image ? La taille peut être aisément affinée. Les seins sont artificiellement grossis. Les hanches sont plus étroites qu'en réalité...

• Sa peau a-t-elle été retravaillée ? On a pu gommer tous les défauts et en modifier la texture : plus de petits boutons ni de marques disgracieuses ; aucun reflet inesthétique ; pas de cernes ni de rides...

• Ses proportions sont-elles justes ? Ses jambes ne vous paraissent-elles pas exagérément longues ? Il est très facile de les faire paraître très fines et galbées. Qu'en est-il de ses cuisses, de ses bras, de ses doigts, de ses ongles ?

• Son ventre est-il « trop » plat ? C'est l'objet de soins très particuliers tant les femmes détestent qu'il soit proéminent, mais avoir un ventre plat n'est pas normal. Pour y parvenir, il faut soit avoir une constitution exceptionnelle, soit truquer l'image (ce qui est bien plus simple).

• Sa coiffure, son maquillage, l'expression de son visage, la taille de ses pupilles, tout peut avoir été modifié pour la faire paraître encore plus idéale et séduisante. Les professionnels qui en ont la charge savent exactement l'effet qu'ils doivent produire sur vous, et les méthodes pour y parvenir.

• Quel régime suit-elle ? Savez-vous que 20 % de ces femmes parfaites souffrent de troubles alimentaires (surtout anorexie avec vomissements). Elles vivent sous la contrainte permanente de leur agence. Leur carrière est entièrement conditionnée par leur aptitude à perdre du poids... mais à quel prix ?

• Quel est son avenir ? Que lui arrivera-t-il dans cinq ans, dix tout au plus ? Elle sera de toute façon trop âgée pour ce travail, mais elle devra en assumer les séquelles. Troubles liés aux excès de sa profession et perturbations psychologiques durables sont la règle. La trouvez-vous toujours aussi enviable ?

Quelles sont vos conclusions ?

Ces informations et ces exercices ont pu vous permettre de prendre conscience d'un phénomène très important. L'image que vous avez de vous-même et de votre aspect physique s'est constituée au long de votre vie, et elle n'est pas une donnée objective. Les événements que vous avez traversés, les traumatismes petits ou grands que vous avez vécus, les influences qui ont pesé sur votre appréciation, tout a contribué à la modifier. Cette subjectivité se retrouve encore dans le fait que cette image est très variable dans le temps. Vous avez certainement remarqué que vous êtes bien plus indulgent(e) quand vous vous sentez en forme et que votre moral est bon. À l'inverse, vous ne voyez plus rien de positif chez vous lorsque vous sombrez dans une phase de déprime.

Il existe bien une différence entre ce que vous voyez et ce que vous percevez. Vos sens vous donnent des informations sur votre corps, mais vous les interprétez pour construire votre propre image. Cette traduction de la réalité n'est pas vraiment fidèle. Tout peut venir perturber le résultat, comme nous l'avons montré plus haut. Le problème vient de ce que vous aboutissez plus souvent que les autres à une image dépréciative. Vous pouvez être certain(e) d'avoir une vision de vous plus négative que ce qu'elle devrait être, et que celle qu'on a de vous.

À l'inverse, il vous arrive certainement de voir des personnes sûres d'elles et très épanouies, alors qu'elles n'ont pas un physique très agréable. L'image qu'elles ont d'elles-mêmes est un peu surévaluée, et elles vous semblent bien naïves, peut-être, de se montrer si sereines. Mais, au fond, ont-elles à regretter leur optimisme ? Leur insouciance les rend-elles plus malheureuses ? Ont-elles, finalement, moins de succès que si elles étaient conscientes de n'être pas vraiment belles ?

Enfin, interrogez-vous sur les buts que vous poursuivez en tentant de contrôler votre poids, au prix d'une maladie qui vous pénalise depuis bien longtemps. Vous cherchez à améliorer votre image corporelle en perdant du poids. Vous êtes en permanence au régime. Malheureusement ces restrictions sont à l'origine de votre boulimie, et vos crises vous font échouer doublement dans ce projet :

1. Elles abîment votre corps, finalement, bien plus qu'elles ne contribuent à l'amender.

2. Elles vous dépriment, ce qui vous conduit à vous regarder de manière encore plus pessimiste et négative.

D'une certaine façon, il serait possible de dire désormais que ce qui compte, ce n'est pas de réussir à **être** beau (belle), agréable, séduisant(e), etc., mais de réussir à **se voir** ainsi.

Améliorez l'image de votre corps

Cet objectif vous paraît maintenant plus réaliste qu'au début de ce travail, mais il n'en demeure pas moins difficile à obtenir. Une des raisons de ne pas y parvenir vient du fait que vos efforts pour l'atteindre ont tous été dans la même direction. Il vous paraît naturel de faire « toujours plus du même ». Ce dont il est question maintenant, c'est d'adopter une stratégie différente, voire opposée. Pour prendre une image, on pourrait dire que vous allez devoir passer de la lutte au judo. Quand deux lutteurs s'affrontent, chacun tente de faire chuter l'autre en se servant de sa force pure et en dominant son adversaire physiquement. Les arts martiaux, en Extrême-Orient, proposent plutôt de se servir de l'élan de l'adversaire pour le faire tomber. C'est en cessant de résister que les choses vont aller dans le bon sens. C'est en renonçant à contrôler votre corps que vous allez lui retrouver des qualités.

Changez certaines de vos habitudes

Votre inquiétude concernant votre aspect physique vous amène peut-être à adopter des comportements tout aussi inutiles que dangereux. Vous ne les percevez pas nécessairement, tant ils sont habituels et anciens. Ils contribuent, malgré vous, à aggraver votre doute sur votre image. En voici quelques exemples fréquents. Tentez de les repérer et de les abandonner.

1. Cessez de vérifier tout ce qui ne va pas. Il vous arrive peut-être de vous regarder dans tous les miroirs ; de quêter dans ces contrôles répétés une réponse à votre angoissante question : « Tout va-t-il bien dans mon aspect physique ? » Mais votre regard tombe aussitôt sur la partie de votre corps qui vous inquiète le plus (le ventre, les hanches, les cuisses, etc.), et vous ne voyez plus qu'elle. Cette tendance à la vérification est obsédante et se fait de façon furtive, presque malgré vous. La main qui se pose sur le ventre pour tester sa forme ou celle qui parcourt votre cuisse, quand vous traversez un lieu public. Il vous arrive aussi de vous comparer aux autres et de chercher autour de vous les personnes qui vous semblent avoir plus de charme et de prestance que vous. Ce sont autant de petits rituels qui attirent votre attention inquiète vers les points sensibles de votre silhouette. Ils vous mettent en face de votre préoccupation en permanence.

2. Cessez de chercher des réassurances. Si vous avez peur de votre image dans le regard des autres, vous risquez bien de vouloir qu'on vous rassure en permanence. Vous interrogez régulièrement vos ami(e)s, pour être sûr(e) que tout va bien ou que vous n'êtes pas ridicule ou horrible. Vous harcelez votre partenaire pour qu'il(elle) vous redise combien vous lui plaisez. Vous prêchez le faux pour savoir le vrai : « Est-ce que tu ne trouves pas que cette robe me boudine ? », dans l'espoir qu'on vous dise qu'elle vous va à ravir. L'effet de ces réassurances est réel, mais très fugace. À peine vous a-t-on dit que tout allait bien, que le doute s'installe à nouveau. Vous voilà en quête d'un nouvel apaisement. Vous vous trouvez dans la même situation que si vous calmiez votre inquiétude avec un tranquillisant. Il vous faudrait en reprendre régulièrement et augmenter les doses si vous ne voulez pas risquer un sevrage trop brutal. Votre inquiétude n'en disparaîtrait pas pour autant, bien au contraire.

3. Cessez de vous lancer des défis. Pour atteindre votre idéal encore plus vite, il vous arrive peut-être d'affronter ce qui vous semble le plus difficile. L'esprit qui vous guide est du genre « ça passe ou ça casse ! ». Cette logique du « tout ou rien » ne vous rend guère service, mais encore faut-il en avoir conscience pour en changer. C'est le cas, par exemple, quand vous vous donnez comme objectif de mettre une jupe de deux tailles en dessous de celle qui vous irait. De même, vous êtes capable de vous imposer des efforts démesurés pour parfaire votre musculature. Cherchez bien tout ce qui s'y apparente et apprenez à vous en défier. Ces attitudes vous mettent en grand danger, le risque d'échec est majeur. Si vous réussissez, vous retiendrez surtout qu'il faut faire encore mieux. Si vous échouez, vous retiendrez seulement que vous aviez raison d'être pessimiste.

4. Cessez de vous négliger. Lorsque vous avez assez lutté, vous êtes tenté(e) de baisser les bras. Vous êtes convaincu(e) que tout effort est inutile, que votre disgrâce est évidente et que rien ne sert de tenter d'y échapper. Votre sentiment d'impuissance est tel que vous vous dites : « À quoi bon ? rien ne sert à rien. » Vous êtes désespéré(e). Le danger qui vous guette alors, c'est de vous présenter aux autres sous votre plus mauvais jour. Vous enfilez des vêtements taillés dans des sacs, vous ne vous maquillez plus du tout et vous faites la tête. Inévitablement, votre entourage réagit de façon explicite (« Ben dis donc, quelle sale mine tu as ! ») ou implicite (attitude de rejet et manque d'attention). Vous voilà à nouveau confirmé(e) dans votre préjugé : « Je suis vraiment sans attrait ni charme. Je suis gros(se) et moche. »

Adoptez de nouvelles habitudes

Vous pourriez atteindre une grande partie de vos objectifs en vous donnant des moyens différents de ceux que nous venons de décrire et de critiquer. Le principe général qui les inspire, c'est que vous avez intérêt à être l'allié de votre corps plutôt que son ennemi. Si vous le maltraitez, il vous fera souffrir.

1. Prendre soin de son corps. Il est possible d'améliorer sensiblement votre image et la confiance qu'elle vous inspire en utilisant les moyens que vous donnent les professionnels dans ce domaine. Il ne s'agit pas de modifier votre apparence par des pratiques agressives (« souffrir pour être belle »), mais de considérer qu'il existe des moyens simples et sans danger pour tirer le meilleur parti de votre image et de vos qualités physiques. Allez voir une esthéticienne et prenez quelques séances de soins en fonction de ses conseils. Demandez à votre coiffeur de vous aider à affirmer votre style, en modifiant votre coupe ou votre couleur. Apprenez à vous maquiller sans excès et de façon appropriée à votre personnalité. Choisissez des vêtements à votre taille, évitez les effets trop moulants autant que les « cache-misère ». Soyez accompagné(e) par une personne de confiance, afin de choisir des choses qui vous vont bien, et non celles que, selon vous, les autres attendent que vous portiez.

2. En tirer du plaisir. Les méthodes sont nombreuses et la plupart sont très accessibles. Il s'agit, par exemple, de l'activité physique modérée du *stretching* et des sensations très positives qu'il procure. Il en va de même pour toutes les activités dans l'eau. Cet élément a pour avantage de soulager l'impression de pesanteur. Il permet, de plus, des efforts sans risque, puisqu'il réduit les tensions sur les articulations. Mais c'est aussi le cas des bains chauds ou tièdes, selon vos préférences : ils contribuent à associer soins du corps et plaisir, bien-être. Sachez vous servir des crèmes pour le corps afin de redécouvrir des sensations apaisantes et agréables. Pour que son aspect vous plaise mieux, sachez recourir à l'épilation si nécessaire. Faites-le pour vous et pas seulement l'été pour mettre une jupe. Les massages ont un effet très positif, si on peut les accepter. Le cas échéant, commencez par des automassages (le visage d'abord, puis les bras, en allant vers les parties plus sensibles ensuite). Utilisez, au besoin, les techniques de relaxation que vous trouverez plus loin dans ces annexes, afin de vous faciliter l'accès à ces plaisirs.

3. Se présenter mieux. Il vous est certainement déjà arrivé de trouver beaucoup d'allure et de charme à des personnes n'ayant pas de réelle beauté plastique. Ceci vient, en général, de ce qui se dégage de leur expression et de leurs mouvements. Savoir sourire, soutenir un regard, se déplacer avec élégance sont autant d'atouts que vous pouvez utiliser pour améliorer votre confiance dans votre image. Savoir choisir des accessoires et oser les porter (boucles d'oreilles, foulards, ceintures, colliers, etc.). Là encore faites-vous conseiller par une personne sûre, capable de vous dire ce qui vous va le mieux. Ainsi, même vos pieds, dès lors qu'ils seront valorisés par une paire de chaussures adaptée, pourront vous aider à vous sentir plus sûre de vous.

4. Valoriser ses atouts. Si vous êtes grand(e), sachez vous servir de l'effet positif de votre stature : ne vous courbez pas, ne vous pliez pas pour être discret(ète). Si vous êtes petite, vous pouvez mettre des talons et ainsi allonger vos jambes. C'est l'impression générale de la silhouette qui en est modifiée et c'est elle qui compte, bien plus que les détails que vous épiez. Si vous êtes ronde, profitez-en pour souligner les parties de votre corps qui en tirent bénéfice (poitrine, épaules rondes, formes douces). Soulignez votre regard, pour le mettre plus en valeur (mais attention au maquillage excessif !). Là encore, sachez vous servir des conseils d'une amie qui vous connaît bien, ou dont vous appréciez les compétences dans ce domaine.

La très grande majorité des conseils que vous venez de parcourir s'adressent aux femmes surtout. Cela tient probablement aux mêmes raisons qui font que le physique des femmes est leur première source de préoccupation. Ce n'est que justice pour elles que les moyens pour combattre leur mauvaise image soient aussi nombreux que les raisons d'en être insatisfaites.

Faites des choix et passez à l'action. L'efficacité de ces moyens n'apparaît que si vous les mettez en œuvre. Il se peut que parmi les raisons d'hésiter, vous trouviez que vos moyens ne vous permettent pas d'aller chez une esthéticienne ou de vous offrir une couleur chez un coiffeur. N'oubliez pas alors de faire le compte de ce que vous coûte votre maladie. Vous risquez bien de faire un investissement très rentable, finalement.

Éléments de relaxation

Les techniques que vous allez découvrir ou redécouvrir ici sont très classiques et éprouvées. Elles peuvent être utiles à chacun dans de très nombreuses situations. Les relaxations (car elles sont diverses) sont des moyens simples et efficaces de ressentir rapidement un mieux-être, et de dépasser certaines difficultés de la vie. Leur enseignement devrait être aussi courant que la lecture ou le calcul, mais elles restent malheureusement, pour l'instant, l'apanage des thérapeutes.

Dans votre démarche pour sortir de la boulimie, elles tiennent une place évidente. Elles sont utiles à de nombreux stades de votre travail personnel et pourront vous le faciliter, voire en conditionner le succès. Voici les étapes où elles seront plus particulièrement utiles :

• « Combattre les vomissements » Un travail pour lequel vous devrez avoir acquis une bonne maîtrise de ces techniques. En effet, il vous faudra savoir vous détendre efficacement pour retarder la survenue d'un vomissement.

• « Retrouver ses repères » À cette étape, la relaxation pourra vous aider à lutter contre vos troubles du sommeil, par exemple, ou à résoudre d'autres problèmes liés au stress.

• « Dominer les crises » Il s'agit du même principe que précédemment. Les crises pourront être évitées en recherchant des alternatives, mais vous y parviendrez plus sûrement si vous possédez bien ce moyen de vous détendre auparavant.

• « Reconquérir sa liberté de manger » Dans cette étape incontournable, la relaxation permet d'affronter plus vite et plus aisément des aliments très inquiétants ou aversifs.

• « Savoir résoudre ses problèmes » Il peut être très difficile de prendre le temps de réfléchir et d'agir posément face à certaines difficultés. La relaxation permet de réduire rapidement le niveau de stress et de s'y attaquer de façon rationnelle.

• « Savoir s'affirmer » Trouver l'attitude juste ou la réponse adaptée, dans les conflits de la vie quotidienne, nécessite bien souvent de savoir prendre un temps pour s'apaiser et se détendre. Une réponse trop hâtive et guidée par l'émotion risque de nous créer plus de problèmes qu'elle n'apporterait de solution.

Si vous souhaitez acquérir ces techniques rapidement, vous devrez vous y entraîner régulièrement pendant une durée suffisante. Il vous est recommandé de poursuivre vos exercices régulièrement, pendant plusieurs semaines, à raison de quelques minutes matin et soir au moins.

Le fait d'avoir plusieurs méthodes de relaxation décrites ici vous permettra de choisir celles qui vous conviendront le mieux. Après une période de test, sélectionnez celles qui vous donnent les meilleurs résultats et sont les plus compatibles avec votre mode de vie et les difficultés que vous avez l'habitude de rencontrer.

Un des bons moyens de travailler est d'enregistrer le texte de ces séances sur une cassette audio. Si vous le pouvez, n'hésitez pas à demander à une personne proche de le faire pour vous. Ajoutez un fond musical, doux et adapté, pour plus d'efficacité. Il en existe de toutes sortes dans le commerce.

La relaxation différentielle (Jacobson)

Elle est surtout très utile si vous avez de la peine à vous laisser aller. Que ce soit parce vous êtes mal à l'aise quand vous devez relâcher votre vigilance, ou que vous vous endormez dès que vous êtes détendu(e).

Installez-vous confortablement sur une chaise. Fermez vos yeux. Soupirez profondément et relâchez totalement vos jambes. Soupirez une fois encore profondément. Laissez pendre vos bras lourdement le long de la chaise.

1. Portez votre attention sur votre main droite. Fermez le poing et serrez vos doigts fortement. Restez dans cette position pendant une dizaine de secondes. Relâchez complètement votre main. Attendez une dizaine de secondes et recommencez l'exercice.

2. Tendez maintenant votre bras droit devant vous, poing fermé. Contractez tous les muscles et restez dans cette position durant dix secondes. Relâchez ensuite votre bras en le laissant retomber le long de la chaise. Concentrez-vous sur les sensations que vous repérez, pendant une dizaine de secondes. Recommencez l'exercice.

3. Formez un poing à l'aide de votre main gauche et contractez les muscles de votre main pendant dix secondes. Relâchez-les et concentrez-vous sur ce que vous ressentez, pendant une dizaine de secondes. Répétez l'exercice.

4. Tendez votre bras gauche devant vous et contractez l'ensemble des muscles intensément, pendant dix secondes. Relâchez totalement votre effort et laissez tomber votre bras le long de votre chaise. Pendant dix secondes, soyez attentif(ve) aux sensations particulières qui l'envahissent. Répétez l'exercice.

5. Tendez maintenant les deux bras devant vous. Poings fermés, crispez tous vos muscles au maximum. Essayez de maintenir cette tension

pendant dix secondes, puis laissez vos bras retomber lourdement le long de votre chaise. Pendant dix secondes, soyez attentif(ve) aux effets de cette manœuvre sur les muscles de vos bras. Répétez l'exercice.

6. Contractez vos paupières de toutes vos forces. Faites de même avec votre nez ; cherchez à le plisser. Serrez les lèvres. Contractez votre langue. Restez dans cette position pendant dix secondes, puis relâchez tout. Après un repos de dix secondes, recommencez l'opération.

7. Tirez sur les muscles de votre nuque, en rentrant votre tête dans vos épaules. Remettez-vous en position normale et dodelinez de la tête, en avant et en arrière, pour détendre votre nuque. Restez dix secondes au repos, puis pratiquez de nouveau l'exercice.

8. Contractez maintenant les muscles de vos épaules, en cherchant à tendre vos omoplates vers l'arrière. Conservez fermement cette position dix secondes d'affilée. Relâchez le tout en faisant le dos rond. Attendez dix secondes et répétez l'exercice.

9. Appuyez vos pieds fermement sur le sol. Contractez les muscles de vos cuisses dix secondes. Relâchez tout. Après dix secondes de repos, faites une nouvelle fois l'exercice.

10. Soulevez vos pieds du sol et tendez vos jambes vers l'avant. Vous pouvez vous aider de vos mains, si vous avez de la peine à réaliser l'exercice. Maintenez vos jambes tendues en les crispant dix secondes. Relâchez. Après dix secondes, refaites l'exercice.

11. Prenez une à deux minutes pour vous laisser emplir des sensations corporelles que vous éprouvez. Pendant ce temps, soyez attentif(ve) à votre respiration. Cherchez à faire en sorte qu'à chaque inspiration, votre ventre se gonfle comme un ballon, et qu'à chaque expiration il se dégonfle.

L'avantage de cette méthode est d'être assez facile à faire en toute circonstance. En effet, il vous est possible, si vous repérez que l'un de vos groupes musculaires est particulièrement tendu, de le contracter quelques secondes avant de le relâcher, que ce soit dans votre voiture, à votre place de travail, debout en marchant, etc.

Le training autogène (Schultz)

Allongez-vous de manière confortable et fermez les yeux. Répertoriez chacun des points de contact de votre corps (avec le sol, votre lit, un tapis, etc.). Exigez de chacun des muscles de votre corps qu'il se relâche au maximum. Si vous sentez des points de tension particuliers, insistez. Utilisez, au besoin, les principes de la relaxation différentielle précédemment expliqués. Concentrez-vous sur votre respiration : laissez votre ventre se gonfler à chaque inspiration et se vider à chaque expiration ; imaginez un métronome dont le mouvement rythmique se collerait à vos inspirations et expirations, ou la mer, avançant et reculant sur le sable, au rythme de votre respiration. Imaginez maintenant que vous êtes allongé(e) sur une plage de sable fin ; vous vous levez, vous vous retournez et vous observez les empreintes laissées par votre corps dans le sable.

Recentrez-vous sur votre respiration et imaginez qu'un ballon, dans votre ventre, se gonfle et se dégonfle lentement, à chacune de vos inspirations et expirations.

Portez votre attention sur votre main dominante (droite si vous êtes droitier, gauche si vous êtes gaucher). Concentrez votre attention sur le bout de vos doigts, et essayez de ressentir une impression de chaleur. Pour vous aider, vous pouvez imaginer qu'un rayon de soleil vient caresser votre main, ou que vous l'avez emmitouflée dans un gant très doux et très chaud, ou que vos doigts jouent avec une poignée de sable baigné de soleil.

Recentrez-vous un instant sur votre respiration.

Portez maintenant votre attention sur vos jambes. Déposez sur vos jambes une couverture de relaxation. Laissez-vous imprégner par la douceur de cette couverture et par la légère pression qu'elle exerce sur vous.

Recentrez-vous un instant sur votre respiration.

Laissez venir dans votre esprit le souvenir d'un moment agréable vécu ou créé de toutes pièces (la photo d'un paysage apaisant, un tableau que vous aimez particulièrement ou tout autre image qui vous procure un sentiment de bien-être et de douceur). Laissez-vous imprégner par cette image.

Recentrez-vous un instant sur votre respiration.

Laissez l'énergie revenir progressivement dans vos membres. Bougez vos orteils, les doigts de vos mains, étendez-vous comme un chat, puis tout doucement, très progressivement, ouvrez vos yeux en les protégeant de la lumière avec votre main.

La respiration lente

Respirer exige de notre corps qu'il mobilise le thorax, les poumons, le diaphragme et les muscles respiratoires.

À chaque inspiration, notre diaphragme se contracte et le volume de notre cage thoracique augmente, le tout grâce à la mobilisation de tout un ensemble de muscles. L'espace thoracique élargi permet aux poumons d'augmenter de volume et de recevoir l'air inspiré.

À chaque expiration, nous relâchons notre diaphragme et nos muscles, ce qui permet à notre cage thoracique de retrouver ses dimensions initiales. La diminution de volume du thorax comprime les deux poumons, dont l'air est alors expulsé.

L'inspiration et l'expiration sont commandées par un centre respiratoire situé dans notre moelle épinière. Les ordres qu'il transmet à notre diaphragme et à notre thorax sont fonction du taux d'oxygène et de gaz carbonique que véhicule notre sang.

Au cours de la respiration, l'échange de l'air pulmonaire n'est pas complet ; les poumons ne sont pas tout à fait remplis par l'inspiration, ni tout à fait vidés par l'expiration. Pendant la respiration normale, nous inspirons et expirons, à chaque cycle respiratoire, un demi-litre d'air. Globalement, nos poumons sont capables de contenir entre 3,5 et 6 litres d'air ; ils en contiennent constamment environ 1,2 litre, auquel s'ajoute ou s'ôte le demi-litre inspiré ou expiré.

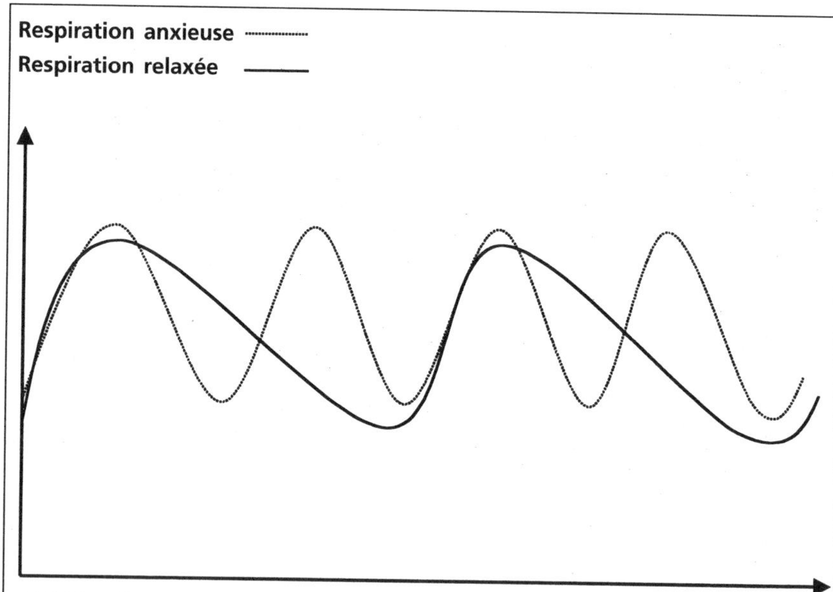

1) Respirez par le nez uniquement.
2) Ralentissez la phase expiratoire et non la phase inspiratoire.
3) Videz lentement et complètement le contenu des poumons.
4) Poursuivez l'exercice pendant plusieurs cycles respiratoires.

Dans certaines formes d'angoisse ou d'anxiété, intervient une accélération réflexe de ce rythme respiratoire. Elle produit une augmentation sensible de la quantité d'oxygène (O_2) dans le sang et, symétriquement, une diminution du gaz carbonique (CO_2). Ce déséquilibre a pour effet d'engendrer une quantité de sensations pénibles pouvant aller jusqu'à la panique.

La stratégie est simple : pour rééquilibrer notre balance entre O_2 et CO_2, nous allons diminuer la puissance de nos inspirations et augmenter celle de nos expirations. Un peu comme un coureur, nous cherchons à inspirer moins d'air que nous n'en expirons. Ainsi sommes-nous en mesure d'éliminer le surplus d'oxygène, et de remettre à niveau notre taux de gaz carbonique.

En effectuant ce type de respiration, une dizaine de fois d'affilée, nous constaterons rapidement une diminution de l'ensemble de ces sensations désagréables. Il pourra s'ensuivre un effet très apaisant et relaxant. Pour en avoir une image claire, voir page précédente la représentation de la respiration anxieuse et de la respiration relaxée.

La manœuvre de Valsalva

Cette technique repose sur le fait que certaines manifestations de l'anxiété ou du stress se caractérisent plutôt par un rythme cardiaque trop rapide. Il peut s'agir aussi de battements trop intenses : ils sont alors perçus dans le thorax ou dans le cou. Ils traduisent une augmentation de la fréquence ou de la puissance des pulsations. Dans les deux cas, ils s'accompagnent d'une sensation pénible et d'une anxiété importante. Si vous êtes surtout concerné(e) par ce type de manifestation anxieuse, vous choisirez cette méthode. Elle a le mérite d'être praticable rapidement et facilement, et nécessite moins d'entraînement que les précédentes. En voici les modalités. Il s'agit de réduire la mobilité du diaphragme et de créer une légère dépression à l'intérieur du thorax. Ces manœuvres ont pour effet de générer un réflexe de ralentissement du rythme cardiaque.

1. En position assise (ou debout le cas échéant), vous allez pousser votre ventre en avant de plus en plus fort, comme si vous vouliez faire sauter la boucle de votre ceinture.

2. Tenez cette pression quelques instants, tout en continuant à respirer faiblement. Ne bloquez pas votre glotte.

3. Lorsque vous commencez à ressentir une impression nette de chaleur au niveau du plexus[57], relâchez votre effort et respirez deux ou trois fois calmement.

57. Il s'agit du plexus solaire, situé au creux de l'estomac.

4. Reprenez cet exercice jusqu'à ressentir le ralentissement de votre rythme cardiaque, ou une baisse sensible de l'intensité des pulsations.

Il existe un corollaire intéressant à cette technique : voir votre ventre se gonfler et s'arrondir. Il vous faudra affronter cette idée avec sérénité pour tirer bénéfice de cette méthode de relaxation.

La restructuration cognitive

Martine est une jeune femme intelligente et rigoureuse. Elle ne laisse guère de place au hasard quand elle doit faire un achat important, par exemple, ou choisir une nouvelle destination pour ses vacances. Elle a l'habitude de juger les choses et les situations rapidement. Elle a généralement confiance dans sa « première impression ». Lorsqu'elle monte, ce jour-là, dans le bus qui la conduit à son travail, sa première pensée est que la journée commence bien mal. Pas une seule place assise et quelques personnes sont déjà entassées dans le sas. Elle s'agrippe comme elle peut au montant central et tente de maintenir son équilibre. Elle est restée dos à la porte et se préoccupe plus de ne pas faire tomber son sac que des personnes qui entrent à l'arrêt suivant. Elle connaît bien cette partie du trajet : c'est le quartier « chaud ». Elle n'aime pas le traverser seule à pied et se méfie toujours des rencontres qu'on peut y faire. Dans la bousculade qui suit l'entrée de deux ou trois nouvelles personnes, elle reçoit un violent coup dans le dos. À la surprise s'ajoute immédiatement de la peur et de la colère. Elle se dit que c'est certainement un de ces jeunes marginaux qu'elle voit souvent dans ce coin, et dont la brutalité et l'impulsivité l'inquiètent. Elle est outrée en pensant à son manque d'égard et à son impardonnable culot de ne même pas s'être excusé. Ces idées lui sont venues en quelques fractions de seconde, et son émotion est d'emblée intense. Elle se retourne pour dire à ce malotru tout ce qu'elle pense de son comportement… et se trouve nez à nez avec un homme portant des lunettes noires et muni d'une canne blanche. En un clin d'œil sa crainte se transforme en sollicitude et sa colère fait place à la honte d'avoir eu de telles pensées. Martine vient de faire l'expérience de l'influence de nos pensées sur nos émotions. Elle constate au passage que sa première impression n'est pas toujours la bonne, et qu'il est parfois nécessaire de vérifier la vraisemblance de nos convictions.

Nous sommes tentés de croire que la réalité commande nos réactions de façon univoque, qu'il n'est guère de variantes possibles dans nos sentiments face à une situation donnée. Nous ne comprenons pas toujours pourquoi deux personnes vivant les mêmes événements peuvent avoir des réactions très différentes l'une de l'autre. En réalité, nous oublions qu'entre le moment où nous percevons un fait et celui où nous réagissons, il se passe en nous une cascade de phénomènes intellectuels et émotionnels. Si nous reprenons l'exemple de Martine, ci-dessus, nous pourrions imaginer une tout autre réaction possible à condition de changer les préalables. Voici, sur le même modèle, l'histoire de Sandrine.

*S*andrine est une jeune femme intelligente, mais assez timide. Elle hésite souvent beaucoup quand elle doit faire un achat important, par exemple, ou choisir une nouvelle destination pour ses vacances. Elle a l'habitude de se fier aux jugements et aux appréciations de ses proches, en toutes circonstances. Elle n'a pas grande confiance en elle, et redoute par-dessus tout d'être l'objet de critiques de la part de son entourage. Lorsqu'elle monte, ce jour-là, dans le bus qui la conduit à son travail, elle se dit d'abord qu'elle aurait dû prendre le précédent, et qu'elle n'aurait pas dû être si longue à se préparer. Il n'y a plus une seule place assise et quelques personnes sont déjà entassées dans le sas. Elle s'agrippe comme elle peut au montant central, et tente de maintenir son équilibre. Elle est restée dos à la porte, et se préoccupe plus de ne pas écraser les pieds de ses voisins que des personnes qui entrent à l'arrêt suivant. Elle connaît bien cette partie du trajet : c'est le quartier des artistes. Elle aime y flâner avec l'une ou l'autre de ses amies, à la découverte de boutiques un peu originales. Dans la bousculade qui suit l'entrée de deux ou trois nouvelles personnes, elle reçoit un violent coup dans le dos. À la surprise, s'ajoute immédiatement de la gêne et de la crainte. Elle se dit que c'est certainement de sa faute, car elle obstrue le passage et n'a pas fait attention aux arrivants. Elle est convaincue que la personne n'a pas pu faire autrement, et qu'elle pourrait être agacée envers elle. Ces idées lui sont venues en quelques fractions de seconde et son émotion est d'emblée intense. Elle a très peur de se retourner et attend, figée, une remarque éventuelle sur le fait qu'elle encombre le passage. Elle constate que rien ne vient, et se réjouit que la plupart des passagers descendent un peu plus loin. Parmi eux se trouve un homme portant des lunettes noires et muni d'une canne blanche. Elle ne saura jamais les vraies raisons de cet incident, et constate que rien de trop grave n'en a découlé. Sandrine vient de manquer, une fois de plus, simplement l'occasion de changer sa façon de penser et de réagir. Elle a seulement renforcé sa conviction qu'il est bien préférable de se faire toute petite quand les choses tournent mal. Cette fois encore, se dit-elle, les faits lui ont donné raison…

Dans une situation identique, deux personnes différentes auront des réactions parfois opposées. Cette réalité est une source de diversité entre tous les individus de notre société, et il serait bien inutile et dommage de s'en plaindre : c'est à coup sûr une richesse. Chaque personne a une culture et des modes de pensée très spécifiques. Elle se comporte en fonction de ce qu'elle a appris par son éducation, au contact de ses proches et au gré des événements marquants de sa vie. Ce capital est constitué de vérités « premières » autant que de préjugés, mais il guide les actes de notre vie quotidienne, sans que nous ayons à refaire à chaque fois toute la démarche logique qui les sous-tend. Ainsi nos actions sont-elles, le plus souvent, influencées par ces principes, sans que nous y réfléchissions avec soin, sur le mode du « pilote automatique » des avions de ligne. De la même manière, nous ne sommes amenés à réfléchir à nos actes que lorsque la situation n'est plus assez simple ou connue, et qu'elle présente une ambiguïté possible. Nous reprenons alors le contrôle de nos pensées, et nous analysons les solutions possibles aux obstacles qui se présentent. C'est une occasion, parfois, de rediscuter nos convictions premières et de les faire évoluer. Notre capital s'en trouve modifié et enrichi. La restructuration cognitive a pour but de nous aider à réviser nos jugements et nos habitudes de pensée, de telle sorte que ce changement soit rationnel et adéquat.

La méthode et ses étapes

Il est essentiel que le travail de réflexion qui pourra nous faire changer d'idée (si profondément parfois) soit guidé par des principes rigoureux et capables de nous faire progresser. La démarche que nous allons exposer ici a cette qualité principale. Elle est issue de la méthode mise au point par Aaron T. Beck, un des fondateurs de la thérapie cognitive. Elle en est un des outils thérapeutiques les plus efficaces. Elle permet de se forger une idée personnelle au lieu de remplacer nos anciennes idées par de nouvelles sources d'influence : elle garantit de la sorte notre libre arbitre. En voici les étapes, illustrées par un exemple banal, mais dans lequel chacun peut se reconnaître.

1. La première chose à faire est de partir d'une situation précise, où nous sommes confrontés à une émotion pénible ou négative. Seuls nous intéressent les faits concrets et vérifiables. Dans le cas choisi ici, nous allons examiner ce qui se passe lorsque nous attendons une personne proche et que l'heure du rendez-vous est nettement dépassée. « J'attendais cet ami pour 20 heures et il est 21 heures. Je n'ai aucune nouvelle

et aucun moyen de le joindre. Nous nous étions donné rendez-vous il y a trois jours et je l'ai vu noter l'heure dans son agenda. »

2. L'étape suivante consiste à identifier les sensations et les **émotions** ressenties alors, et à tenter d'en mesurer l'intensité. Il peut être utile de se référer à la liste des émotions négatives ci-après.

4 TYPES D'ÉMOTIONS NÉGATIVES	PENSÉES POSSIBLES
Peur, souci, inquiétude, anxiété, angoisse, frayeur, terreur, panique, etc.	Un danger me menace. Quelque chose de grave va arriver. Je ne pourrai pas le supporter. Il n'y aura pas de recours possible.
Tristesse, ennui, déception, peine, morosité, chagrin, lassitude, désespoir, détresse, etc.	Quelque chose me manque : une personne, une relation, une situation, un bien. J'ai perdu ce que j'avais. Je ne le retrouverai plus jamais. Je ne serai plus comme avant. Rien ne pourra remplacer ce que je n'ai plus.
Culpabilité, regret, scrupule, colère contre soi, honte, repentir, remords, etc.	Je n'ai pas agi comme je devais. Je n'ai pas respecté mes principes et valeurs personnelles. J'ai échoué et je suis responsable. Je fais du tort à mon entourage.
Colère, énervement, agacement, exaspération, irritation, haine, rage, fureur, etc.	Quelqu'un n'a pas fait ce qu'il devait. Des personnes ont commis une erreur ou une faute et elles en sont responsables. On m'a fait du tort.

En ce qui concerne notre exemple, il s'agit de l'inquiétude, essentiellement. Mais il n'est pas suffisant de reconnaître sa nature pour bien cerner une émotion, il faut encore définir son degré. En matière d'inquiétude, par exemple, ressentir une légère appréhension ou une terreur panique sera bien différent. C'est pourtant le même mouvement émotionnel qui est en cause, mais son amplitude change radicalement ses effets éventuels. Pour y parvenir de façon concrète et fiable, on peut s'inspirer d'une image, celle d'une échelle graduée de 0 à 8, où la note obtenue traduira l'intensité de l'émotion ressentie (0 pour une émotion si faible qu'elle n'est pas décelable, 8 pour une valeur extrême). Dans l'exemple pris ici, elle pourrait atteindre le niveau 5, ce qui correspond à une peur déjà sensible.

3. Il s'agit, maintenant, de retrouver la **pensée automatique** qui a généré cette réaction émotionnelle. Cette pensée pourrait bien être : « Il

a dû lui arriver quelque chose de grave. » Il sera ensuite utile de noter le niveau de croyance qui s'y attache. Il peut s'agir d'une certitude (100 % de confiance dans cette pensée) ou d'une hypothèse seulement. Cette conviction fera alors varier le degré de l'émotion suscitée. Dans le cas qui nous occupe, nous allons supposer qu'elle se situe autour de 65 %.

4. L'étape suivante consiste à préciser chaque terme et à en donner le sens exact. Que signifie, dans notre cas, « il a **dû** lui arriver… »? Cette manière de se parler contribue beaucoup à augmenter l'anxiété, en imposant une seule hypothèse possible. Elle empêche, par son caractère péremptoire, tout autre alternative moins alarmante. De la même façon, il faut s'interroger sur le sens de **« … quelque chose de grave ».** En fait, cette expression imprécise correspond à une série d'images catastrophiques très concrètes, mais que nous hésitons à nommer ou à évoquer. Autant le faire, pour mieux comprendre de quoi nous avons peur, et nous permettre de le combattre si possible. Mettre des mots sur ses craintes est moins dangereux que de les laisser dans le flou, et permet de chercher comment se rassurer. Après tout, le mot « chien » ne mord pas!

5. Maintenant, vous allez pouvoir discuter cette pensée. Il s'agit de vous donner les moyens de la rendre rationnelle et crédible, autant que possible, en la traitant comme une hypothèse parmi d'autres. Dans cet esprit, vous allez faire la liste des arguments en faveur de cette hypothèse, et ensuite celle de ceux qui la contredisent. Chaque idée est à prendre en considération, et vous la noterez dans un tableau à deux colonnes, comme dans l'exemple suivant :

Pour	**Contre**
Il est rarement en retard. Il était très content de venir et n'a pas pu oublier. Il vient en voiture et un accident est toujours possible. Après une heure, il devrait avoir appelé. S'il ne l'a pas fait, c'est que la raison est grave.	Il est arrivé qu'il soit en retard, comme tout le monde. Il a pu être retardé par un événement plus banal qu'un accident. C'est un bon conducteur. Il est prudent au volant. Il n'est pas toujours possible de prévenir. Il a pu se tromper sur l'heure ou sur la date de notre rendez-vous. J'ai pu moi-même me tromper.

6. Il est très utile aussi de savoir reconnaître les autres bonnes raisons que nous avons de croire à une hypothèse plutôt qu'à une autre. Ce sont

les avantages qu'elle peut avoir à nos yeux, et les motivations qui nous conduisent à la préférer, parfois contre toute évidence. Il faudra ensuite savoir leur opposer, comme précédemment, les inconvénients qui s'y rattachent.

Avantages	**Inconvénients**
Me faire du souci pour un ami est une preuve d'affection envers lui. Si je me prépare à une mauvaise nouvelle, je saurai mieux y faire face le cas échéant.	La peur n'évite pas le danger et, en attendant, je suis très mal. Plus je m'angoisse, plus j'envisage des « scénarios catastrophes »... et plus je m'angoisse. C'est un cercle vicieux.

7. Je vais pouvoir, maintenant, reconsidérer le degré de croyance envers ma première idée : « Il a dû lui arriver quelque chose de grave. » Je peux voir aussitôt qu'elle a sensiblement baissé, et se situe désormais plus près de 25 %. Cette évolution mesure l'écart entre une conviction liée à une pensée « réflexe », induite par la situation, et une pensée plus réfléchie et argumentée.

8. Maintenant, il m'est possible de trouver une nouvelle façon de me dire les choses. Elle pourra tenir compte des éléments mis au jour antérieurement, afin d'en respecter le réalisme. On pourrait, par exemple, aboutir à une formulation du genre : « Le retard de cet ami a de nombreuses causes possibles. La plupart d'entre elles sont anodines, mais je ne peux pas écarter totalement l'idée qu'il a pu avoir un accident. » Une telle représentation de la situation a le mérite d'être crédible à 100 %, car elle adopte un style rationnel et pondéré.

9. Quel niveau d'angoisse me procure-t-elle ? Si je me dis les choses de cette manière, je vois bien que ma peur baisse sensiblement : elle est maintenant à 3 sur une échelle de 8. Cet exercice m'a aussi permis de freiner le cercle vicieux de mes « scénarios catastrophes ».

Ces étapes peuvent être résumées dans le tableau à cinq colonnes de Beck.

Situation	Émotion (de 0 à 8)	Pensée automatique (croyance de 0 à 100 %)	Pensée rationnelle (croyance de 0 à 100 %)	Émotion corrigée (de 0 à 8)
J'attends mon ami depuis une heure.	Inquiétude (5/8)	Il a dû lui arriver quelque chose de grave. (65 %)	Le retard de cet ami a de nombreuses causes possibles. La plupart d'entre elles sont anodines, mais je ne peux pas écarter totalement l'idée qu'il a pu avoir un accident. (100 %)	Inquiétude (3/8)

Les sources d'erreurs

Les mécanismes qui peuvent nous conduire à une erreur d'appréciation de la réalité sont divers, mais leur nombre est assez limité. Tous ont en commun de nous faire tirer des conclusions trop hâtives : ce sont les **inférences arbitraires**. Elles agissent de telle sorte que nos convictions se fondent sur des preuves trop faibles, voire absentes. Nous allons voir maintenant la plupart de celles qui sont impliquées le plus souvent dans les troubles des conduites alimentaires.

1. L'abstraction sélective consiste à isoler un élément de son contexte et à ne retenir que lui. C'est ce qui se passe, par exemple, quand une personne très inquiète de son poids se regarde dans un miroir et ne voit plus que la partie de son corps qui l'inquiète. Exemple : une jeune femme d'un poids normal se sent énorme en considérant les capitons formés entre son pouce et son index quand elle pince la peau de son ventre. Elle n'est plus alors capable de percevoir sa silhouette dans son ensemble, même si elle est très agréable. Elle conclut de cet examen qu'elle est bien trop grosse, et qu'elle doit intensifier ses efforts de régime.

2. La surgénéralisation est une opération intellectuelle qui consiste à appliquer une conclusion isolée à tout un ensemble de faits sans relation directe. Exemple : une personne fait une crise boulimique et se met à penser qu'elle est un être faible et sans caractère. Elle est tentée, dès lors, de porter une quantité de jugements sur elle-même et ses capacités en général. Elle étend cette appréciation à tous les autres domaines de sa vie, aussi éloignés soient-ils de la situation causale.

3. La maximalisation, quant à elle, produit une exagération des conséquences possibles d'une situation. Exemple : une personne se dit qu'elle va prendre un kilo après avoir mangé 200 g de chocolat. Les conséquences de cet événement sont aggravées par l'effet émotionnel produit par la rupture des règles strictes de régime qu'elle s'était fixées.

4. La minimisation représente le mouvement inverse au précédent. Elle s'applique volontiers aux situations qui pourraient être à notre avantage et nous empêche d'en tirer profit. Il en va ainsi quand une personne est parvenue à passer une journée entière sans faire de crise, et qu'elle se dit que c'est normal, qu'elle n'a aucun mérite à faire ce que tout le monde sait faire. Elle ne peut donc pas se féliciter de ce progrès et de ses efforts pour y parvenir. Sans s'en rendre compte, elle vient de perdre une bonne chance de consolider cet acquis et de revaloriser son estime personnelle au passage (laquelle en a pourtant grand besoin !).

5. Le « tout ou rien » (ou dichotomie) est probablement une des constantes de ces troubles et mérite qu'on s'y attarde un peu. Ce mode de pensée consiste à se représenter un événement comme nécessairement noir ou blanc, bon ou mauvais, juste ou faux, sans nuances ni intermédiaires possibles. Exemples : Cette jeune femme se dit : « J'ai tenu toute la semaine sans faire de crise et voilà que tout est gâché puisque je n'ai pas réussi à résister ce soir. » Cette autre se dit, après avoir mangé un biscuit, qu'elle peut aussi bien avaler tout le paquet puisque le mal est fait et que ce n'est plus la peine de chercher à résister. On peut y voir aussi le mécanisme fondamental du perfectionnisme. Dans ce cas précis, la dichotomie s'exprime dans le fait de se dire qu'une chose doit être parfaite, sinon elle est nulle. L'application de cette idée aux situations de la vie quotidienne conduit à vouloir en toute chose la perfection. Il en découle, naturellement, une perpétuelle insatisfaction, tant la réalité est différente de notre idéal. Appliquée à soi-même, cette règle produit une inévitable autodépréciation, en nous faisant voir seulement la partie négative ou insuffisante de nos actions.

6. Le « tout tout de suite » est très proche de ce qui vient d'être décrit. C'est le même principe, appliqué cette fois au délai entre l'initiative et le résultat de nos actions. Cette impatience provient de l'idée que ce qui a été décidé doit produire un effet immédiat. Il peut en découler une certaine impulsivité. C'est le cas, par exemple, de cette jeune femme qui se sent tendue et en danger de faire une crise. Elle décide, à juste titre, de tenter de se relaxer en appliquant ce qu'elle a appris à ce sujet. À peine a-t-elle commencé qu'elle se dit qu'elle ne ressent rien, et son impatience devient majeure : « Ça ne marche pas. » Elle s'arrête et décide de changer de stratégie, mais renonce aussitôt pour les mêmes raisons. Dans ce genre de situation, certaines personnes peuvent être en danger d'agir à leur détriment : prendre un produit sédatif (tranquillisant, alcool, etc.) ou céder à la crise, alors qu'il aurait suffi d'attendre encore un peu. On peut imaginer les effets de cette forme de pensée irrationnelle sur la démarche de soin : il sera très important de savoir reconnaître ce phénomène lorsque vous serez tenté(e) de renoncer parce que les résultats tardent à apparaître, ou demeurent incomplets.

7. La personnalisation est très fréquente aussi et se traduit par la tendance à s'attribuer exclusivement les origines d'un événement négatif ou pénible. Exemple : cette jeune fille constate que son ami s'ennuie dans une soirée. Elle se dit alors qu'il est déçu par son « look » ou qu'elle n'est pas assez en forme. Cet état d'esprit augmente ses chances de se sentir coupable et déprimée. Il instaure parfois une attitude de défiance envers les autres. Telle personne entre dans une pièce et les regards se tournent vers elle ; elle est convaincue que ce sont des regards critiques, et que les rires qu'elle a perçus peu avant étaient des moqueries à son égard.

8. Le raisonnement émotionnel transforme une émotion (ou une sensation) en une conviction. Exemple : « Après ce repas je me sens lourde et ballonnée. J'ai dû trop manger et tout le monde va voir que mon ventre est monstrueux. » Ou encore : « Si je me sens trop grosse, c'est que je suis trop grosse. » Les convictions produites par les phénomènes de ce type sont très difficiles à critiquer, car elles semblent déduites de la réalité des perceptions. Cette réalité est en fait tout aussi discutable, car l'attention excessive portée à son ventre est à l'origine de la sensation de malaise accru après avoir mangé. C'est un cercle vicieux.

9. L'étiquetage. Il consiste à porter un jugement à l'emporte-pièce sur soi ou sur ses actions. Cette manière de se parler s'apparente à une invective, le plus souvent, et ne s'explique que par l'intensité de l'émotion qui la motive. Un exemple fréquent, après les crises : « Je suis une imbécile ! Une grosse vache ! » « Quelle idiote je fais, je suis incorrigible ! » D'autres fois, devant le miroir : « Quelle horreur ! je suis difforme ! » On voit bien le caractère excessif de ces pensées, mais leur répétition finit par faire mal. Elles installent insidieusement une mauvaise image de soi, qu'il sera difficile de critiquer ensuite. C'est une mauvaise habitude, un « tic » de la pensée, qui mérite d'être repéré et combattu.

10. La superstition est bien connue. Elle s'applique aux situations qui nous intéressent ici, à propos d'exemples précis. C'est le cas de formules telles que : « On devient ce qu'on mange : si je mange gras, je serai gras ! » – « 100 calories de beurre font plus grossir que 100 calories de carottes râpées. » – « Qui dort dîne. » Les exemples sont nombreux, mais pas tous faciles à débusquer.

11. La télépathie consiste à prêter des pensées critiques ou négatives à son entourage... et à y croire ! Ainsi, cette jeune femme invitée par son ami qui la regarde manger, en souriant. Elle pense : « Il se dit sûrement que je me laisse aller et que je devrais faire attention. » Comme il est hors de question qu'elle vérifie son hypothèse en lui posant la question, elle risque bien de la voir se transformer en conviction.

12. Les prédictions négatives portent sur l'avenir un regard pessimiste. Elles ont pour premier effet de nous déprimer et, par conséquent, d'augmenter nos risques d'échec. Face à une épreuve, se dire « de toute façon ça ne marchera pas » est un réel handicap. Imaginez ce qui arriverait à une jeune femme se rendant à la piscine et qui se dirait en elle-même : « Ça va être une catastrophe ; je vais être ridicule ! » Elle risque d'adopter une attitude guindée et une démarche maniérée, et de donner ainsi raison à sa prédiction.

Les techniques pour faire évoluer ses pensées

Connaître ces erreurs logiques et savoir les repérer est bien utile, mais il faudra savoir en faire la critique. En suivant soigneusement les étapes de la restructuration cognitive, vous parviendrez à échapper aux effets négatifs de certaines pensées automatiques, mais il vous faudra faire un effort considérable pour les critiquer et vous forger des réponses plus rationnelles, en tenant mieux compte de vos réalités. Voici quelques techniques pouvant faciliter ce travail.

1. Le décentrage est une manière de reconsidérer une pensée en essayant simplement de voir si elle paraîtrait tout aussi fondée à une autre personne. Exemple : Julie se dit qu'elle est trop grosse et que ça la rend laide et repoussante aux yeux des autres. Elle est tout à fait convaincue de ça, et coterait à 100 % son degré de croyance, si elle voulait l'évaluer. Si Mélanie, sa meilleure amie, lui exprimait la même conviction en ce qui la concerne, Julie serait choquée par une telle pensée. Elle saurait lui faire valoir que son poids est en fait normal, qu'elle a tellement d'autres qualités personnelles et que son aspect physique ne représente qu'une faible part de ses attraits pour son entourage. Elle serait tout aussi sincère et convaincue d'avoir raison que précédemment. Pourquoi a-t-elle une vision si différente de la même question quand il s'agit d'elle ? C'est ce qu'on appelle un « double standard » : elle place beaucoup plus haut ses exigences pour elle-même que pour les autres. Son indulgence et son réalisme ne valent que pour eux. De cet exemple, nous pouvons tirer un principe : face à une pensée excessive ou irrationnelle, nous pouvons imaginer ce qu'elle vaudrait pour une autre personne et ce qui motive vraiment cet écart d'appréciation. Bien souvent nous découvrons que ces motifs sont critiquables.

2. La distanciation consiste en une mise en perspective des pensées automatiques. On l'obtient en se posant la question de savoir dans quelle mesure cette pensée est en lien avec le trouble alimentaire, et serait différente en son absence. Exemple : « Je suis incapable de résister à mes fringales, inutile d'essayer », se dit encore Julie. Elle pourrait croire fermement à cette pensée si elle s'en tenait à son expérience actuelle. Si, par contre, elle parvient à s'interroger sur ce qui se passait récemment, dans une période moins sévère des troubles, elle constatera qu'elle était alors capable d'éviter bien des crises. Cette capacité, dont elle doute aujourd'hui, elle l'avait le mois dernier. Cet éclairage nouveau lui permet de se rassurer sur son aptitude à progresser, et lui évite un pessimisme excessif et démobilisateur.

3. La flèche descendante est une technique apparemment paradoxale. Elle consiste à se représenter clairement les « scénarios catastrophes » auxquels nous craignons d'être exposés, afin de mieux se départir de leur effet angoissant ou inhibant. Exemple : Julie refuse toujours les invitations au restaurant, car elle redoute d'y affronter les mets très riches. La flèche descendante consiste à se demander ce qu'elle craint comme conséquences : « Que pourrait-il m'arriver de pire ? Que je me retrouve face à des plats très riches et obligée de les manger. – Quelle serait la conséquence d'une telle situation ? Que je sois obligée de tout garder sans pouvoir vomir immédiatement. – Quelle en serait la conséquence ? Je vais prendre des kilos. – Que se passerait-il alors ? Je serai énorme et j'aurai perdu toute chance de retrouver mon poids idéal. – Et alors ? Ma vie serait fichue… » Parvenue à ce point, Julie pourra se rendre compte qu'elle évite d'aller au restaurant de peur de gâcher sa vie. Ce raccourci est saisissant, et lui montre le caractère excessif de sa peur. Elle a déjà bien conscience que sa vie est ternie par son incapacité à partager ces bons moments avec les autres. C'est un premier profit de cet exercice. Il s'y ajoute qu'au passage, en dressant le tableau le plus sombre possible, elle s'expose à ses craintes et apprend à les affronter. Cette habituation pourra l'amener à diminuer ses réactions émotionnelles et ses attitudes d'évitement[58] habituelles.

57. L'évitement est un comportement qui consiste à échapper à une émotion pénible en esquivant la situation qui la provoque. Son bénéfice immédiat est clair mais, à plus long terme, il a pour effet de réduire la capacité d'une personne à affronter ses difficultés, en la privant de cet entraînement.

4. **L'attribution réaliste des causes** est une manière efficace d'échapper à la culpabilité, quand elle devient excessive. S'il est bon de savoir reconnaître ses torts et de ressentir, le cas échéant, une culpabilité proportionnée à sa responsabilité, il est très pénible et improductif de se sentir coupable de tout, en toute circonstance. Cette situation se produit bien souvent quand une personne doute de ses capacités, ou pense qu'elle ne fait jamais rien comme il faut. Elle aura tendance à s'attribuer l'origine des événements négatifs qui surviennent. Une personne boulimique en vient ainsi à se sentir responsable de son trouble et à en avoir honte. Elle se dit qu'elle est la seule fautive et qu'elle a tous les torts. La recherche d'une liste exhaustive et plus réaliste des causes possibles de son trouble lui permettrait de faire baisser sa culpabilité, en la partageant avec de nombreux autres facteurs, et d'en améliorer la maîtrise. Il est, en effet, bien démontré que la fréquence des crises de boulimie est directement proportionnelle à la honte que ressentent les sujets. Concrètement, après avoir fait l'effort de rechercher tous les autres faits qui déterminent une telle maladie, il faudra évaluer pour chacun son importance relative. Voici un exemple :

L'attribution réaliste des causes de la boulimie

Pour rendre bien visible la nuance entre les attributions avant et après réflexion, nous nous servons d'un graphique en secteurs. Dans un premier temps, la personne s'attribue à elle seule la totalité de la responsabilité de son trouble, et ce graphique prend la forme suivante :

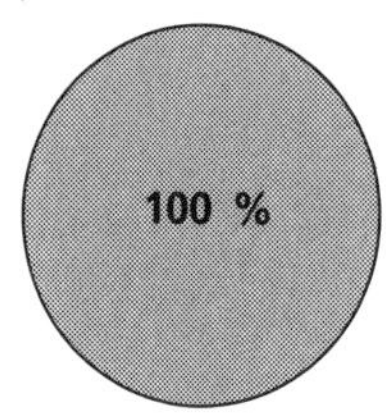

Si, maintenant, elle parvient à percevoir la complexité des causes possibles et leurs incidences respectives, elle pourra noter :

- L'influence de la société et de ses modèles de femmes idéales trop maigres (30 %).
- Une prédisposition physiologique à faire des crises alimentaires (20 %).
- Des événements de vie qui ont affaibli l'estime personnelle (25 %).
- Des habitudes alimentaires familiales favorables au trouble alimentaire (10 %).
- Ma responsabilité (15 %).

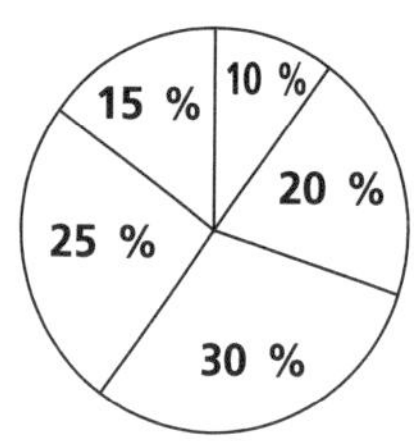

Bibliographie

AGRAS STEWART W., *Eating Disorders. Management of Obesity, Bulimia and Anorexia Nervosa,* coll. Psychology Practitioners Guidebooks, Pegamon Press, New York, 1987.

AIMÉ A., MORIN C., « Analyse de la comorbidité dans les études de traitement de la boulimie », *Revue francophone de clinique comportementale et cognitive,* V, 4, 5-13, 2000.

ANDRÉ C., LELORD F., *L'Estime de soi,* Paris, Odile Jacob, 1999.

APFELDORFER G., *Je mange donc je suis. Surpoids et troubles du comportement alimentaire,* Payot, Paris, 1991.

APFELDORFER G., *Anorexie, boulimie, obésité,* Flammarion, Paris, 1995.

APFELDORFER G., *Maigrir, c'est dans la tête,* Odile Jacob, Paris, 1997.

APFELDORFER G., *Maigrir, c'est fou,* Odile Jacob, Paris, 1999.

BLACKURN I., COTTRAUX J., *Thérapie cognitive de la dépression,* Masson, Paris, 1990.

BOLOGNINI M., PRÊTEUR Y., *L'Estime de soi. Perspectives développementales,* Delachaux & Niestlé, Lausanne, 1998.

BROWNELL K.D., FAIRBURN C.G., *Eating Disorders and Obesity. A Comprehensive Handbook,* Guilford Press, New York, 1995.

CASH T.F., PRUZINSKY T., *Body Images. Development, Deviance and Change,* Guilford Press, New York, 1990.

COTTRAUX J., *Les Thérapies comportementales et cognitives,* Masson, Paris, 1ère éd. 1990, 2e éd. 1995.

CUNGI C., *Savoir s'affirmer,* Retz, Paris, 1997.

CUNGI C., *Savoir gérer son stress,* Retz, Paris, 1999.

CUNGI C., NOTE I.-D., *Faire face à la dépression,* Retz, Paris, 1999.

CUNGI C., *Faire face aux dépendances,* Retz, Paris, 2000.

FAIRBURN C., *Overcoming Binge Eating,* Guilford Press, New York, 1995.

FANGET F., *Affirmez-vous,* Odile jacob, Paris, 2000.

FISCHLER C., *L'Homnivore,* Odile Jacob, Paris, 2001.

FLAMENT M., JEAMMET P., *La Boulimie. Réalités et perspectives,* Paris, Masson, 2000.

GARNER D.M., GARFINKEL P.E., *Handbook of Treatment for Eating Disorders,* Guilford Press, New York, 1997.

GUILLEMOT A., LAXENAIRE M., *Anorexie mentale et boulimie. Le poids de la culture,* Masson, Paris, 1997.

HIRSCHMANN J.R., MUNTER C.H., *When Women Stop Hating their Bodies,* Fawcette Columbine, New York, 1995.

LINEHAN M.M., *Manuel d'entraînement aux compétences pour traiter le trouble de personnalité état-limite,* Médecine & Hygiène, 2000.

LINEHAN M.M., *Traitement cognitivo-comportemental du trouble de personnalité état-limite,* Médecine & Hygiène, 2000.

NASH J.D., *Binge No More,* New Harbinger Publications, Oakland, 1999.

NORCROSS J.N. *et al., Self-Help Ressources in Mental Health,* Guilford Press, New York, 2000.

OMS, *Classification internationale des troubles mentaux et du comportement, CIM-10,* Masson, Paris, 1992.

PAGE D., PERROUD A., « Le Syndrome boulimique : synthèses des connaissances récentes (1993-1994) », *Médecine et Hygiène,* 53, 2141-8, 1995.

PERROUD A., *Tout savoir sur l'anorexie et la boulimie,* Favre, Lausanne, 2000.

ROUSSEL Ph., NOTE I.-D., « Thérapeutique comportementale et cognitive de la boulimie », *Psychologie Médecine,* 22, 7, 603-606, 1990.

SANCHEZ-CARDENAS M., *Le Comportement boulimique,* Masson, Paris, 1990.

SCHMITT U., TREASURE J., *La Boulimie : s'en sortir (re)pas à(près) (re)pas,* Estem, Paris, 1998.

TAYLOR G.J., BAGBY R.M., PARKER J.D.A., *Disorders of Affect Regulation,* University Press, Cambridge, 1997.

VANDERLINDEN J., VANDEREYCKEN W., *Trauma, Dissociation, and Impulse Dyscontrol in Eating Disorders,* Brunner/Mazel Inc., Bristol, 1997.

YAICH J.L., APFELDORDER G., *Kilos de plume, kilos de plomb,* Seuil, Paris, 1988.

ZERMATI J.-P., « Une approche psychosensorielle de l'obésité et des troubles du comportement alimentaire », *Journal de thérapie comportementale et cognitive,* 10, 4, 124-128, 2000.

Les sites Internet

aacap.org/publications/infofami/eating.htm
Site destiné à l'information des familles.

anred.com
Très documenté et bien organisé (États-Unis).

boulimie.com/800/ie5/temoin.htm
Un ensemble de témoignages de personnes souffrant de troubles des conduites alimentaires.

closetoyou.org/eatingdisorders
Un site consacré aux produits et médicaments, ainsi qu'à la prévention des régimes à risque.

cmhc.com/guide/eating.htm
L'un des sites les plus importants et les mieux documentés (en anglais).

edap.org
Un site américain très complet (Eating Disorders Awareness and Prevention).

mediom.qc.ca/anorexie/guide
Un site en français au Canada.

medisite.fr/dossiers/anorexie
Ce site consacré aux questions de santé contient un dossier important sur l'anorexie.

mirror-mirror.org/eatdis.htm
Un précieux ensemble de conseils et de supports pour prévenir les rechutes (États-Unis).

noah.cuny.edu/welcom/eatdisorders.html

Dix-huit pages sur les facteurs de risque, les causes, les diagnostics et les traitements (États-Unis).

perso.club-internet.fr/dorigram

GEFAB (Groupe d'étude français sur l'anorexie et la boulimie). Boîte postale : Maison des sciences de l'homme, 54, boulevard Raspail, 75270 Paris Cedex 06. Permanence téléphonique : 01 45 43 44 75.

something-fishy.org/top.htm

Accessible aux particuliers autant qu'aux professionnels (États-Unis). Le meilleur de tous ces sites, pour l'instant.

Dans la même collection

Faire face aux dépendances
Dr Charly Cungi

Faire face à la dépression
Dr Charly Cungi
Dr Ivan-Druon Note

Manies, peurs et idées fixes
Dr Franck Lamagnère

Composition et mise en page : AGD Dreux
Préparation : Bérangère Allaire
Correction : Gérard Tassi
Achevé d'imprimer en France
sur les presses de l'imprimerie FRANCE QUERCY à Cahors

N° d'éditeur : 1132
N° d'imprimeur :11485
N° de projet : 10082583 - (I) - (4) - BSBM 80° - D.L. Septembre 2001
Dépôt légal : août 2001